# 国际金融

## （第六版）

刘舒年　温晓芳　主编

对外经济贸易大学出版社
中国·北京

**图书在版编目（CIP）数据**

国际金融 / 刘舒年，温晓芳主编．—6 版．—北京：对外经济贸易大学出版社，2024．1

ISBN 978-7-5663-2576-1

Ⅰ．①国… Ⅱ．①刘… ②温… Ⅲ．①国际金融 Ⅳ．①F831

中国国家版本馆 CIP 数据核字（2024）第 018390 号

**国际金融**（第六版）

刘舒年　温晓芳　**主编**

**责任编辑**：汪　洋

| | |
|---|---|
| 出版发行：对外经济贸易大学出版社 | 邮政编码：100029 |
| 社　　址：北京市朝阳区惠新东街 10 号 | 邮购电话：010-64492338 |
| 网　　址：www. uibep. com | 发行部电话：010-64492342 |
| 资源网址：www. uibepresources. com | E-mail：uibep@ 126. com |

| | |
|---|---|
| 成品尺寸：185mm×260mm | 印　　刷：北京九州迅驰传媒文化有限公司 |
| 印　　张：17. 75 | 版　　次：2024 年 1 月北京第 6 版 |
| 字　　数：410 千字 | 印　　次：2024 年 1 月第 1 次印刷 |
| ISBN 978-7-5663-2576-1 | 定　　价：52. 00 元 |

# 第六版前言

《国际金融（第六版）》在上一版基础上进行了系统的修订和完善，根据本学科发展的前沿成果，补充了相关的国际金融知识，更新了全部专栏阅读，并在保持原有框架和结构的基础上对个别章节内容进行了调整和更新，以期让教材与市场运行同步，让课堂与实践紧密相连。

需要强调的是，新版教材突出了以下特点：

第一，将党的二十大精神融入教材中，“专栏阅读”充分展示改革开放以来，我国金融业在改革创新中不断发展壮大所取得的伟大成就和中国因素对国际金融领域的重大影响，重视培养学生的“中国视角”，用中国故事阐述国际金融知识。

第二，保持国际金融基本理论、基本业务和我国对外经贸相结合的特色，紧密跟踪前沿问题，以帮助学生理解深邃的国际金融理论和逻辑，强化对学生的价值塑造和能力培养。

第三，与该教材配套的数字化资源丰富，教师和学生可根据需要选择使用。

此次再版，对外经济贸易大学国际经济贸易学院蒋先玲教授和吴青教授分别承担了第八章和第九章的修订工作。

必须指出的是，虽经反复修订，但限于水平，错误纰漏之处在所难免，敬请批评指正。

作　　者

2023 年 10 月

# 第五版前言

《国际金融（第四版）》发行后，国际金融领域中发生了一系列的新事件、新变化和新规定，主要表现在以下方面：第一，在资本流动与债务危机方面，有关国家的主权危机深化。第二，在调节国际收支与外汇政策方面，西方国家处于负利率或低利率时期，在调节国际收支与货币政策方面，执行量化宽松的货币政策。第三，在国际金融机构方面，亚洲基础设施投资银行和金砖国家开发银行相继成立，这两个机构的建立将形成划时代的新的国际金融格局，对国际经济金融形势将会产生重大影响。第四，在人民币国际化与国际储备货币构成方面，随着人民币汇率制度形成机制的不断完善，2016年10月人民币正式成为特别提款权货币篮子当中的一员。第五，在国际金融统计与监管方面，我国2015年开始按照国际货币基金组织公布的《国际收支和国际投资头寸手册（第六版）》的规定与标准编制国际收支平衡表。

第五版教材在保持原教材的框架和结构的基础上，对有关章节的内容进行了更新，为了反映学科在理论和实务发展中的前沿，本版教材将国际金融领域的新变化、新理论和新事件以不同的形式体现在教材中，同时，每章增加了专栏知识点。

教材几经修改，但限于作者的水平，错误疏漏之处在所难免，敬请批评指正！

作　者

2016年11月

# 第四版前言

本教材自1981年9月首次出版后，1991年5月又修订出版了第二版，并于1997年2月修订；为反映国际金融形势与业务发展的情况，配合教材改革的尝试，2005年1月又出版了第三版。前三版累计发行达150万册，并于1989年、1995年、2003年和2006年分别获原对外贸易经济合作部全国优秀教材一、二等奖，北京市高等学校文科教材一等奖和北京高等教育精品教材奖。目前我们对第三版再次修订，出版第四版，特做以下说明。

**出版第四版的背景与内容**

2008年夏秋之交至年底，由美国次贷危机引爆的全球金融危机，影响之深、范围之广、危害之重超越了1929—1933年世界经济危机。它动摇了部分国际金融理论的可信度，并对国际金融组织、国际货币体系的改革、衍生金融工具的创新与市场监管、虚拟经济与实体经济的关系以及金融危机的实质与核心等都提出了新的问题。对此，第四版教材在保持原有框架的基础上，用相关章节对上述问题作出了深刻剖析与回答，力争反映出形势与学科的发展前沿。

随着我国外汇体制改革的不断深化与完善、人民币汇率弹性的增强、资本管制的逐步放宽，依照主动性、可控性和渐进性的原则，2008年8月1日颁布了新的外汇管理条例，2010年6月决定进一步推进人民币汇率改革，增强人民币汇率弹性，本版教材将对其进行增补分析。此外，对监管热钱进出国境、以隐蔽手段进行新形势下的逃套汇活动进行预警，以便企业根据规定将外汇资金盘活，调回国内或存放境外，更好地实现“走出去”战略。

适应我国“走出去”战略的需要，金融机构开展一些新业务，如保理业务有新形式产生，在有关章节中加以讲解，以缓解中小企业的融资困境。

由于篇幅和字数的限制，修订后的第四版教材配备了形式多样、种类繁多的课件，与教材相互配合、相互补充，以期使教学内容更充实、深化和活跃。

**本教材的特色和创新**

本教材以国际金融基本理论、基本业务、基本技能为主线，密切结合对外经贸实际，在国际经济学的基础上，除深入分析并评价国际收支、汇率、衍生金融工具、国际资本流动外，还密切结合国际经贸与工程承包实践，把外汇交易、汇率折算原则与方法、外汇风险管理技能、国际融资的渠道与条件讲深、讲透，以求掌握应用。

配合教学方法的改革，本教材可作为国际金融课程案例教学的尝试。教材汇集了丰富的资料，从宏观、微观方面整合编撰了一定数量的案例，适于案例教学的需要。

因为教材案例来自实践，通过操作演练，学生在学习过程中就“接触”了实际，了解了实际情况，拉近了与实际的距离，提前代入工作状态，从而提高其解决实际工作问题的能力。

**与同类教材的比较**

与同类教材比较，本教材有三个特点：第一，根据认知规律，组合每章教材内容。教材根据从感性到理性，再从理性到感性的认知规律组织每章教材的内容。每章开始都以案例导入，提出该章知识要点，再以正文加以论述，最后附以典型案例，要求同学加以分析操作。这种编写方法在同类教材中是没有的，也是本教材的一大特色。第二，重视学生综合分析与操作动手能力的培养。为解决“知道了不一定理解，理解了不一定会用”这一本科学生存在的共性问题，教材每章均附有案例，要求学生动手操作解答分析，培养学生掌握所学知识解决实际问题的能力。第三，教材编写，历经30年，经过反复修订改版，在编写上力争规范完善，符合教学规律，文字通畅，防止表述风格不统一、文字松散、结构不严谨、章节不均衡现象的发生。

必须指出的是，虽经反复修改，但是限于水平，错误纰漏之处在所难免，敬请批评指正。

作　者

刘舒年　温晓芳

2010年3月

# 第三版前言

1981年9月，作者撰写的国内第一本有书号的《国际金融》教材出版，该教材曾被国内各大专院校经济与对外经贸专业广泛采用。以后经过1991年5月和1997年2月两次修订，将国际金融理论、实务与我国的对外经贸实际紧密结合，逻辑严密，体系清晰，重点突出，具有较强的理论性与操作性，目前该教材的累计发行量达百万册。

1995年5月，作者又主编了全国高等教育自学考试国际贸易专业与金融专业（独立本科段）的统编教材，并于2000年4月修订再版，后在该教材的讨论鉴定会上，国内专家学者提出许多宝贵意见，在取精用宏、博采众长的基础上，作者对1997年2月再版的教材又加以完善修订，其主要内容和特点有以下几方面。

**第一，反映实际，更新材料。**如“国际收支”一章的国际收支平衡表按国际货币基金组织第5版《国际收支和国际投资头寸手册》的规定标准加以归类阐述；“外汇业务、外汇风险管理”“国际资金借贷”各章的有关案例以欧元区原货币（如马克、荷盾、法国法郎等）作为计算标准的，均以欧元或其他货币取代，以更符合实际情况。“出口信贷”一章以1999年4月生效的经济合作与发展组织国家《官方支持的出口信贷指导原则协议》各项原则的有关规定，代替原君子协定的内容。“国际金融组织”一章将2001年7月1日生效的世界银行贷款的新规定与国际金融公司投资贷款的新规定均反映于修订后的有关章节中。

**第二，突出特色，充实内容。**在保持原教材的国际金融理论与对外经贸业务紧密结合的基础上，进一步突出特色，充实内容。原“汇率制度”与“外汇业务”两章，仅有直接标价法、间接标价法和简要的美元标价法的介绍，但随着我国个人买卖外汇的增加，对外贸易市场多元化的开拓，如何在主要储备货币之间进行套算，获得汇率差价的利益，并在进出口业务中做好对外报价工作，显得日益重要，因此在原教材的基础上充实了美元标价法与非美元标价法的内容，并提供了较为全面的两种标价法下货币套算的方法与实际案例。此外，随着我国出口与境外投资的发展，现在出口保险体系经营的产品品种不多，支持力度不够，企业界呼吁要加强保险体系的支撑，而原教材这部分内容相对薄弱，因此，在“出口信贷”一章除保持原有的出口信贷融资的内容外，另加出口信贷保险与担保两部分内容，因保险与担保是出口信贷融资的前提。目前除中国银行外，国内的交通银行、光大银行、招商银行均已开展保理业务，即将在内地开展业务的外商银行如巴克莱银行和花旗银行据说必将开展这些业务，因此在修订的教材中根据国际保理商联合会（FCI）2001年7月公布的《国际保理业务操作手册》的内容，特别是业务流程及进出口商应注意的诸多事项加以补充，以期更接近最新的业务实际。

**第三，适应形势发展，服务实际需要。**“引进来”与“走出去”相结合是我国政府确定的经济发展战略，温家宝总理在十届全国人大第二次会议的政府工作报告中再一次强调“要加快实施走出去战略，鼓励各类所有制企业采取多种形式到境外投资兴业，拓展国际市场”。要落实这一战略目标，除需上述保险体系的支持外，更需信贷资金的支持。原教材所涉及的出口卖方信贷、出口买方信贷、出口福费廷均可作为扩展外贸、发展境外投资的筹资手段，但是，对于像我国这类资金基础比较薄弱的国家来讲，国际项目融资（Project Financing）与 BOT 则具有更大的支持力度。为此，修订教材中增加一章“项目贷款与 BOT”，详尽分析其组织、投资、融资、担保结构及与 BOT 的相互关系，以适应形势发展需要，为实现“走出去”战略服务。同样，在最近及在我国加入世界贸易组织过渡期满以后，衍生金融产品将有一个较大的发展，2004 年 2 月 4 日，中国银行业监督管理委员会颁布了《金融机构衍生金融产品交易业务管理暂行办法》，为适应这一形势的发展，在原教材“国际金融市场”一章，专门对衍生金融工具（产品）市场的金融期货、金融期权、利率互换、远期利率协议、货币互换、利率上限和利率下限以及票据发行便利等衍生金融工具（产品）进行理论与实务的剖析，并附以案例，说明其在规避外汇金融风险中的机制作用，以期能懂得原理，学会操作，适应形势发展的需要。

**第四，触摸实际，案例分析。**“知道了，不一定理解，理解了不一定会用”。这是目前学生中存在的一个共性问题。为提高学生分析概括与解决实际问题的能力，在教材每章后均附有从业务实际中筛选的案例，供同学分析解答，以代替以前的重复教材内容的复习题。通过案例分析，同学应掌握前后章节之间、与其他课程（如国际贸易、国际贸易实务、国际结算等）之间、与一定历史背景之间的内在联系，将所学知识融会贯通，学活会用，以期毕业后遇到相同或相似问题时，能举一反三地操作解决。由于案例来自实际，通过案例分析就等于接触了实际，同学有提前走入企业的感觉，为一毕业就上岗、提高上手操作的能力奠定基础。这样，有利于扭转在人才招聘会上出现的大学生或研究生对各种理论模式能够倒背如流，而对解决实际问题的操作实务却一筹莫展的片面倾向。

此外，还将原教材“国际储备”一章压缩并入“国际收支与国际储备”一章，增加了“国际金融危机与国际货币体系改革”一节，除对西方国际收支、外汇汇率的各流派学术观点进行改写外，还增加了国际资本流动与国际投资有关学术流派观点的评介。

作　者

2004 年 3 月 28 日

# 第二版前言

为了适应我国对外经济贸易事业的发展，1988 年，对外经济贸易部原教育局决定在原来教材的基础上对经贸专业的一些教材进行重新修订或编写，作为我部高等院校经贸专业新的统编教材。

这本《国际金融》教材由对外经济贸易大学刘舒年教授任主编，师玉兴副教授任副主编，是在刘舒年教授原来编写的《国际金融》教材基础上进行修订的。中国世界经济学会会长、中国社会科学院世界经济与政治研究所研究员浦山，南开大学教授钱荣堃，中国人民大学教授王传纶，中国银行国际金融研究所副所长、副研究员张德宝和对外经济贸易部国际贸易研究所研究员王槐安审阅了书稿。他们认为：本书较原书有很大改进和提高，既保持了原书国际金融理论与实务相结合、密切联系我国对外贸易实际的特色，同时又反映了国际金融的新发展，是一本适应我国高等院校国际经济贸易学科有关专业使用的教材。

我们对审稿的各位专家、教授为我部的教材建设所做的大量工作表示衷心的感谢。

对外经济贸易部

教材编写委员会

1991 年 3 月

# 第一版前言

本书初稿是为了适应大学本科学生和研究生学习国际金融专业课程的需要而编写的，自1977年以来，曾在北京对外贸易学院各系讲授过八次，并蒙中国社会科学院研究生院、北京大学经济系世界经济专业及研究生班等单位试用，故作者得以根据教学过程中的各种反映进行修改，并经外贸部审查定稿。其间又值中国人民银行总行科教局组织各兄弟院校合撰有关教材，作者不敏，承乏总纂《外汇学》一书，两次参加由科教局召开的教材会议，每次为期两周，有幸与各单位的专家、学者共同探讨理论和业务问题，研究教科书的编写方法，这不仅使《外汇学》一书的编写得以取精用宏、博采众长，而且对作者修订《国际金融》一书也颇有启发。如果说本书在理论结合实际方面有所进展，这首先是由于贯彻了两次教材会议的精神和吸收了集体智慧的缘故。因此，本书除供兄弟院校教学之用外，希望对业务部门的干部在学习理论和业务时也有所裨益，以便有助于他们在自己的工作岗位上更好地贯彻党的十一届三中全会确定的对外开放的经济政策，为社会主义“四个现代化”事业作出更多的贡献。

本书前后四易其稿，除各兄弟院校提供了宝贵的意见外，并蒙中国人民银行金融研究所杨培新同志，中国银行国际金融研究所吴念鲁、戴乾定、陈文珍等同志，及方莹、李林梅、丁朝宗、陈全庚、朱义信、高继鲁等同志给予热情的鼓励和具体的帮助，在编写第八章的过程中又蒙林建海同志协助收集某些资料，特在此一并致谢。

本书第一章曾由费修梅同志修订，其余各章均由作者撰写修订，唯限于水平，纰缪挂漏，在所难免，尚希同志们批评指正。

作　者

一九八一年五月十日

# 目　　录

## 第三篇　国际金融市场与国际信贷



## 第四篇　国际金融组织与国际货币体系

# 绪　论

“国际金融”是以马列主义政治经济学理论为基础，研究国际货币和借贷资本运动规律的一门学科，其中包括：货币与借贷资本运动规律，以及影响这些规律发挥作用的因素；经营与管理这些货币与借贷资本运动的业务形式与组织机构；政府或其他组织对货币与借贷资本运动所规定的制度和采取的政策措施。

“国际金融”是对外经贸专业必修的专业基础课。对外经贸工作与国际金融密切相关，一个对外经贸工作者必须具有国际金融知识才能做好工作。本教材是基于对外经贸工作的需要而安排内容和进行编写的。

本教材共有四篇十一章。第一章为国际收支与国际储备篇，主要研究货币在国家间运动的起因和渠道、调整国际收支的理论与政策措施以及国际储备管理问题。第二章至第五章为外汇篇，研究汇率及其变动对经济的影响、汇率制度、外汇实务、外汇风险管理与外汇管制等问题。第六章至第九章为国际金融市场与国际信贷篇，主要研究国际金融市场、对外贸易信贷、项目贷款以及国际资本流动与国际债务问题。第十章和第十一章为国际金融组织与国际货币体系篇，研究全球性与地区性国际金融组织、国际货币体系及其改革以及欧洲货币体系问题。

本教材的编写是在突出科学性和系统性的同时注意贯彻以下原则。

（1）历史与逻辑统一原则。本教材的理论分析与业务阐述均介绍历史的发展，以了解一个经济范畴的来龙去脉，掌握其全貌，同时对每一范畴、业务形式的研究均按事物发展的逻辑顺序，循序渐进、由浅入深、由表及里、去粗取精地加以剖析，努力做到历史与逻辑的统一。

（2）理论与业务并重原则。本教材不仅对国际金融宏观理论进行深入的研究，而且注意与实际的结合，特别是与对外经贸和国际融资、投资业务的结合。较强的业务性与实用性是本教材的一个突出特点。

（3）洋为中用原则。国际金融始于西方国家，研究货币在各国之间运动的普遍规律的目的在于为我所用，因此本教材每章每一问题均结合我国涉外金融的实际状况加以探讨、对比借鉴，并结合我国的对外金融与贸易实务，晓之以如何运用，以有利于完善我国的改革开放制度，建设具有自己特色的社会主义对外金融与贸易。

（4）通俗性原则。本教材在编写时力求文字通俗易懂。

学习本教材的目的是：掌握国际收支、外汇实务、国际信贷、国际货币制度等方面的基本理论、基本知识和基本技能，学会在实际中加以运用；掌握国际金融宏观理论，学会用其说明和解决当前国际金融领域中的实际问题；掌握我国涉外金融工作中的方针、政策和做法，学会在实际工作中贯彻执行；掌握国际金融与国内经济的相互关系，为发展国际贸易奠定理论业务基础。

“国际金融”课程理论性、业务性强，宏观、微观并重，研究范围广，交叉学科多，并有一定的计算技术。要实现上述学习要求，必须掌握学习方法，以提高学习效果。为此，要注意以下方面。

（1）循序渐进，逐步加深理解。教材中有些概念无法一次说透讲清，需要在不同章节、从不同角度去理解才能真正明白。例如，“特别提款权”的概念，在第一章中从一个侧面简单地做了表述，以后在第十一章中才全面地分析清楚。因此，在学习下一章节时，要不怕麻烦地重温前面讲过的相似内容，由浅入深地逐步加以串联，才能掌握全面的问题。固定汇率、浮动汇率、储备资产等问题均有类似情况，应循序渐进，逐步深入。

（2）抓住红线，掌握内在联系。学习国际金融，切忌死记硬背，要找出问题之间的红线，掌握其内在联系，把知识学活。汇率确定的基础、影响汇率变化的因素、汇率变动的经济影响、人民币汇率的调整、货币的公开贬值等，分布在第二篇的不同部分，如果死记硬背，很难抓住重点与问题之间的内在联系；如果仔细分析，不难发现贯穿在这几个问题之间的红线，这条红线就是“对内贬值必定引起对外贬值”。纸币发行过多，对内贬值了，通货膨胀恶化了，必然引起汇率波动与对外贬值，也就是说通货膨胀是影响汇率变化的根本因素。即纸币对内贬值，物价上涨，出口商品竞争力削弱，贸易收支与国际收支必然恶化，进一步促进外币汇率提高，所以一般而言国际收支逆差成为影响汇率变化的直接因素。对内贬值，本币汇率下降，最后必然导致货币公开贬值或本币汇率下调。抓住“对内贬值必定引起对外贬值”的红线，就能掌握基本概念的内在联系，把知识学活。

（3）联系对比，融会贯通。在学习过程中，应把相似或相对称的理论、概念和业务等加以联系对比，找出它们之间的相同点与不同点，以锻炼自己的分析、综合能力，做到融会贯通。例如，学习直接标价法与间接标价法时，不能满足教材所下的定义，而应找出它们之间的相同点与不同点。相同点，即都是标示两种货币的比价方法。而不同点呢，对比后可发现主要有四个方面：① 作为标准的货币不同；② 汇率变动所表现的货币不同；③ 买入汇率与卖出汇率标示的地位不同；④ 实行的国家不同。其他如固定汇率制度与浮动汇率制度、传统国际金融市场与新型国际金融市场、期权与远期外汇业务、买方信贷与卖方信贷等均应在学习过程中加以联系对比，以求融会贯通，不断提高分析问题与说明问题的能力。

（4）操作计算，用于实际。本教材涉及多方面的计算问题，诸如国际收支差额的计算、汇率之间的折算、买入汇率与卖出汇率的折合、套汇盈亏的核定、融资货币的选择、不同信贷方式下融资成本的比较、防止汇率风险不同方式的费用负担等，学习过程中应熟练掌握这些计算原则与技术，以应用于实际业务。

# 第一篇

## 国际收支与国际储备

# 第一章　国际收支与国际储备

## 本章摘要

外汇有广义与狭义之分，狭义外汇即通常所说的外汇，指以外币所表示的用于国际结算的支付手段。国际收支是指在一定时期内居民与非居民之间全部经济交易的系统记录。国际收支平衡表则指一国（或地区）在一定时期内所发生的国际经济交易按项目分类统计的一览表。产生国际收支不平衡的原因主要有经济周期、经济结构、国民收入变化、货币价值高低、偶发性原因和一国的国内经济政策的影响等。国际收支的政策性调节措施包括外汇缓冲政策、财政和货币政策、汇率政策和直接管制等。

学生学完本章，要掌握外汇、国际收支平衡表各账户构成的内涵、国际收支平衡表各账户之间的关系以及国际收支平衡的调节手段。

**关键词：**外汇　　国际收支　　经常账户　　金融账户　　贴现政策

学完本章，你需要掌握：

- 外汇的概念
- 国际收支的概念
- 国际收支平衡表各账户之间的关系与内在联系
- 调节国际收支的政策手段

## 第一节　外汇与国际收支

### 一、外汇

#### （一）外汇的概念

外汇是国际汇兑（Foreign Exchange）的简称。外汇的概念有动态和静态之分。动态的外汇，是指把一国货币兑换为另一国货币以清偿国际债权债务关系的金融行为。从这个意义上说，外汇等同于国际结算。静态的外汇，又有广义与狭义之分。各国外汇管理法中所称的外汇就是广义的外汇。例如，根据2008年8月新修订的《中华人民共和国外汇管理条例》第三条的规定，外汇是指下列以外币表示的可以用作国际清偿的支付手段和资产：（1）外币现钞，包括纸币、铸币；（2）外币支付凭证或者支付工具，包括票据、银行存款凭证、银行卡等；（3）外币有价证券，包括债券、股票等；（4）特别提款权；（5）其他外汇资产。狭义的外汇即通常所说的外汇，是指以外币所表示的用于国际结算的支付手段。只有各国普遍接受的支付手段，才能用于国际结算。

### （二）外汇应具备的要素

作为外汇的外币支付凭证必须具备三个要素。

1. 具有真实的债权债务基础

没有真实的债权债务关系的凭证，不能算作外汇。

2. 票面所标示的货币一定是可自由兑换货币

可自由兑换货币主要指该货币的发行国对该国的经常项下的支付和资本项下的收支不进行管制或限制。《国际货币基金协定》认为自由兑换货币指：（1）该货币在国际支付领域中被广泛使用；（2）该货币在国际外汇市场上被广泛交易。英镑、美元、日元、欧元是主要的自由兑换货币。非自由兑换货币主要指该货币发行国对该国经常项下的支付和资本项下的收支进行管制或限制。像以越南元、缅甸元所表示的支付凭证对一国不能算作外汇，因为这些货币的发行国对该国经常项下的支付和资本项下的收支进行严格管制。

3. 是一国外汇资产，能用以偿还国际债务

这表明以外币所标示的支付凭证，是一国的外汇资产，可用以偿付外国的债务。

据此，以外币表示的有价证券和黄金不能视作外汇，因为它们不能用于国际结算，而只有把它们变为国外银行存款，才能用于国际结算。至于外币现钞，严格说来也不能算作外汇①。虽然，外币在其发行国是法定货币，然而，它一旦流入他国，便立即失去其法定货币的身份与作用，外币持有者须将这些外币向本国银行兑成本国货币才能使用。即使是银行，也须将这些外币运回其发行国或境外的外币市场，变为在境外市场银行的存款，以及索取这些存款的外币票据与外币凭证，如汇票、本票、支票和电汇凭证等，才是外汇。

必须指出，在美国以美元所标示的支付凭证，不属于外汇，只有美元以外可兑换货币所标示的支付凭证，在美国才算外汇。在其他国家也是这样，尽管该国货币为可兑换货币，但那是本国货币，只有本币以外其他可兑换货币所标示的支付凭证，才是外汇。

### （三）外汇的作用

（1）作为国际购买手段进行国家间的货物、服务等产出的买卖。

（2）作为国际支付手段进行国际商品、国际金融、国际劳务、国际资金等方面债权债务的清偿。

（3）作为国际储备手段，支付一国必须偿还的债务，维持本币汇率的稳定，促进经济发展与增长。

（4）作为国际财富的象征，实际是对国外债权的持有，并能转化为其他资产。

## 二、国际收支的概念

国际收支（Balance of Payments）的概念也有广义和狭义之分。狭义的国际收支概

---

① 国内一些著作也有将外汇定义为“外币和以外币所表示的支付凭证与信用凭证”的，同时将外钞也视作外汇。

念是在第一次世界大战与第二次世界大战之间普遍采用的概念。广义的国际收支概念，则是从第二次世界大战以后才广泛流行起来的，也是目前采用的国际收支概念。

### （一）狭义的国际收支

世界各国，由于政治、经济、文化等各方面的交往十分频繁，从而在国与国之间形成了债权与债务关系，一国在某一特定时日的债权债务，就综合反映为该国的国际借贷关系，这同企业所编制的资产负债表的性质颇为相似。这种国际借贷关系所体现的债权债务，到期时必须以货币形式（外汇）结清支付，从而形成一国的外汇收入与支出。狭义的国际收支概念是指一国（地区）在一定时期内（通常为1年），同其他国家为清算到期的债权债务所发生的外汇收支的总和。在这一时期内，其外汇收支相抵后所出现的差额称为国际收支差额，在一定程度上能代表该国在国际金融方面的实力与地位。狭义的国际收支概念十分强调到期立即结清和以现金作出支付。因为某些国际借贷的债权债务关系虽已产生，但因国际信用的存在，使到期结清的时日可以延缓，在未到期前无需办理结清收付，对一国的国际收支不会产生实际影响。按此理论，对未到期的债权债务则不应计入该年的国际收支范围以内。

总之，凡在报告期内涉及有外汇收支的交易，均属于狭义的国际收支范畴。由于狭义的国际收支是建立在现金基础上的，所以它的状况影响着一国的外汇供求关系。

### （二）广义的国际收支

1. 广义的国际收支概念

广义的国际收支概念与狭义地强调现金基础（Cash Basis）的国际收支概念不同，这一概念强调了国际经济交易的业务基础，即将无须货币偿付的各种“援助”项目和不需现金支付的物资、服务之间的交换以及赊购赊销的信用交易项目也均列入国际收支。据此，国际货币基金组织（International Monetary Fund，IMF）对国际收支所确定的广义概念为“在一定时期内居民（Resident）与非居民（Non-resident）之间全部经济交易的系统记录”。这种经济交易不管有无现金支付，有无对等偿付，均包括在一国一定时期内的国际收支的范畴之内。

2. 居民与非居民的概念与划分标准

在广义的国际收支概念中，特别强调居民与非居民，目的是要正确反映国际收支状况，只有居民与非居民之间的经济交易才构成国际收支的内容。居民与非居民的概念、划分的标准与内容包括以下方面。

（1）所谓居民是指在一国（或地区）居住或营业的自然人或法人；在一国（或地区）以外居住或营业的自然人或法人即为非居民。

（2）身在国外而不代表政府的任何个人，依据经济利益中心（Center of Economic Interest）或长期居住地确定其居民身份。

（3）法人组织是其注册国（或地区）的居民。

（4）一国外交使节、驻外军事人员，不论在国外时间长短都属派出国的居民。

（5）国际机构，如联合国、IMF、世界银行集团等不是任何国家的居民，而是所有国家的非居民。

（6）居民和非居民由政府、个人、非营利团体和企业构成。

3. 经济交易的类型和内容

构成国际收支内容的居民与非居民之间的经济交易类型与内容包括以下方面。

（1）商品、服务与商品、服务之间的交换，如易货贸易、补偿贸易等。

（2）金融资产与商品、服务之间的交换，如商品服务的买卖（进出口贸易）等。

（3）金融资产与金融资产之间的交换，如货币资本借贷、对外直接投资、有价证券投资等。

（4）商品服务由一方向另一方无偿转移，如无偿的物资捐赠、服务和技术援助等。

（5）金融资产由一方向另一方无偿转移，如债权国对债务国给予债务注销，富有国家对低收入国家的投资捐赠等。

# 第二节　国际收支平衡表

## 一、国际收支平衡表的概念

国际收支平衡表就是在一定时期内（通常为 1 年）一个国家（或地区）所发生的国际收支按项目分类统计的一览表，它集中反映了该国国际收支的具体构成和总貌。有些国家编制国际收支表格时，将平衡项目单列，这种表格称为国际收支差额表；如包括平衡项目，则称为国际收支平衡表。

## 二、国际收支平衡表的编制原理与记账方法

国际收支平衡表是按照现代会计学的复式簿记原理编制的，即以借、贷作为符号，每个项目都有借方和贷方两栏，借方（Debit）记录资产的增加和负债的减少，贷方（Credit）记录资产的减少和负债的增加。每笔交易都会产生一定金额的一项借方记录和一项贷方记录，即“有借必有贷，借贷必相等”。对此，记账法则有以下两点：

（1）凡引起本国外汇收入的项目，亦称正号项目（Plus Items），记入贷方，记为“+”（通常省略）。

（2）凡引起本国外汇支出的项目，亦称负号项目（Minus Items），记入借方，记为“-”。

现以美国为例说明如下：美国向日本出口价值 10 000 美元的商品，日本以其银行在美国的银行存款支付货款。这笔国际经济交易的记账方法是：美国向日本出口，意味着美国的资产（商品）转移到日本，它引起美国的美元收入，应在商品输出项下记入贷方 10 000 美元；与此同时，日本在美国的银行存款减少，意味着美国的对外负债减少，还应该在银行存款项下借记 10 000 美元。

由于每笔交易都要同时记入借方和贷方，国际收支平衡表的借方总额和贷方总额是相等的，其差额为零。但是，就平衡表的每个项目来说，借贷双方的金额并不一定相等，而有差额。例如，贸易差额=出口-进口，如果出口大于进口，则称贸易盈余；如

果出口小于进口，则称贸易赤字。这种差额称为局部差额（Partial Balance），当收入大于支出而有盈余（Surplus）时，称为顺差（Favorable Balance）；反之，则称为逆差（Unfavorable Balance），应在逆差数字前冠以“-”号。有人称逆差为赤字（Deficit），而称顺差为黑字。

## 三、国际收支平衡表的主要内容

国际收支平衡表包括的内容极为广泛，各国结合自身情况自行编制的国际收支平衡表又详略不一，各具特点。为指导各国编制本国的国际收支平衡表，国际货币基金组织定期公布国际收支手册，这里根据国际货币基金组织出版的最新《国际收支和国际投资头寸手册》即第六版的国际收支账户的分类标准，并附以2022年中国国际收支平衡表作为例证，对国际收支平衡表的结构内容加以分析说明。

《国际收支和国际投资头寸手册（第六版）》标准格式平衡表分列下述四个项目。

### （一）经常账户（Current Account）

经常账户反映的是居民与非居民之间经常发生的经济交易内容，显示的是居民与非居民之间货物和服务、初次收入和二次收入的流量，它是国际收支中重要的账户类别。该账户的差额称为经常账户差额。

1. 货物和服务（Goods and Services）

货物项下登记商品的出口和进口的外汇收支，也即一国的贸易收支，或称有形贸易收支。根据IMF统计口径，商品进出口额均按离岸（FOB）价格计算。

服务项下具体登记对他人拥有的实物投入的制造服务；其他项目中未涵盖的维护和维修服务，运输，旅行，建设，保险和养老金服务，金融服务；别处未涵盖的知识产权使用费，电信、计算机和信息服务，工程承包，其他商业服务，个人、文化和娱乐服务；别处未涵盖的政府货物和服务以及和其他诸如研究和开发服务、专业和管理咨询服务等商业服务。

2. 初次收入（Primary Income）

初次收入账户反映的是机构单位因其对生产过程所做的贡献或向其他机构单位提供金融资产和出租自然资源而获得的回报，具体分为两类：一是与生产相关的收入。职工报酬是向生产过程投入劳务的收入。对产品和生产的税收和补贴也是有关生产的收入。二是与金融资产和其他非生产资产所有权相关的收入。财产收入是提供金融资产和出租自然资源所得的回报。投资收益是提供金融资产所得的回报，包括股息和准公司收益提取、再投资收益和利息。

3. 二次收入（Secondary Income）

二次收入账户表示居民与非居民之间的不对等支付的单方面转移即经常转移，具体包括政府和私人的经常转移。政府间的经常转移主要有政府间经济和军事援助、战争赔款、捐款等。私人的经常转移主要有侨民汇款、年金和赠予等。二次收入的借方记录本国向外国的经常转移支出，贷方记录本国从外国取得的经常转移收入。二次收入项目在《国际收支手册》（第五版）中对应的是经常转移项目。

### （二）资本账户（Capital Account）

资本账户记录的是居民与非居民之间的应收和应付资本转移以及居民与非居民之间非生产非金融资产的取得和处置，具体包括资本转移和非生产非金融资产的取得和处置两个子账户。其贷方表示居民获得非居民提供的资本转移，以及处置非生产非金融资产获得的收入，借方表示居民向非居民提供的资本转移，以及取得非生产非金融资产的支出。非生产非金融资产交易包括自然资源及契约、租约和许可等的获得和处置。资本转移是指资产（不包括现金和存货）所有权从一方转给另一方，或一方或双方获得或处置资产的转移，或债权人减免债务人负债的转移。

### （三）金融账户（Financial Account）

金融账户记录的是金融资产和负债的获得和处置。金融账户根据金融工具和职能类别划分，具体包括以下五个子账户：直接投资、证券投资、金融衍生品和雇员认股证、其他投资和储备资产。金融账户差额反映对非居民的净贷款和净借款是如何获得融资的。如果不存在净误差与遗漏，则金融账户差额等于经常账户和资本账户的差额合计。

金融账户具体分为以下五个部分：

1. 直接投资（Direct Investment）。直接投资是金融账户的重要组成，具体指某一经济体居民对另一经济体居民企业实施管理上的控制或重要影响，不仅包括为获得控制和重要影响而进行的股权交易，也包括直接投资关系下的其他交易。

2. 证券投资（Portfolio Investment）。证券投资是指未被列入直接投资和储备资产、有关股权证券和债务的跨境交易和头寸。

3. 金融衍生品和雇员认股证（Financial Derivatives and Employee Stock Options）。金融衍生品作为一种金融工具，通过与另一特定的金融工具、商品或指标挂钩，从而在金融市场上可以对特定金融风险本身进行交易。雇员认股权是向公司雇员提供的一种购买公司股权的期权。

4. 其他投资（Other Investment）。不包括在直接投资、证券投资、金融衍生品和雇员认股权以及储备资产中的跨境金融交易均反映于这一子项目中，如货币和存款、贸易信贷以及预付款等。

5. 储备资产（Reserve Assets）。储备资产是指随时可以被货币当局使用或控制的对外资产，不仅包括外汇储备，还包括货币性黄金、在基金组织的储备头寸和特别提款权等。需要注意的是，国际收支平衡表中记录的储备资产应是由于国际经济交易所引起的储备资产的增减变动。

### （四）净误差与遗漏

国际收支平衡表采用复式记账法，每笔交易分别记录在借方和贷方，理论上，平衡表中的所有账户净余额应为零。但在实践中，由于数据来源和编制、统计资料的不完整和不准确等原因，国际收支统计各账户差额常常是不平衡的，为此，设立净误差与遗漏项目人为地进行调整，使平衡表账面实现平衡。净误差与遗漏是作为残差项根据经常账户、资本账户和金融账户推算出的，它可能是正值也可能是负值。

现将2022年中国国际收支平衡表刊列如下（见表1-1），以对照上述内容参考、分析。

**表1-1　　2022年中国国际收支平衡表**①　　单位：亿美元

| 项　　目 | 行次 | 2022年 |
| --- | --- | --- |
| **1. 经常账户** | 1 | 4 019 |
| 贷方 | 2 | 39 508 |
| 借方 | 3 | -35 489 |
| **1. A 货物和服务** | 4 | 5 763 |
| 贷方 | 5 | 37 158 |
| 借方 | 6 | -31 395 |
| **1. A.a 货物** | 7 | 6 686 |
| 贷方 | 8 | 33 469 |
| 借方 | 9 | -26 782 |
| **1. A.b 服务** | 10 | -923 |
| 贷方 | 11 | 3 690 |
| 借方 | 12 | -4 613 |
| 1. A.b.1 加工服务 | 13 | 135 |
| 贷方 | 14 | 143 |
| 借方 | 15 | -8 |
| 1. A.b.2 维护和维修服务 | 16 | 39 |
| 贷方 | 17 | 83 |
| 借方 | 18 | -43 |
| 1. A.b.3 运输 | 19 | -224 |
| 贷方 | 20 | 1 465 |
| 借方 | 21 | -1 689 |
| 1. A.b.4 旅行 | 22 | -1 052 |
| 贷方 | 23 | 96 |
| 借方 | 24 | -1 148 |
| 1. A.b.5 建设 | 25 | 67 |

① 资料来源：《2022年中国国际收支报告》，中国国家外汇管理局官网 www.safe.gov.cn，阅读时间2023年9月28日。

续表

| 项　　目 | 行次 | 2022 年 |
| --- | --- | --- |
| 贷方 | 26 | 143 |
| 借方 | 27 | -76 |
| 1. A. b. 6 保险和养老金服务 | 28 | -153 |
| 贷方 | 29 | 45 |
| 借方 | 30 | -198 |
| 1. A. b. 7 金融服务 | 31 | 11 |
| 贷方 | 32 | 50 |
| 借方 | 33 | -39 |
| 1. A. b. 8 知识产权使用费 | 34 | -312 |
| 贷方 | 35 | 133 |
| 借方 | 36 | -445 |
| 1. A. b. 9 电信、计算机和信息服务 | 37 | 178 |
| 贷方 | 38 | 557 |
| 借方 | 39 | -379 |
| 1. A. b. 10 其他商业服务 | 40 | 419 |
| 贷方 | 41 | 944 |
| 借方 | 42 | -525 |
| 1. A. b. 11 个人、文化和娱乐服务 | 43 | -12 |
| 贷方 | 44 | 14 |
| 借方 | 45 | -26 |
| 1. A. b. 12 别处未提及的政府服务 | 46 | -19 |
| 贷方 | 47 | 17 |
| 借方 | 48 | -36 |
| **1. B 初次收入** | 49 | -1 936 |
| 贷方 | 50 | 1 902 |
| 借方 | 51 | -3 839 |
| 1. B. 1 雇员报酬 | 52 | 63 |
| 贷方 | 53 | 204 |
| 借方 | 54 | -141 |

续表

| 项　　目 | 行次 | 2022 年 |
|---|---|---|
| 1. B. 2 投资收益 | 55 | -2 031 |
| 贷方 | 56 | 1 658 |
| 借方 | 57 | -3 689 |
| 1. B. 3 其他初次收入 | 58 | 32 |
| 贷方 | 59 | 41 |
| 借方 | 60 | -9 |
| **1. C 二次收入** | 61 | 191 |
| 贷方 | 62 | 447 |
| 借方 | 63 | -256 |
| 1. C. 1 个人转移 | 64 | 15 |
| 贷方 | 65 | 57 |
| 借方 | 66 | -42 |
| 1. C. 2 其他二次收入 | 67 | 176 |
| 贷方 | 68 | 390 |
| 借方 | 69 | -214 |
| **2. 资本和金融账户** | 70 | -3 113 |
| **2. 1 资本账户** | 71 | -3 |
| 贷方 | 72 | 2 |
| 借方 | 73 | -5 |
| **2. 2 金融账户** | 74 | -3 110 |
| 资产 | 75 | -2 815 |
| 负债 | 76 | -294 |
| **2. 2. 1 非储备性质的金融账户** | 77 | -2 110 |
| 资产 | 78 | -1 816 |
| 负债 | 79 | -294 |
| **2. 2. 1. 1 直接投资** | 80 | 305 |
| **2. 2. 1. 1. 1 直接投资资产** | 81 | -1 497 |

续表

| 项　　目 | 行次 | 2022 年 |
| --- | --- | --- |
| 2.2.1.1.1.1 股权 | 82 | -820 |
| 2.2.1.1.1.2 关联企业债务 | 83 | -677 |
| 2.2.1.1.1.a 金融部门 | 84 | -364 |
| 2.2.1.1.1.1.a 股权 | 85 | -308 |
| 2.2.1.1.1.2.a 关联企业债务 | 86 | -56 |
| 2.2.1.1.1.b 非金融部门 | 87 | -1 133 |
| 2.2.1.1.1.1.b 股权 | 88 | -512 |
| 2.2.1.1.1.2.b 关联企业债务 | 89 | -621 |
| **2.2.1.1.2 直接投资负债** | 90 | 1 802 |
| 2.2.1.1.2.1 股权 | 91 | 1 597 |
| 2.2.1.1.2.2 关联企业债务 | 92 | 205 |
| 2.2.1.1.2.a 金融部门 | 93 | 125 |
| 2.2.1.1.2.1.a 股权 | 94 | 116 |
| 2.2.1.1.2.2.a 关联企业债务 | 95 | 10 |
| 2.2.1.1.2.b 非金融部门 | 96 | 1 677 |
| 2.2.1.1.2.1.b 股权 | 97 | 1 481 |
| 2.2.1.1.2.2.b 关联企业债务 | 98 | 195 |
| **2.2.1.2 证券投资** | 99 | -2 811 |
| **2.2.1.2.1 资产** | 100 | -1 732 |
| 2.2.1.2.1.1 股权 | 101 | -477 |
| 2.2.1.2.1.2 债券 | 102 | -1 255 |
| **2.2.1.2.2 负债** | 103 | -1 079 |
| 2.2.1.2.2.1 股权 | 104 | 344 |
| 2.2.1.2.2.2 债券 | 105 | 1 255 |
| **2.2.1.3 金融衍生工具** | 106 | -58 |
| 2.2.1.3.1 资产 | 107 | 27 |
| 2.2.1.3.2 负债 | 108 | -85 |

续表

| 项　　目 | 行次 | 2022 年 |
|---|---|---|
| **2.2.1.4 其他投资** | 109 | 454 |
| **2.2.1.4.1 资产** | 110 | 1 386 |
| 2.2.1.4.1.1 其他股权 | 111 | -2 |
| 2.2.1.4.1.2 货币和存款 | 112 | 125 |
| 2.2.1.4.1.3 贷款 | 113 | 1 011 |
| 2.2.1.4.1.4 保险和养老金 | 114 | -56 |
| 2.2.1.4.1.5 贸易信贷 | 115 | 103 |
| 2.2.1.4.1.6 其他 | 116 | 204 |
| **2.2.1.4.2 负债** | 117 | -932 |
| 2.2.1.4.2.1 其他股权 | 118 | 0 |
| 2.2.1.4.2.2 货币和存款 | 119 | -528 |
| 2.2.1.4.2.3 贷款 | 120 | -178 |
| 2.2.1.4.2.4 保险和养老金 | 121 | 25 |
| 2.2.1.4.2.5 贸易信贷 | 122 | -314 |
| 2.2.1.4.2.6 其他 | 123 | 64 |
| 2.2.1.4.2.7 特别提款权 | 124 | 0 |
| **2.2.2 储备资产** | 125 | -1 000 |
| 2.2.2.1 货币黄金 | 126 | -35 |
| 2.2.2.2 特别提款权 | 127 | 19 |
| 2.2.2.3 在国际货币基金组织的储备头寸 | 128 | -2 |
| 2.2.2.4 外汇储备 | 129 | -982 |
| 2.2.2.5 其他储备资产 | 130 | 0 |
| **3. 净误差与遗漏** | 131 | -906 |

注：1. 本表根据《国际收支和国际投资头寸手册》（第六版）编制。统计的是中国居民与非居民之间发生的一切经济交易。中国居民遵循经济体原则，不包括中国香港和澳门特别行政区、中国台湾地区的机构和个人等。因此，上述三个地区与境内的贸易和投资往来属于境外与我国的交易。

2. “贷方”按正值列示，“借方”按负值列示，差额等于“贷方”加上“借方”。本表除标注“贷方”和“借方”的项目外，其他项目均指差额。

3. 本表计数采用四舍五入原则。

数据来源：国家外汇管理局。

## 专 栏

### 我国经常账户稳健性在全球表现突出①

多年来，我国经常账户顺差长期保持在合理均衡区间，2020 年新冠肺炎疫情暴发以来表现出较强的稳健性，经常账户顺差规模持续稳步增长，发挥了稳定国际收支和外汇市场的基础作用。

**2020 年以来多个经常账户顺差国出现顺差规模较大波动，我国经常账户顺差保持稳健增长。**2020 年全球疫情初始阶段，德国和日本经常账户顺差分别收窄 7% 和 16%；2021 年在低基数效应下，两国经常账户顺差恢复增长。2022 年乌克兰危机以来，俄罗斯、挪威等少数能源供应国经常账户顺差增长，多数传统贸易顺差国经常账户顺差显著下降。2022 年前三季度，德国、日本、韩国经常账户顺差分别为 1 022 亿、778 亿和 257 亿美元，较 2021 年同期分别下降 57%、53% 和 60%。2020 年以来，我国经常账户顺差持续呈现增长态势，顺差规模由 2019 年的 1 029 亿美元增加至 2022 年的 4 019 亿美元，年均增幅为 66%，与国内生产总值（GDP）之比保持在 2% 左右，持续处于合理均衡区间。

**货物贸易是经常账户主要顺差来源，近年来很多顺差国受到多重因素冲击影响，但我国货物贸易韧性凸显、顺差增加。**全球货物贸易顺差国大致可以分为工业产品出口国和能源资源出口国两大类，其中，德国、日本、韩国以及我国主要通过制造业生产带动工业产品出口，同时也是重要的能源需求国。近年来，全球疫情叠加乌克兰危机，使得很多以工业产品出口为主的货物贸易顺差国面临多重冲击，尤其是 2022 年，德国、日本、韩国货物贸易顺差明显收窄甚至转为逆差。根据国际货币基金组织数据，2022 年前三季度，德国和韩国的货物贸易顺差分别为 867 亿美元和 175 亿美元，同比下降 53% 和 71%；日本的货物贸易为逆差 850 亿美元，2021 年同期为顺差 211 亿美元。2022 年，我国货物贸易顺差为 6 686 亿美元，较 2021 年增长 19%，延续近三年持续增加态势。

**我国产业链供应链稳固、贸易结构优化是货物贸易保持顺差的重要支撑。**从出口看，我国产业门类齐全，制造业持续转型升级，出口商品中不但包括德国、日本、韩国出口中占比较高的汽车、机械等中高端制造业产品，也涵盖纺织服装等生活必需品，以及手机、电脑等日用电子产品，较好拟合疫情背景下的全球消费需求。同时，我国出口市场多元化，近年来对东盟和非洲出口占比逐年提升，有效弥补了欧美需求波动对出口的影响；德国出口中欧美占据七成多份额，日韩出口中非洲和拉丁美洲占比较低。从进口看，乌克兰危机抬升全球粮食和能源价格背景下，我国进口中食品占比较低，粮食自给自足能力强；同时，我国石油、天然气进口占比也低于日韩，并且我国能源进口来源稳定多元，2022 年我国能源类商品进口金额增速为德国、日本、韩国的一半。

**近年来我国服务贸易逆差总体收窄，除受全球疫情影响外也体现了新兴服务贸易的**

① 资料来源：《2022 年中国国际收支报告》，国家外汇管理局官网 www. safe. gov. cn，2023 年 3 月 31 日。

**蓬勃发展，是经常账户顺差增加的另一影响因素。**2022年前三季度，德国服务贸易逆差321亿美元，2021年同期为顺差21亿美元，日本服务贸易逆差338亿美元，较2021年同期增长18%。德国、日本服务贸易逆差扩大主要源于信息计算机服务、商业服务、知识产权使用费等逆差增加，同时德国边境较早开放拉动旅行支出逐步恢复。近三年，全球疫情蔓延背景下我国旅行逆差维持低位，但2022年在旅行逆差有所增长的情况下服务贸易逆差进一步收窄9%，主要是其他商业服务和电信计算机信息服务顺差分别增长24%和66%，表明我国知识密集型服务业国际竞争力增强，体现了近年来制造业和服务业深度融合的发展成效。

## 第三节　国际收支不平衡的调节

### 一、国际收支不平衡的标准

如前所述，国际收支平衡表是按会计学的借方与贷方相互平衡的复式簿记原理编制的，因而借方总额与贷方总额是相等的，其差额必为零。但为什么人们总是听到国际收支不平衡这样的说法呢？判断一国国际收支平衡与否的标准是什么呢？

西方国家按照交易的性质，把国际收支平衡表上的各个项目划分为两种类型：一种是自主性交易（Autonomous Transactions），或称事前交易（Ex-ante Transactions），它是经济实体或个人出自某种经济动机和目的，独立自主地进行的。自主性交易一般包括经常账户和资本与金融账户中的各项交易，具有自发性，因而交易的结果必然是不平衡的，不是借方大于贷方，便是贷方大于借方。这会使外汇市场出现供求不平衡和汇率的波动，从而会带来一系列的经济影响。一国货币当局如不愿接受这样的结果，就要运用另一种交易来弥补自主性交易不平衡所造成的外汇供求缺口，这种交易就是调节性交易（Accommodating Transactions）。它是指在自主性交易收支不平衡之后进行的弥补性交易（Compensatory Transactions），因而亦称为事后交易（Ex-post Transactions），一般指短期资本项目和平衡项目。因此，从理论上说，一国国际收支平衡与否，应以自主性交易为标准。一国国际收支的自主性交易所产生的借方金额和贷方金额相等，就表明该国的国际收支平衡或基本平衡；如果自主性交易所产生的借方金额与贷方金额不相等，就表明该国的国际收支不平衡或失衡。

但是，实际上，短期资本项目究竟属于上述两种交易类型中的哪一种，理论上存在分歧，实践上区分短期资本流动交易的性质在技术上较为困难，所以也就没有一个统一的衡量国际收支是否平衡的标准，人们往往根据所要分析的问题而采用不同的差额，如货物差额、服务贸易差额、经常账户差额、基本差额和总差额等。其中，基本差额是指经常账户差额与长期资本差额之和；总差额又称综合差额，是经常账户差额、资本与金融账户差额（剔除储备资产部分）和净差错与遗漏项目之和，这一差额能综合反映自主性国际收支的状况，是全面分析和衡量国际收支的指标，在没有特别说明的情况下，人们通常所说的国际收支顺差或逆差就是针对总差额顺差或逆差而言的。

另外，在一些著作中，也有将自主性交易项目称作线上项目（Superlying Items），而将调节性交易项目称为线下项目（Underlying Items）。

## 二、国际收支不平衡的主要原因

### （一）经济周期

宏观经济会受经济周期的影响。在经济周期的各个阶段，由于人均收入与社会需求的消长，会使一国的国际收支发生不平衡。由于生产与资本国际化的发展，主要西方国家经济周期阶段的更替会影响其他国家经济，致使各国发生国际收支不平衡。这种由于经济周期的更替而造成的国际收支不平衡，称之为周期性不平衡（Cyclical Disequilibrium）。

### （二）经济结构

一国的国际收支状况往往取决于贸易收支状况。如果世界市场的需求发生变化，一国输出商品的结构也能随之调整，该国的贸易收支将不会受到影响。相反，如果该国不能适应世界市场的需要而调整商品的输出结构，将使贸易收支和国际收支发生不平衡，因此而产生的国际收支不平衡，称为结构性不平衡（Structural Disequilibrium）。

### （三）国民收入的变化

一国国民收入的变化，可能是经济周期阶段的更替，也可能是经济增长率的变化所引起的。一国国民收入的增减，会对其国际收支发生影响。一般来讲，国民收入增加，贸易支出和非贸易支出都会增加；国民收入减少，则贸易支出与非贸易支出也会减少。这种由国民收入的变化所引起的国际收支不平衡，称为收入性不平衡（Income Disequilibrium）。

### （四）货币价值的高低

在一定的汇率水平下，一国货币如果高估，则该国商品的货币成本与物价水平高于其他国家，必然不利于出口而有利于进口，从而使出口减少和进口增加；相反，则出口增加和进口减少。这种由于货币对内价值的高低所引起的国际收支不平衡，称为货币性不平衡（Monetary Disequilibrium）。

### （五）偶发性原因

除以上各种经济因素，政局动荡和自然灾害等偶发性因素也会引起贸易收支的不平衡和巨额资本的国际移动，进而引起一国国际收支不平衡。

### （六）一国的国内经济政策

由于本国或外国推行某种扩张或紧缩的财政或货币政策，也会使影响国际收支的某些因素发生变化，从而导致该国国际收支不平衡。

就上述各个原因来说，经济结构性因素和经济增长率变化所引起的国际收支不平衡，具有长期、持久的性质，而被称为持久性不平衡（Secular Disequilibrium）；其他因素所引起的国际收支不平衡，仅具有临时性，而被称为暂时性不平衡（Temporary Disequilibrium）。

## 三、国际收支不平衡的影响

### （一）国际收支逆差的影响

一国的国际收支出现逆差，一般会引起本国货币汇率下降，如逆差严重，会使本币汇率急剧跌落。该国货币当局如不愿接受这样的后果，就要对外汇市场进行干预，即抛售外汇和买进本国货币。这样，一方面会消耗外汇储备，甚至会造成外汇储备的枯竭，从而严重削弱其对外支付能力；另一方面也会形成国内货币紧缩形势，促使利率水平上升，影响本国经济的增长，从而导致失业的增加和国民收入增长率的相对与绝对下降。

从国际收支逆差形成的具体原因来说，如果是贸易收支逆差所致，将会造成国内失业的增加；如果资本流出大于资本流入，则会造成国内资金的紧张，从而影响经济增长。

### （二）国际收支顺差的影响

一国的国际收支出现顺差，固然可以增大其外汇储备，加强其对外支付能力，但也会产生如下不利影响。

（1）一般会使本国货币汇率上升，而不利于其出口贸易的发展，从而加重国内的失业问题。

（2）如果该国有义务维持固定汇率，那么，顺差将使本国货币供应量增长，从而加重通货膨胀。

（3）将加剧国际摩擦，因为一国的国际收支发生顺差，意味着有关国家国际收支发生逆差。

（4）国际收支如果是形成于过度出口造成的贸易收支顺差，则意味着国内可供资源的减少，因而不利于本国经济的发展。

一般说来，一国的国际收支越是不平衡，其不利影响也越大。虽然国际收支逆差和顺差都会产生种种不利影响，但相比之下，逆差所产生的影响更为严重，因为它会造成国内经济的萎缩、失业的大量增加和外汇储备的枯竭，因而对逆差采取调节措施要更为紧迫些。对顺差的调节虽不如逆差紧迫，但从长期来看，也还是需要调节的。

## 四、调节国际收支的政策措施

### （一）外汇缓冲政策

所谓外汇缓冲政策，是指一国政府为对付国际收支不平衡，把其黄金外汇储备作为缓冲体（Buffer），通过中央银行在外汇市场上买卖外汇，来消除国际收支不平衡所形成的外汇供求缺口，从而使收支不平衡所产生的影响仅限于外汇储备的增减，而不致进一步影响本国的经济。外汇缓冲政策的优点是简单易行，其局限性是：不适于对付长期、巨额的国际收支赤字，因为一国的外汇储备数量总是有限的。

### （二）财政政策和货币政策

1. 财政政策（Fiscal Policy）

财政政策是指一国政府通过调整税收和政府支出，从而控制总需求和物价水平的政策措施。财政政策主要取决于国内经济的需要，在将财政政策用于调整国际收支时，其作用机制如下：在国际收支出现逆差的情况下，一国政府宜实行紧缩性财政政策，抑制公共支出和私人支出，从而抑制总需求和物价上涨。总需求和物价上涨受到抑制，有利于改善贸易收支和国际收支。反之，在国际收支出现顺差的情况下，政府则宜实行扩张性财政政策，以扩大总需求，从而有利于消除贸易收支和国际收支的盈余。

2. 货币政策（Monetary Policy）

货币政策亦称金融政策，它是西方国家普遍、频繁采用的调节国际收支的政策措施。调节国际收支的货币政策主要有再贴现政策（Rediscount Policy）和改变准备金比率（Rate of Reserve Requirement）的政策。

（1）再贴现政策

中央银行在贴现票据时，所收取的官定最低利率称为再贴现率（有时简称贴现率）。中央银行以提高或降低贴现率的办法，借以紧缩或扩充货币投放与信贷规模，进一步影响短期资本的流出或流入，以达到调节经济与国际收支的目的，即为再贴现政策。

当一国出现国际收支逆差，该国中央银行就调高再贴现率，从而使市场利率提高，外国短期资本为获得较多的利息收益而会流入，本国资本亦不外流，这样在资本金融项目下，流入增加，流出减少，可减少国际收支逆差。此外，提高利率，即对市场资金供应采取紧缩的货币政策，会使投资与生产规模缩小，失业增加，国民收入减少，消费缩减，在一定程度上可促进出口增加，进口减少，从而降低经常项目的逆差。至于在顺差情况下，则由当局调低再贴现率和放宽货币政策，从而起到与上述情况相反的作用，以压低顺差的规模。

（2）改变准备金比率的政策

商业银行等金融机构要依法按其吸收存款的一定比率，向中央银行缴存保证存户提现和中央银行控制货币量的特定基金。这个比率的高低决定着商业银行等金融机构可用于贷款资金规模的大小，因而决定着信用的规模与货币量，从而影响着总需求和国际收支。过去，这项政策主要用于国内经济的调节，但从20世纪60年代末开始，这项政策措施也被一些发达国家用于调节国际收支。例如联邦德国和日本在20世纪70年代初就曾实行过差别性准备金比率的政策，即商业银行等金融机构吸收的非居民存款缴存中央银行的准备金的比率远远高于居民存款准备金的比率，来抑制国际游资（Hot Money）的流入，从而减少和避免美元危机（Dollar Crisis）对本国经济的冲击。

上述分析说明，一定的财政货币政策是有助于扭转国际收支不平衡的，但它也有明显的局限性，即它往往同国内经济目标发生冲突。为消除国际收支赤字，而实行紧缩性财政货币政策，会导致经济增长的放慢以及失业率的上升；为消除国际收支盈余，而实行扩张性财政货币政策，又会加剧通货膨胀和物价上涨。因此，通过财政货币政策而实现国际收支的平衡，必然以牺牲国内经济目标为代价。

### （三）汇率政策

汇率政策是指一国通过调整其货币的汇率，以影响进口和出口，调整贸易收支，从而调整国际收支的政策措施。

当一国发生国际收支逆差，常调低本币汇率，使本币对外贬值。在国内价格不变或变动不大的条件下，出口商品若以外币计算，就会较贬值前便宜，从而增强出口商品的竞争力，增加出口收汇；当调低本币汇率后，进口商品折成本币的价格则会较贬值前昂贵，因此会缩减输入，减少进口用汇。这有助于减少逆差，逐渐达到平衡，甚至形成顺差。这是为解决逆差问题而使用得较多的一种办法。当一国发生国际收支顺差时，有时也采取调高本币汇率的措施，使本币升值，以稍许扩大输入、压低输出的规模，从而使顺差数额有所缩小。但这常常是在贸易对手国家逆差状况严重、对其施加强大压力下而被迫采用的。

实行货币贬值，唯有在一定的进出口商品的供求弹性条件下（即假设供给弹性无穷大的前提下，应满足出口商品需求弹性加进口商品需求弹性大于 1 的条件），才会产生改善贸易收支与国际收支的效果。另外，货币贬值一般具有加剧国内通货膨胀与物价上涨的作用，因而结合紧缩性财政货币政策来实行货币贬值，才能起到既改善国际收支，又不致加重国内通货膨胀的作用。

（四）直接管制和其他奖出限入的外贸措施

直接管制（Direct Control）是指政府通过发布行政命令，对国际经济交易进行行政干预，以求国际收支平衡的政策措施。直接管制包括外汇管制和贸易管制。直接管制和其他奖出限入的外贸措施常见的有：对出口或给予内部补贴，或发放出口信贷，或由政府对出口信贷给予担保等；对进口则实行配额制、许可证制或严格审批进口用汇。直接管制通常能起到迅速改善国际收支的效果，能按照本国的不同需要，对进出口贸易和资本流动区别对待。但是，它并不能真正解决国际收支平衡问题，一旦取消管制，国际收支赤字仍会出现。此外，实行管制政策，既为国际经济组织所反对，又会引起他国的对抗和报复。

当一国国际收支不平衡时，须针对形成的原因采取相应的政策措施。譬如，如果国际收支不平衡是由季节性变化等暂时性原因形成的，可运用外汇缓冲政策；如果国际收支不平衡是由国内通货膨胀加重而形成的，可运用货币贬值的汇率政策；如果国际收支不平衡是由国内总需求大于总供给所致的，可实行紧缩性财政货币政策；如果国际收支不平衡是由经济结构性原因引起的，可进行经济结构调整并采取直接管制措施。

但以上的各种措施都有其局限性，都不能从根本上消除一国的国际收支不平衡。

## 第四节 国际收支理论评介

国际收支理论是国际金融的重要基础理论之一，它起源于 15—16 世纪重商主义时期，20 世纪三四十年代后，在经济学界先后出现了弹性论、乘数论、吸收论、货币论等有关国际收支的学说。这些学说的出现，各有其独自的历史背景，为各国政府调节国际收支、维持各国经济的均衡发展提供了一定的理论依据。现选取其中几个影响较大的、最基本的国际收支理论学说简要介绍分析如下。

## 一、国际收支自动调节论

1752年英国经济学家大卫·休谟（David Hume）在《论贸易平衡》一书中提出"价格—铸币流动机制"，认为在金本位制下，国际收支具有自动调节①的机制。

### （一）价格—铸币流动机制的基本内容

价格—铸币流动机制认为，当一国国际收支出现逆差，黄金流出本国，货币供应量减少，导致国内物价水平下降，从而起到刺激出口、抑制进口的作用，结果使国际收支渐趋改善，黄金流出放缓，直到国际收支平衡，黄金流出停止，国内货币供求和物价水平达到新的均衡。相反，当一国国际收支出现顺差，黄金流入，货币供应量增加，导致国内物价水平上涨，引起进口增加，出口减少，结果国际收支得到改善，黄金流入减缓，直到国际收支平衡，黄金流入停止，国内货币供求和物价水平达到新的均衡。这就是"价格—铸币流动机制"的基本内容（见图1-1）。

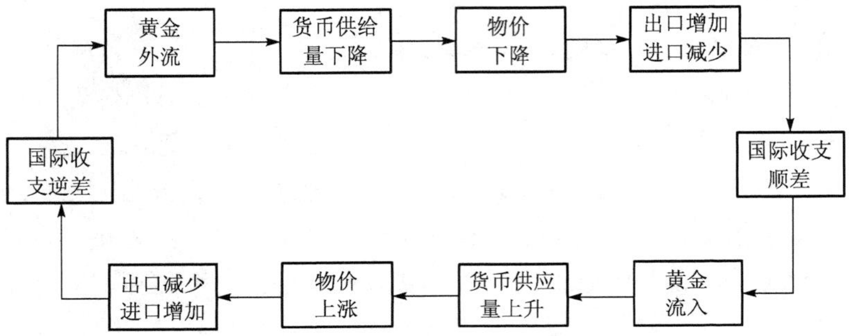


**图1-1 金本位下价格—铸币流动机制**

### （二）对价格—铸币流动机制的评价

休谟的金本位制下自动平衡国际收支的理论否定了传统的重商主义认为只要维持贸易顺差，一国就能维持金银、财富积累的论断；同时也消除了各国对贸易逆差一定会发生黄金、财富永久性流失的恐惧。该理论反映了资本主义自由竞争时期市场价格竞争的规律，满足了各国政府制定对外经济政策的需要，可以说"价格—铸币流动机制"说，开创了系统研究国际收支调节的先河，为当代国际收支调节理论奠定了一定的基础。

但是，"价格—铸币流动机制"说也有一定的局限性，即该机制作用的发挥必须具备四个条件，如缺少这四个先决条件，机制作用就不能发挥。（1）黄金在国际上自由流出入。但是实际上各国根据自身经济状况常常干预黄金在国际上自由流出入。如美国就曾将短期资本移动作为调节国际收支的主要手段，并非通过价格调整和进出口贸易来平衡国际收支。（2）自由贸易原则得到贯彻，不设立关税与非关税壁垒，只有在自由贸易原则下，黄金流出入完全自由，价格—铸币流动机制才得以发挥作用，但是，在1890—1914年许多国家实行贸易保护措施，设置关税贸易壁垒，使该机制不能充分发挥作用。（3）将价格—铸币流动机制视作调节国际收支的唯一途径。在实际中，各国

① 休谟．论贸易平衡//休谟经济论文选．北京：商务印书馆，1984.

为不牺牲内部平衡来达到国际收支的平衡，不一定通过价格机制影响商品进出口来达到国际收支平衡，而是采取货币冲销政策或通过短期资本流动来平衡国际收支。通过价格机制影响商品进出口不是平衡或调节国际收支的唯一手段。（4）进出口商品均有较大的供需弹性，也即进出口商品的供求数量能随价格的变化而增加或减少，才能使价格—铸币流动机制得以发挥。实际上商品供求数量不完全受价格因素的影响而增减，而受供求弹性的制约。

## 二、弹性分析理论

英国著名经济学家马歇尔（A. Marshall）在 1923 年首次提出“进出口需求弹性”的概念，1937 年，英国经济学家琼·罗宾逊（J. Robinson）以此为基础系统地提出国际收支弹性论（The Theory of Elasticities Approach），又称弹性分析法。以后，1944 年，美国经济学家勒纳（Abba P. Lerner）以此为基础研究出货币贬值影响贸易收支的进出口商品需求弹性的临界值，正式提出马歇尔—勒纳条件（Marshall-Lerner Condition），这一条件构成了国际收支弹性分析理论的核心。

### （一）弹性分析理论与马歇尔—勒纳条件的基本内容

经济学中所谓弹性是指一个经济变量对另一个经济变量变动的反应程度。弹性分析论认为汇率变动所引起的国内外国际收支相对价格的改变，能否促使进出口规模发生变化，主要取决于进出口商品供求弹性对国际市场供求关系的机制作用。所谓进出口商品供求弹性，是指进出口商品供求数量对进出口商品价格的反应程度。弹性大，说明进出口商品价格能在较大程度上影响进出口商品供求数量；弹性小，说明进出口商品的价格变化对进出口商品供求数量的影响较小。

1937 年，琼·罗宾逊将马歇尔的弹性理论引申到外汇市场，从而提出调节国际收支的弹性分析理论。弹性分析理论研究设定的前提是：（1）其他条件不变，只考虑汇率变动对进出口商品的影响；（2）贸易商品供给有弹性，其弹性几乎无限大；（3）充分就业和收入不变，因而进出口商品的需求与其价格水平的变化呈负相关关系（价格提高，需求减少；价格降低，需求增加）；（4）国际收支等于贸易收支，没有资本金融项下的资金移动。在该四项前提下考察汇率变化对以外币表示的出口总值（出口商品价格×出口商品数量）和进口总值（进口商品价格×进口商品数量），以确定本币贬值是否有利于贸易收支的改善。弹性分析理论认为进出口商品供求的四个弹性，即出口商品的需求弹性、出口商品的供给弹性、进口商品的需求弹性和进口商品的供给弹性与贸易收支的改善有密切关系。由于进出口商品供给弹性在假定的前提中已经给定为无限大，因而本币贬值的效果取决于需求弹性。需求弹性是指价格变动所引起的进出口商品数量的变动，如果数量变动大于价格变动，即需求弹性大于 1；数量变动小于价格变动，即需求弹性小于 1。当货币贬值国家的进口需求弹性大于零（进口减少）与出口需求弹性大于 1（出口增加）时，货币贬值国家才能取得贸易收支的改善。

如果以 $\varepsilon_x$ 代表出口商品需求弹性，$\varepsilon_m$ 代表进口商品需求弹性，弹性分析理论认为根据进出口商品需求弹性可能发生的情况，贬值国家会出现以下三种不同的结果。

（1）出口商品需求弹性大于价格变动，即 $\varepsilon_x>1$；而进口商品需求弹性小于价格变动，即 $\varepsilon_m>0$ 时，两者之和大于 1，即 $\varepsilon_x+\varepsilon_m>1$时，贬值可以增加出口，减少进口，改善贸易收支。

（2）当 $\varepsilon_x<1$、$\varepsilon_m<1$，即 $\varepsilon_x+\varepsilon_m=1$ 时，贬值会使进出口数量发生变化，但进出口金额不变，贸易收支逆差不会改变。

（3）当 $\varepsilon_x+\varepsilon_m<1$ 时，贬值导致出口收入下降，而且出口收入的金额小于进口支出的金额，贸易收支进一步恶化。

由此可见，上述第一种情况是采取贬值达到改善贸易收支的必要条件，这一条件就是著名的"马歇尔—勒纳条件"，在第二、三种情况下，则不宜采取贬值手段，调节贸易收支逆差，而应采取产业结构调整政策，从根本上改善贸易收支状况。

### （二）对弹性分析理论的评价

弹性分析理论纠正了货币贬值一定有改善贸易收支的作用与效果的片面看法，正确指出只有在一定的进出口商品需求弹性下货币贬值才有改善贸易收支的作用与效果。这一论断具有实际的指导意义和参考价值，但是这一理论也存在着一定的局限性，具体表现在以下方面。

（1）"马歇尔—勒纳条件"的实现受"J 曲线效应"（J Curve Effect）的制约，贸易收支的改善有一定时间的滞后。

一般在贬值初期，以本币表示的进口商品价格立即上涨，进口商品的数量要在一段时间后才能减少；而以本币表示的出口商品价格下降较慢，出口数量也要经过一定时间后才能增加。所以，在贬值初期，出口外汇收入反而比进口外汇支出有所减少，甚至贸易收支在短期内有恶化趋向。在经过一定时间（老进口合同的完成，新出口合同的实际收汇约需半年以上时间，有的国家国际收支改善的时滞在2～3 年）以后，贸易收支状况才能得到逐步改善。但这种改善的实现是以本国国内物价不再上涨，与其出口商品相似的国家不实行货币贬值措施为前提的。

（2）弹性分析假设出口供给价格弹性无限大，此情况只适用于非充分就业情况，不适用于再生产周期的各个阶段。

（3）弹性分析理论未考虑资本流动因素，是一种没有资本流动的国际收支理论。

（4）弹性分析缺少汇率贬值通过国民收入变化影响进出口数量的分析，脱离各国经济的实际情况。

## 三、吸收分析理论

吸收分析理论（The Theory of Absorption Approach）是 20 世纪 50 年代英国经济学家詹姆斯·米德（J. Meade）和美国经济学家西德尼·亚历山大（S. Alexander）在凯恩斯理论的国民收入方程式的基础上提出来的。

### （一）吸收分析理论的主要内容

根据凯恩斯的理论，国民收入均衡公式是"国民收入＝消费+投资+政府支出"，即

“收入=支出”。但这是以封闭型经济作为考察对象的，如果把对外贸易包括在内，则国民收入的均衡公式为：

$$Y=C+I+G+(X-M)$$

其中，Y为国民收入，C为私人消费，I为私人投资，G为政府支出，X为出口，M为进口。

从上式可推导出：

$$X-M=Y-(C+I+G)$$

式中X-M为贸易收支，吸收理论将国际收支抽象化为贸易收支，现以B来表示；C+I+G为国内支出（亚历山大将支出称为吸收，吸收理论因此得名），现以A来表示总吸收，这样Y=C+I+G+(X-M)式可改写为Y=A+B，移项后可得出：

$$B=Y-A$$

B=Y-A式表明：

（1）国际收支=总收入-总吸收。

（2）总吸收如与总收入相等，则国际收支平衡；总收入如大于总吸收，则国际收支呈顺差；总收入如小于总吸收，则国际收支呈逆差。

（3）方程式中左端B为果，右端A为因。

因此，吸收理论认为国际收支不平衡的根本原因在于国民收入与国民支出的总量失衡，这需要从收入一方或支出一方加以调节。也就是说当国际收支顺差（Y>A）时，则实施减少收入（Y）或增加支出（A）的政策措施，以平衡国际收支；当国际收支逆差（Y<A）时，则实施增加收入（Y）或减少支出（A）的政策措施来改善国际收支。

### （二）吸收分析理论调节国际收支的政策

吸收分析理论根据一国经济生产是否达到充分就业的具体情况，分别采取以下两种不同的政策来调节国际收支。

1. 国内充分就业，采取支出变更政策

当一国经济达到充分就业，国内资源得以充分利用，无足够的闲置资源用于扩大生产，短期内总产出不会再有所增加时，那么，增加出口净额（X-M）、改善国际收支的唯一举措就是降低国内总吸收（A），即压缩国内总需求，包括消费需求与投资需求。因此，吸收理论主张采取支出变更政策（Expenditure Changing Polices），即实行紧缩性的财政货币政策。国内总吸收减少的结果是，一方面进口需求下降，另一方面国内产品需求下降，从而达到增加出口、改善国际收支的目标。

2. 国内未充分就业，采取支出转换政策

当一国处于未充分就业状况时，国内尚有闲置资源可以利用，总产出尚未达到最高水平，那么，政府有关部门可采取支出转换政策（Expenditure Switching Polices），即通过通货贬值或贸易限制措施，刺激本国出口扩大，改善国际收支。由于国内尚有资源可以利用，可以通过产业结构调整，扩充产品出口部门，加强出口商品的价格竞争力。

### （三）对吸收分析理论的评价

弹性分析理论采用局部均衡的分析方法，只重视微观的、相对的价格效应，而忽视了宏观经济中国民收入的影响与作用；而吸收分析理论运用一般均衡方法，从宏观角度将国际收支调节与国内经济联系起来加以分析，为实施调节国内经济以调节国际收支奠定了理论基础。如现在国际货币基金组织在解决成员国国际收支失衡时，除提供贷款解决成员国汇率高估的同时，还着重令这些成员国调整国内经济，实行紧缩的货币政策，就是对吸收理论的具体运用。因此，可以说吸收分析理论较弹性分析理论前进了一步，但是，这一理论也存在下列缺陷。

（1）该理论仍是一种没有资本流动的以贸易收支为研究对象的国际收支理论。

（2）该理论假定生产要素的转移机制可以轻而易举地实现，背离市场经济的客观实际。

（3）该理论以单一国家为分析模式，未涉及相关国家。实际上，进出口商品价格与数量不以一方意志为转移，而受制于进出口双方的意向与决定。

## 四、政策配合分析理论

### （一）政策配合分析理论的基本内容——米德冲突和丁伯根法则

政策配合分析理论（Policy Mix Theory）是凯恩斯学派有关国际收支理论的一种学说，是凯恩斯学派经济学家蒙代尔（R. A. Mundell）于1962年提出的，以后英国经济学家米德（Meade）、荷兰经济学家丁伯根（J. Tinbergen）、澳大利亚经济学家史旺（T. Swan）等人又对这一理论进行了发展和补充。该学说主张一国在制定和实施经济政策时要兼顾国内、国外经济两个方面，既要达到内部平衡，也要达到外部平衡，不能顾此失彼。所谓内部平衡（Internal Balance）是指要保持国内物价稳定、充分就业和经济增长；外部平衡（External Balance）则是指要达到国际收支平衡与汇率稳定。政策配合分析理论认为内部平衡与外部平衡有着密切的有机联系，在研究解决外部平衡的同时，更应注意内部平衡的研究和解决，以实现国内外经济均衡发展。政策分析理论代表人物之一米德指出，如果单独实行一项政策，容易引起内外部平衡之间的冲突。例如，一国经济停滞与国际收支逆差并存，若仅采取扩张性政策，虽可缓解经济发展不振，但国际收支逆差状况会因扩张政策的推行而加剧；又如，一国通货膨胀和国际收支顺差并存时，若实行紧缩性政策，抑制通货膨胀，将引起国际收支更大的顺差；再如，即使单独采取直接管制的政策，也会因对方国家采取报复性措施，而削弱本国出口商品的竞争能力。学术界将这种内外部平衡的冲突称之为"米德冲突"（Meade Conflict）。因此，米德认为，要实行两种独立的经济政策，以取得内外部的总体平衡。

丁伯根则发展了米德的观点，提出了著名的丁伯根法则（Tinbergen's Rule）（或称政策工具—目标法则）。一国政府要实现一个经济目标，至少要使用一种有效的政策工具；要实现N个独立的经济目标，至少要使用N个独立有效的政策工具，政策工具的数目至少要同政策目标一样多。作为政策配合分析理论的主要代表人物蒙代尔则具体说明了政策搭配的具体运用。蒙代尔认为财政政策对国内经济的作用通常大于对国际收支的作用，因此，他提出以财政政策的推行来促进内部平衡；蒙代尔认为货币政策对国际收支的作用较大，他倾向于扩大本国与外国的利率差以促进大量资本的国际流动来影响国际收支，所以，他提出推行货币政策来促进外部平衡，只有两种政策互相搭配、混合使用才能达到内外均衡的目的要求。为达到内部平衡与外部平衡的同时实现，根据一国国际收支与国内经济状况，财政政策与货币政策具体实施配合，他提出下列主张，用表 1-2 表示。

表 1-2　财政政策与货币政策的搭配使用

| 国际收支状况 | 国内经济状况 | |
|---|---|---|
| | 高失业率 | 急剧的通货膨胀 |
| 顺　差 | 较松的财政政策<br>较松的货币政策 | 较紧的财政政策<br>较松的货币政策 |
| 逆　差 | 较松的财政政策<br>较紧的货币政策 | 较紧的财政政策<br>较紧的货币政策 |

### （二）对政策配合分析理论的评价

政策配合分析理论对国际收支调节的政策分析比较深入具体，符合经济一体化后各国经济的实际情况，对各国对内对外经济政策的判定有一定的参考价值。但是，该理论也存在一定的缺陷，主要包括以下方面。

（1）该理论关于财政政策与货币政策作用的看法不尽符合实际。实际上这两种政策均对国内经济与国际收支发生影响，如货币政策的实施，会通过影响物价水平与国民收入状况的改善影响国际收支。

（2）该理论只强调利率变化对资本流动的影响，对汇率、通货膨胀以及各国经济状况对资本流动的影响重视不够。

（3）实践中货币政策与财政政策追求的目标很难完全协调一致，由于国际经济形势复杂多变和各国经济情况不同，在执行过程中有时会产生矛盾，削弱政策效力，所以，该理论在一定程度上背离了实际情况。

# 第五节　国际储备

国际储备是国际收支平衡表中的一个主要项目，它在一国国民经济发展中起着重要作用，特别是在调节国际收支平衡、保持内部与外部平衡中意义重大。

## 一、国际储备的概念与作用

### （一）国际储备的概念

国际储备（International Reserve）有时又称官方储备（Official Reserve），指一国货币当局为平衡国际收支和维持本国货币汇率的稳定以及用于紧急国际支付而持有的为各国普遍接受的一切资产。

世界银行对国际储备所下的定义是：一国货币当局所占有的那些在国际收支出现逆差时，可以直接或通过有保障的机制兑换成其他资产，以稳定该国汇率的资产。

作为一国的国际储备资产一般均具有以下三个特点：第一，官方持有性，国际储备资产必须是一国货币当局所持有并予以使用的，而不是其他机构或经济实体所持有的；第二，充分流动性，国际储备资产必须具有充足的流动性，能及时进行转移或兑付；第三，普遍接受性，作为国际储备资产必须能为各国普遍接受并使用。

### （二）国际储备与国际清偿力

与国际储备密切相关而又不同的另一概念为国际清偿力（International Liquidity），国际清偿力是指一国直接掌握或不直接掌握，但在必要时可以用以调节、支持本国货币对外汇率安排以及清偿国际债务的一切国际流动资金与资产。它既包括一国货币当局持有的国际储备，也包括该国从国外借入的外汇储备、该国商业银行的短期外汇资产和该国官方或私人拥有的中长期外汇资产。可见，国际储备是一国具有的现实的对外清偿力，而国际清偿力则是该国具有的现实的对外清偿力和可能有的对外清偿力，是一国金融实力的表现。在一些金融文献中将前者称为第一线储备，将后者称为第二线储备，反映一国的国际经济地位和金融资信。

### （三）国际储备的作用

第一，弥补国际收支逆差。国际储备的首要作用就是当一国国际收支出现逆差时作为一种缓冲器来调节国际收支。当一国国际收支出现逆差时，如果是短期的、暂时性的，可以动用国际储备进行调节和弥补；如果逆差是长期的，在采取相应的经济政策时可配合动用国际储备，一定程度上避免采取紧急经济政策的调整对国内经济带来的较大冲击或震动。

第二，充当干预资产，调节本国货币汇率。在外汇市场上本币对外币汇率不稳时，可以动用国际储备干预外汇市场以保持本币汇率的稳定。

第三，增强本国资信，充当从国外借款的信用保证。一国持有国际储备既可以作为对外借款的信用保证，也可成为增强其他国家或地区对本国货币信心的保证。一国持有的国际储备状况是国际金融市场发放贷款时，评估国家风险的重要指标之一；当一国国际储备充足时，对外融资或吸引投资则较易实现，反之，则较困难。所以，国际储备是强化本国资信、吸引外资流入的有力物质基础。

## 二、国际储备的构成

根据国际货币基金组织（IMF）的统计口径，一国国际储备由以下四种形态的资产构成。

### （一）黄金储备

黄金储备是指一国货币当局作为金融资产持有的货币性黄金（Monetary Gold），而非货币性黄金不在此范围内。黄金曾作为各历史时期国际货币体系的重要国际储备资产，主要因其具有实际价值，是可靠的保值手段，黄金储备完全属于国家主权范围，可自行控制，不受任何超国家权力的干涉。但黄金作为储备资产也存在着内在的缺陷：第一，黄金不具有直接的支付能力，如使用黄金储备来弥补国际收支逆差，需先将黄金储备转换成可自由兑换的外汇，然后才能加以使用；第二，持有黄金储备不仅不能生息，还需要支付一定的管理费用。

随着布雷顿森林体系的崩溃，黄金非货币化政策的推行，黄金作为国际储备资产的作用大大削弱，但可将其在国际黄金市场销售，换成可兑换货币，完成对外支付。所以，各国货币当局仍持有一定规模的黄金，将其作为国际储备的组成部分。

### （二）外汇储备

外汇储备（Foreign Exchange Reserve）是指一国货币当局所持有的可兑换货币和以其表示的支付手段和流动性资产，主要指银行存款和国库券。一般来讲，作为储备货币应具备以下条件：（1）在国际货币体系中占有重要地位；（2）能自由兑换为其他货币，是国际贸易中普遍接受的国际计价手段和支付手段；（3）价值相对稳定，中央银行和企业界对其购买力的稳定具有信心。

在国际金本位制时，外汇储备处于次要地位。布雷顿森林体系建立后，外汇储备在国际储备的地位有所提高。进入 20 世纪 70 年代，外汇储备在国际储备中的地位大幅提高，并逐渐取代黄金储备成为国际储备中最重要的储备资产形式。

充当外汇储备的货币称为储备货币。在国际金本位制时，英镑是最主要的储备货币。第一次世界大战后，伴随着美国的崛起，美元和英镑共同充当主要的储备货币。布雷顿森林体系的确立使美元成为最主要的储备货币。随着布雷顿森林体系的崩溃，储备货币呈现出多元化趋势，充当储备货币的主要有美元、英镑、法国法郎、日元和马克等。欧元产生后，取代了德国马克和法国法郎，成为外汇储备中重要的储备货币，但美元在当今多元化储备币种中仍是最重要的币种。表 1-3 列出了基于向 IMF 报告的外汇储备的币种构成，从该表可看出：2016 年人民币成为特别提款权定值货币后，在全球外汇储备中所占比重稳步提升。

**表 1-3　国际货币基金组织（IMF）发布的外汇储备币种结构（2016—2022 年）**　单位：%

| 货币 | 2016 年 | 2017 年 | 2018 年 | 2019 年 | 2020 年 | 2021 年 | 2022 年 |
|---|---|---|---|---|---|---|---|
| 美元 | 65.36 | 62.73 | 61.76 | 60.75 | 58.92 | 58.80 | 58.58 |
| 欧元 | 19.14 | 20.17 | 20.67 | 20.59 | 21.29 | 20.59 | 20.37 |
| 人民币 | 1.08 | 1.23 | 1.89 | 1.94 | 2.29 | 2.80 | 2.61 |
| 日元 | 3.95 | 4.90 | 5.19 | 5.87 | 6.03 | 5.52 | 5.50 |
| 英镑 | 4.35 | 4.54 | 4.43 | 4.64 | 4.73 | 4.81 | 4.90 |
| 澳大利亚元 | 1.69 | 1.80 | 1.63 | 1.70 | 1.83 | 1.84 | 1.96 |
| 加拿大元 | 1.94 | 2.03 | 1.84 | 1.86 | 2.08 | 2.38 | 2.38 |
| 瑞士法郎 | 0.16 | 0.18 | 0.14 | 0.15 | 0.17 | 0.17 | 0.23 |
| 其他货币 | 2.33 | 2.43 | 2.45 | 2.51 | 2.66 | 3.09 | 3.47 |

数据来源：国际货币基金组织网站 www.imf.org，阅读时间 2023 年 9 月 28 日。

### （三）在 IMF 的储备头寸

在 IMF 的储备头寸（Reserve Position in the Fund），也称普通提款权（General Drawing Right），是指成员国在 IMF 普通资金账户中可以自由提取和使用的资产。一国在 IMF 的储备头寸包括以下内容。

（1）认缴 IMF 份额（Quota）中 25%的可兑换货币部分，成员国无需经过批准，可自由提用这部分资金，故此，该部分成为一国的国际储备资产。

（2）IMF 为满足成员借款需要而动用的本国货币。按 IMF 规定，成员认缴份额的 75%可用本币缴纳，IMF 向其他成员提供本国货币贷款，则形成该货币所属国家对 IMF 的债权。对这部分债权，该国可从 IMF 无条件提取用于国际支付。

（3）IMF 向该成员借款的净额，也构成该成员国对 IMF 的债权，可无条件提取用于国际支付。

### （四）特别提款权

特别提款权（Special Drawing Right，SDR）是 IMF 在 1969 年 9 月所创立的国际储备资产，用以补充成员的官方储备。它作为成员账面资产，赋予 IMF 成员在原有的普通提款权以外的特别的提款权利，故称特别提款权。这种账面资产只能用于 IMF 成员间的结算，可同黄金储备、外汇储备一起作为国际储备，并可用于向其他成员换取可兑换货币外汇，支付国际收支差额，偿还 IMF 的贷款，但不能直接用于贸易与非贸易支付。在《国际货币基金组织 2023 年年报》中指出："SDR 既不是货币，也不是对 IMF 的债权，而是对 IMF 成员可自由使用货币的潜在求偿权。SDR 账户的参与方（目前为全体成员）可以将 SDR 兑换成可自由使用的货币。"①

IMF 于 1970 年第 1 次根据成员缴纳份额的多少，无条件地按比例分配 SDR。IMF 已分配但尚未使用的 SDR 就构成成员其国际储备资产的一部分。截至 2023 年 4 月 30 日，IMF 总共向成员国分配了 6 607 亿 SDR（约合 8 900 亿美元），其中包括 2021 年 8 月分配的 4 565 亿 SDR，这是在新冠疫情背景下进行的历史上规模最大的一次 SDR 分配。

SDR 创设时与 1 美元等值，1974 年 7 月，SDR 定值与黄金脱钩，改用一篮子 16 种货币作为定值标准；1981 年 1 月 1 日又改用美元、德国马克、日元、法国法郎和英镑 5 种货币作为定值标准，根据各国商品和劳务出口额来确定各国货币在 SDR 中所占的权重。1999 年 1 月 1 日欧元启动后，SDR 的计算有所变化，篮子中的德国马克和法国法郎变成等值的欧元，换算率为欧洲议会公布的德国马克和法国法郎与欧元之间的锁定汇率。② 2015 年 11 月 30 日，国际货币基金组织执董会决定将人民币纳入特别提款权货币篮子，SDR 货币篮子由原来四种货币定值相应扩大成五种，包括美元、欧元、人民币、日元和英镑，权重相应为 41.73%、30.93%、10.92%、8.33%和 8.09%。新的 SDR 货币篮子于 2016 年 1 月生效。2022 年 5 月 11 日，国际货币基金组织执董会完成了五年一次的特别提款权（SDR）定值审查，这是 2016 年人民币成为 SDR 篮子货币以来的首次

---

① 资料来源：《国际货币基金组织 2023 年年报》（中文版），www.imf.org.cn.

② 1 欧元=6.559 57 法国法郎；1 欧元=1.955 83 德国马克。

审查。执董会一致决定，维持现有 SDR 篮子货币构成不变，即仍由美元、欧元、人民币、日元和英镑构成，并将人民币权重由 10.92%上调至 12.28%，升幅 1.36 个百分点，新的 SDR 货币篮子在 2022 年 8 月 1 日正式生效（见表 1-4）。由于 SDR 定值标准由多种货币组成，属复合货币单位，价值相对稳定，常被用作计价货币单位。

**表 1-4　　特别提款权（SDR）货币篮子权重**

| 货币 | 权重（2022 年） |
|---|---|
| 美元 | 43.38% |
| 欧元 | 29.31% |
| 人民币 | 12.28% |
| 日元 | 7.59% |
| 英镑 | 7.44% |

数据来源：国际货币基金组织网站 www.imf.org，阅读时间 2023 年 9 月 28 日。

## 三、国际储备管理

国际储备管理是指一国政府或货币当局根据一定时期内本国国际收支状况及经济发展的要求，对国际储备规模的适度化、结构的最优化及储备资产运用的高效化等方面所进行的调节与控制。一般来讲，国际储备管理主要集中于国际储备的总量管理（水平管理）和结构管理两个方面。

### （一）国际储备的总量管理

国际储备的总量管理就是对国际储备规模进行有效的选择与确定，故也称国际储备的规模管理。如一国国际储备规模过小，则不利于国际收支逆差的调节、汇率的稳定和一国经济的稳定发展；如一国国际储备规模过大，由于储备实际代表对国外资源的购买力，就会减少该国对资源的有效利用与国内投资的增长，同时也不利于对通货膨胀的有效控制。要确定国际储备的适度规模，首先要了解影响国际储备需求的一些因素。

1. 影响国际储备总量的因素

（1）持有国际储备的成本

如上所述，国际储备代表对国外资源的购买力，保持储备就减少了用于投入国内的资源，客观上牺牲了用于国内经济发展的资源，从而丧失了一定的国内投资收益率（Rate of Investment Income），这是持有国际储备的机会成本（Opportunity Cost）。由于外国银行存款、政府债券等形式的国际储备可带来一定的利息收益，所以一国持有国际储备的成本等于投资收益率和利息收益率之差。差额大，则成本高；反之，则成本低。成本高，则储备应减少；成本低，则储备规模可能加大。所以，一国持有国际储备规模的大小，受持有国际储备的成本的制约。

（2）经济开放度与外贸状况

经济开放度越高，对外贸易规模越大，所需国际储备也越多；反之，则可保持较少的国际储备。一国对外贸易条件恶化，出口商品竞争力差，需较多的国际储备；反之，则可保持较少的国际储备。

（3）在国际金融市场上的融资能力

当一国国际收支出现逆差需要弥补时，货币当局既可以动用国际储备也可以在国际金融市场上或向国际金融机构进行融资，一国对外融资能力强，可持有较少的国际储备；反之，则应持有较多的国际储备。

（4）汇率制度

一国持有国际储备的作用之一就是干预外汇市场，调节本国货币汇率。因此，一国对国际储备的需求与汇率制度也存在着较为密切的关系。一般来讲，如果一国实行的是固定汇率制度，该国政府有义务维持汇率的稳定，那么该国就需要持有较多的国际储备用来干预外汇市场；反之，实行浮动汇率制，则可以持有较少的国际储备。

（5）国际收支调节机制的效率

国际储备需求受国际收支自动调节机制的影响，如果这一机制能高效、顺利运行，则所需国际储备就相对少；反之，则需较多的国际储备。当国际收支出现了不能自动调节的逆差时，政府可能就需要采用财政、货币和汇率等政策进行调节。如果这些调节政策能有效地发挥作用，那么对国际储备的需求就较小；反之，则较大。

（6）货币的国际地位

一国货币如果处于储备货币的地位，它可以通过增加本国货币的对外负债来弥补国际收支逆差，而不需要持有较多的国际储备。

（7）外汇管制的严格程度

对经常项下支付与资本项下收支管制严格的国家，所需国际储备相对少；反之，则相对多。

2. 确定国际储备适度规模的参考指标

一国国际储备规模多少是适度的？关于这一问题，具体到不同的国家或地区，对国际储备的需求会不同，一个国家或地区在不同的发展阶段也会存在差异。20 世纪 60 年代以来，国际储备适度规模或外汇储备适度规模的研究一直是国际金融领域的重要研究问题，很多学者采用不同的方法对这一问题进行了深入的研究和探讨，提出了一些参考指标或方法，下面对几种比较有代表性的观点进行介绍。

（1）国际储备/进口额：25%

美国经济学家特里芬（Triffin）在其 1960 年出版的《黄金与美元危机》一书中指出：一国的国际储备应与其贸易进口额保持一定的比例关系，根据他的验证，认为一国的国际储备与进口额的比例一般以 40% 为合理，低于 30% 就需要采取调节措施，而 20% 则为最低限。如按全年储备对进口额的比例计算，约为 25%，即一国储备量应以满足 3 个月进口用汇为宜。但是，这一参考指标也存在明显缺陷，因为决定国际储备量有如上所述诸多因素，它不仅受进口额，还受出口、非贸易往来及资本流动等因素的影响，仅将进口额作为唯一的变量，过于笼统和机械，失之偏颇。各国具体情况不同，所需储备水平也不同，以一个指标适用于不同类型的国家是不适宜的。因此，各国可以以其作为参考，结合具体情况加以估算确定。

（2）国际储备/外债：50%

一国国际储备占外债总额的比例是衡量一国资信和对外清偿力的重要指标。这项指标是从满足国际社会对国内经济要求角度而设计的，国际经济学界认为一般国际储备额占一国外债总额的50%为宜。

（3）适度国际储备区间：下限为经常储备量，上限为保险储备量

国际储备的区间波动在理论上分为四种储备：一为最低储备量，是指当一国国际收支出现逆差，如只利用调节政策与对外融资时，则国际储备为零；二为最高储备量，是指一国国际收支出现逆差、汇率波动剧烈时，该国不利用调节政策与对外融资政策，而完全依靠国际储备来调节国际收支与维持汇率的稳定所需的储备量；三为保险储备量，是指一国既能满足国际收支逆差的弥补，又能保证国内经济增长所需的实际资源投入的储备量；四为经常储备量，是指保证一国正常经济增长所需进口不致因储备不足而受影响的储备量。据此，适度储备量可作为一个区间，即以保证一国最低限度进出口贸易总量所需的储备量（经常储备量）为下限，以一国经济增长幅度最大时可能出现的进出口贸易量与其他国际支付所需的储备量（保险储备量）为上限，在此区间内各国货币当局进行灵活管理，优化配置。

适度国际储备量的测定指标从不同的侧面加以论证，在理论与实践上很难达成一致，也很难适用于经济发展水平不同的所有国家，因此，IMF在评估成员时，认为实行下列举措即被视为储备不足：① 实行高利率政策，其目的在于抑制资本外流，鼓励国际资金流入，以保证储备的需要；② 加强对经常项下收支与资本项下支出的管制，以减少国际收支逆差的增加；③ 将加大储备的积累作为经济政策实施的主要目标；④ 持续的对外汇率不稳；⑤ 新增的储备不是来自经常项下收入与资本投资的增加，而是来自对外借款。与此同时，IMF还采取历史分析法，利用实际储备增减趋势、特里芬的"国际储备/进口"比率和国际储备与国际收支总差额比率的增减趋势等指标加以综合测评，来确定成员的适度储备规模。

适度国际储备量的确定相当复杂和困难，至今尚无完全科学、准确、适用于一切国家的测算标准。在实践中，各国一般参考上述主要指标与举措，结合本国的实际情况与不同时期的外汇外贸政策目标，来确定本国适度的国际储备量。

### （二）国际储备的结构管理

国际储备的结构管理是指各国货币当局对储备资产所进行的最佳配置，使黄金储备、外汇储备、在IMF的储备头寸和SDR四部分储备资产持有量及其构成要素之间保持合理比例，以便分散风险，获取收益，充分发挥国际储备资产应有的作用。

1. 国际储备结构管理的原则

各国货币当局在进行储备结构管理中，应贯彻三项原则：（1）安全性，即要保持储备资产的安全、有效和价值稳定；（2）流动性，即储备资产能及时转化为满足需要的各种国际支付手段，也即能随时变现，灵活调拨；（3）盈利性，即在储备资产保值的基础上能够增值、创利。这三个原则要统筹兼顾，互相补充，统一结合，不能顾此失

彼。因为储备资产的安全性、流动性与盈利性呈负相关关系，安全性与流动性越高，盈利性往往越低，如持有外汇短期票据与国库券；盈利性越高，流动性越低，如持有长期政府债券。货币当局应在保证安全性、流动性的前提下，争取较高的盈利。

2. 国际储备结构管理的内容

（1）黄金、外汇储备的结构管理

由于黄金不能直接用于国际支付，而且金价波动较大，其流动性和安全性较低。此外，黄金既不能生息又需较高仓储费，盈利性也较低。因此，许多国家对黄金储备采取不再增加，基本稳定于原来水平的保守控制政策。而外汇储备在国际储备中居于绝对优势地位，本身具有流动性与安全性优势，盈利性也高于黄金储备。因此，许多国家在稳定或减少黄金储备的同时，采取增加外汇储备的政策。

（2）外汇储备货币结构的管理

外汇储备货币结构的管理包括储备货币币种的选择和安排、调整各种储备货币在外汇储备中的比重以及存放机构的选择等内容。

选择何种货币作为储备货币并确定其所占的比重，取决于下列因素，在贯彻上述三原则的同时，应与这些因素相衔接：① 该国贸易与金融性对外支付所需币种；② 该国外债的币种构成；③ 该国干预外汇市场所需币种；④ 各种货币的收益率；⑤ 一国经济政策的要求。

此外，货币当局尚需密切注意选择外汇存放的机构，一定要选择资金雄厚、资信卓著、国际上知名的大银行，以防银行倒闭风险，落实安全性原则。

在做好货币币种安排时，还要密切注意当前美元、欧元和日元等储备货币的汇率走势。为获取某些币种之间的汇率差价，在各币种之间可以调整，在掌握对外支付时间差的基础上利用外汇交易（如掉期）或衍生金融工具达到储备资产的保值、增值目的，这是贯彻流动性与盈利性原则的具体运用。

（3）外汇储备资产形式的管理

在贯彻储备管理三原则的基础上，做好下述一级、二级和三级储备资产形式的组合与安排。

① 一级储备资产：其流动性最高，但盈利性最低；其载体主要为国外银行存款、外币商业票据和短期政府债券。货币当局根据季节或具体的短期对外支付需要，在外汇储备资产中安排一定比重的一级储备。

② 二级储备资产：其盈利性高于一级储备资产，但流动性低于一级储备资产；其载体主要为 2～5 年期外国政府中期债券。二级储备资产必要时可通过贴现方式变为现金，弥补一级储备资产的不足。

③ 三级储备资产：其盈利性高于二级储备资产，而流动性低于二级储备资产；其载体主要为外国政府长期债券。一国货币当局根据本国对外债务结构与期限可保有一定数量的三级储备。

## 专　栏

### 推动我国外汇储备经营管理高质量发展①

党的十八大以来，外汇储备坚持以习近平新时代中国特色社会主义思想为指导，不断完善中国特色外汇储备经营管理，系统推进经营管理能力建设，成功经受住了多轮外部冲击的考验，维护了外汇储备规模的总体稳定，充分发挥了国家经济金融的“稳定器”和“压舱石”作用。

**外汇储备规模保持基本稳定，是维护国家经济金融安全的重要防线**

截至 2022 年 7 月末，我国外汇储备规模为 31 041 亿美元，约占全球外汇储备规模的 1/4（见图 1-2）。我国外汇储备规模保持基本稳定，有效增强了国际社会对我国经济发展的信心，对抵御外部冲击、维护国家经济金融安全发挥了积极作用。

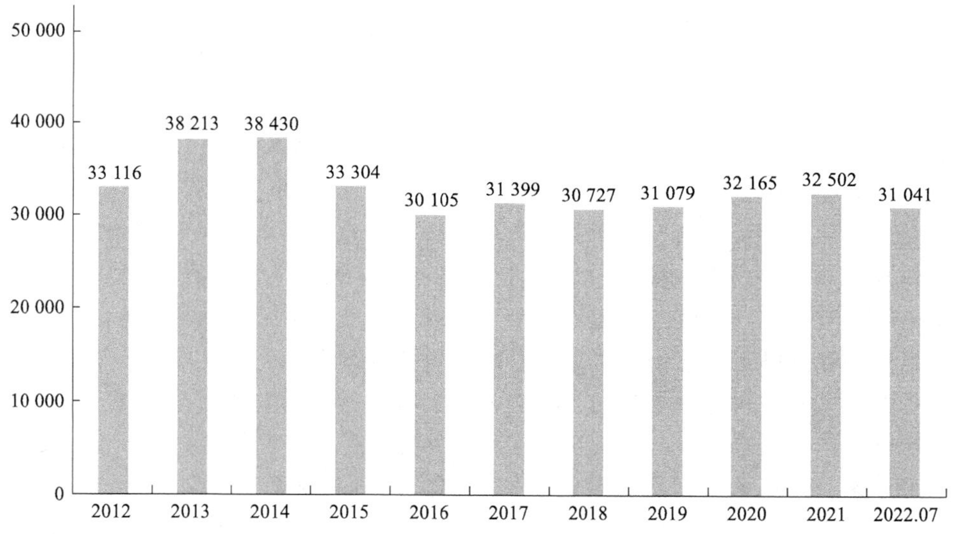


**图 1-2　党的十八大以来我国外汇储备规模（单位：亿美元）**

**不断提升经营管理能力，向国际一流资产管理机构稳步迈进**

超大规模外汇储备的经营管理是一个国际性难题，没有现成的经验可以遵循。我国外汇储备经营管理机构开拓创新，不断探索完善中国特色的经营管理之路，坚持以党的领导为核心，以加强全球化集团化管理为主线，系统推进专业化投资能力建设、科技化运营能力建设和市场化机构治理能力建设，推动外汇储备经营管理高质量发展。

**始终坚持以党的领导为核心，牢记初心使命。**坚持以习近平新时代中国特色社会主义思想为指导，深刻领悟“两个确立”的决定性意义，不断增强“四个意识”、坚定

① 资料来源：国家外汇管理局官网 www.safe.gov.cn，阅读时间 2023 年 9 月 28 日。

“四个自信”、做到“两个维护”，完整、准确、全面贯彻新发展理念，服务构建新发展格局。

**按市场化原则开展多元分散投资，全领域投资经营能力不断加强。**我国外汇储备以安全、流动和保值增值为经营目标，充分利用不同货币和资产之间的风险收益特性，构建了多元分散的投资组合。不断探索完善以投资基准为核心的经营管理模式，建立了专业有效的投资管理体系。多年来，外汇储备全领域投资经营水平不断提升，在各个资产品种的经营上都跻身国际领先行列，有效保障了资产的安全、流动和保值增值。

**妥善应对风险挑战，为国家经济金融安全构筑了关键防线。**我国外汇储备始终将风险防范放在首位，不断提升对重大风险的识别、评估和管理能力，丰富风险管理工具箱，建立健全风险管理和内部控制体系。近年来，我国外汇储备经受住了世界经济形势变化、国际金融市场剧烈波动、新冠疫情全球蔓延等挑战，切实提升了我国抵御外部冲击的能力，为打赢防范化解重大风险攻坚战作出了积极贡献。

**拓展外汇储备多元化运用，积极服务国家对外战略取得成效。**坚持商业化原则，持续创新多元化运用渠道和方式，牵头设立丝路基金、中拉产能合作投资基金、中非产能合作基金，积极开展国际合作。目前，外汇储备多元化运用已形成涵盖股权、债权、基金、多边开发机构联合融资等多种产品的业务格局，多层次、大力度支持国家对外战略。

**在安全、流动和保值增值的基础上，把可持续投资作为长期目标。**我国外汇储备是国际市场上负责任的长期投资者。自2012年起，多渠道积极开展绿色债券投资，不断拓展绿色可持续投资的深度和广度，将气候变化、绿色和社会责任投资等ESG（环境、社会、治理）因素全面融入投资管理流程，持续完善气候风险的分析和监测，引导股权投资机构开展绿色可持续投资。积极参与国际交流，支持绿色低碳发展。

**以科技创新提升运营能力，全球化管理水平持续加强。**大力提升自主研发能力，持续优化信息化项目建设及管理机制，探索打造全球一体化运营平台，跨时区、跨市场的投资运营能力不断提升。在新冠疫情全球持续蔓延的情况下，外汇储备经受住了疫情对生产运营带来的严峻考验，成功保障全球7×24小时连续安全运营。

**坚持人才引领发展，机构和队伍建设不断完善。**牢固树立国家利益至上的运营理念，完善体制机制，持续探索优化人员培养和管理模式。秉持低调、务实的投资风格，打造了一支作风优良、业务精通、担当作为的团队，历经多个经济与金融市场周期的考验，专业性受到广泛认可。

当前，我国迈上全面建设社会主义现代化国家新征程，做好外汇储备经营管理的意义更加重大。外汇储备经营管理机构将坚持以习近平新时代中国特色社会主义思想为指导，不忘初心、牢记使命，系统推进专业化投资能力建设、科技化运营能力建设、市场化机构治理能力建设，努力建成中国特色、国际一流的资产管理机构，推动外汇储备经营管理高质量发展，为加快构建新发展格局、更好服务国家战略作出新的更大的贡献。

## 本章习题

**一、名词解释**

外汇　国际收支　国际收支平衡表　国际储备　马歇尔—勒纳条件　特别提款权　经常账户　自主性交易

**二、简答题**

1. 国际收支不平衡的原因有哪些？
2. 简述国际收支失衡的经济影响。
3. 简述国际收支不平衡的调节措施。
4. 简述一国持有一定数量国际储备的作用。
5. 简述一国国际储备结构管理遵循的基本原则。

# 第二篇

## 外　汇

# 第二章　外汇汇率与汇率制度

**本章摘要**

外汇汇率是以一国货币折算成另一国货币的比率、比价或价格。由于基准货币不同，汇率有不同的标价方法与分类标准。汇率决定的基础是两种货币之间的价值量的对比，不同货币制度下有不同的确定基础。当前经济增长率差异、宏观调控政策与利率差异、国际收支状况、通货膨胀率差异、市场预期和重大国际政治事件等是影响汇率变化的因素，只有综合分析与实务操作有机结合，才能正确把握汇率走势。汇率变动对一国的国际收支、国内经济及国际经济产生重大影响。

汇率制度是一国货币当局对其货币汇率的确定和变动等做的一系列安排或规定。传统上，根据汇率波动的幅度，汇率制度分为固定汇率制度和浮动汇率制度两大类型。人民币汇率制度为以市场供求为基础的参考一篮子货币进行调节的有管理的浮动汇率制度。

本章主要问题是掌握主要汇率制度产生的背景与优缺点以及汇率政策所追求的目标；核心问题是掌握影响汇率变动各因素的内在联系与作用。

**关键词：**美元标价法　　固定汇率制度　　浮动汇率制度　　现行人民币汇率制度　　汇率政策

学完本章，你需要掌握：

- 影响汇率变化的诸因素及其内在联系
- 固定汇率制度与浮动汇率制度的优缺点
- 现行人民币汇率制度的内涵及汇率形成机制
- 实现汇率政策目标的政策手段

## 第一节　汇 率 概 述

### 一、汇率及其标价方法

#### （一）汇率的概念

外汇汇率是用一个国家的货币折算成另一个国家的货币的比率、比价或价格。由于国家间的贸易与非贸易往来，各国之间需要办理国际结算，所以一种货币对其他货币，都规定有一个汇率，但其中最重要的是对美元等少数可自由兑换货币的汇率。

#### （二）汇率的标价方法

折算两个国家的货币，先要确定用哪个货币作为基准。由于确定的基准不同，存在着两种不同的标价方法（Quotation）：直接标价法和间接标价法。此外，根据外汇市场惯例，还有一种美元标价法与非美元标价法，现分别介绍如下。

1. 直接标价法

用 1 个单位或 100 个单位的外国货币作为基准，折算为一定数额的本国货币，叫作直接标价法（Direct Quotation）。在直接标价法下，外国货币为基准货币，本国货币为标价货币。标价货币（本国货币）数额随着外国货币或本国货币币值的变化而改变，绝大多数国家和地区都采用直接标价法。以我国银行间外汇市场为例，2023 年 12 月 21 日美元兑人民币的汇率为 1 美元 = 7.101 2 人民币。在直接标价法下，当一定单位的外国货币折算的本国货币的数量增加时，说明外币升值，本币贬值；反之，当一定单位的外国货币折算的本国货币的数量减少时，说明外币贬值，本币升值。

2. 间接标价法

用 1 个单位或 100 个单位的本国货币作为基准，折算为一定数额的外国货币，叫作间接标价法（Indirect Quotation）。在间接标价法下，本国货币为基准货币，其数额不变，而标价货币（外国货币）的数额则随本国货币或外国货币币值的变化而改变。英国和美国都是采用间接标价法的国家。例如，2023 年 9 月 6 日伦敦外汇市场英镑兑美元的汇率是 1 英镑 = 1.250 3 美元，其中英镑是基准货币，美元是标价货币。

直接标价法与间接标价法都是各国银行面对顾客的将本币与外币比价标示出来的方法。

3. 美元标价法与非美元标价法

美元标价法与非美元标价法是国际外汇市场买卖外汇报价的习惯做法。

随着外汇市场的迅速发展和外汇交易的全球化，对于外汇交易的双方来说，一笔交易所涉及的两种货币可能没有一种属于本币，如英国某银行与德国某银行进行一笔外汇交易，而买卖的货币分别是美元和日元，这时就很难确切地用直接标价法或间接标价法的概念对报价进行规范。如果沿用各国国内使用的汇率标价方式，就会由于交易各方标价方法的不同而出现报价混乱的情况。传统的、用于各国的直接标价法和间接标价法已很难适应国际外汇市场的发展，全球化的外汇交易需要一种统一的汇率表示方式。于是国际外汇市场上逐步形成了除英镑、澳大利亚元、新西兰元、欧元、南非兰特几种货币外，其余货币都以美元作为基准货币进行标价的惯例；而英镑、澳大利亚元、新西兰元、欧元、南非兰特等几种货币仍沿袭习惯上的标价方法，即以本币作为基准货币，以美元作为标价货币。在美元标价法下，美元作为基准货币，其他货币是标价货币；在非美元报价法下，非美元货币作为基准货币，美元是标价货币。

当外汇市场报道，美元兑瑞士法郎汇率水平为 1.086 6 时，即表明 1 美元 = 1.086 6 瑞士法郎。如果英镑兑美元汇率水平为 1.568 0，即表明 1 英镑 = 1.568 0 美元。

在统一外汇市场惯例标价法下，市场参与者不必区分直接标价法还是间接标价法，都按市场惯例进行报价和交易。货币升值或贬值可以通过汇率数额的变化直接反映出来。

## 二、汇率的种类

除不同的标价法以外，外汇汇率还有许多不同的分类。

### （一）按银行业务操作情况划分

按银行业务操作情况划分，可分为买入汇率（Buying Rate）和卖出汇率（Selling Rate）、中间汇率（Middle Rate）和现钞汇率（Bank Note Rate）。

1. 买入汇率和卖出汇率

外汇买卖一般均集中在商业银行等金融机构，它们买卖外汇的目的是追求利润，方法就是贱买贵卖，赚取买卖差价。商业银行等机构买进外汇时所依据的汇率叫“买入汇率”，也称“买价”；卖出外汇时所依据的汇率叫“卖出汇率”，也称“卖价”。买入汇率与卖出汇率相差的幅度一般在1‰～5‰，各银行不尽相同，储备货币与非储备货币相差幅度也不相同。买入汇率与卖出汇率的差额即商业银行买卖外汇的利润。

在外汇市场上挂牌的外汇牌价一般均列有买入汇率与卖出汇率。在直接标价法下，一定基准货币（外币）后的前一个标价货币（本币）数字表示“买价”，即银行买进外币时付给客户的本币数；后一个标价货币（本币）数字表示“卖价”，即银行卖出外汇时向客户收取的本币数。在间接标价法下，情况恰恰相反，在基准货币（本币）后的前一个标价货币（外币）数字为“卖价”，即银行收进一定量的（1个或100个）本币而卖出外汇时，它所付给客户的外汇数；后一个标价货币（外币）数字是“买价”，即银行付出一定量的（1个或100个）本币而买进外汇时，它向客户收取的外币数。

经济报刊上所说的外汇汇率上涨，在直接标价法下，说明外币贵了，因而兑换本币比以前多了，本币兑换外币的数量比以前少了。外汇汇率下跌，情况则相反。

外汇市场形成习惯的美元标价法与非美元标价法下，常以斜线将买入汇率与卖出汇率隔开，斜线左方为买入汇率，斜线右方为卖出汇率。如美元标价法下，2023年8月28日伦敦外汇市场某银行报出美元兑瑞士法郎为1.883 2/1.885 2，即银行从交易对手买入1美元付给对方1.883 2瑞士法郎，银行向交易对手卖出1美元则收取1.885 2瑞士法郎。非美元标价法也是如此，如银行报价1英镑兑美元为1.260 6/1.262 6，即银行买入交易对手1英镑向其支付1.260 6美元，银行卖给交易对手1英镑要收进1.262 6美元。

2. 中间汇率

买入汇率与卖出汇率相加，除以2，则为中间汇率。中间汇率不含银行买卖外汇的利润，常用来衡量预测某种货币汇率变动的趋势和幅度，一般商业银行或企业进行内部核算时也用中间汇率。

3. 现钞汇率

现钞汇率即银行购买外币钞票的价格。前述的买入汇率、卖出汇率是指银行买卖外币支付凭证的价格。银行在购入外币支付凭证后，通过航邮划账，可很快地存入国外银行，开始生息，调拨使用；而银行买进外国的钞票，要经过一定的时间，积累到一定数额以后，才能将其运送并存入国外银行调拨使用。在此以前买进钞票的银行要承受一定的利息损失；将现钞运送并存入国外银行的过程中还有运费、保险费等支出，银行要将这些损失及费用开支转嫁给出售外币钞票的顾客，所以银行买入外币现钞的价格一般低于买入各种形式的支付凭证价格。

### （二）按外汇管制的松紧程度划分

按外汇管制的松紧程度划分，可分为官定汇率和市场汇率。

1. 官定汇率（Official Rate）

官定汇率又称为法定汇率，主要是指官方（如财政部、中央银行或经指定的外汇专业银行）所规定的汇率。在外汇管制比较严格的国家禁止自由市场的存在，官定汇率就是实际汇率，而无市场汇率。

2. 市场汇率（Market Rate）

市场汇率是指在自由外汇市场上买卖外汇的实际汇率。外汇管制较松的国家，官定汇率往往只是形式，有行无市，实际外汇交易均按市场汇率进行。

### （三）按外汇交易时间划分

1. 即期汇率（Spot Rate）

即期汇率又称现汇汇率，是外汇交易达成后，在成交日和之后两个营业日之内办理交割时依据的汇率。除非特别说明，我们一般所说的汇率都是即期汇率。

2. 远期汇率（Forward Rate）

远期汇率又称期汇汇率，是买卖双方达成交易后，约定在未来某个时间（如一个月后、三个月后或六个月后）办理交割时依据的汇率。

### （四）按外汇交易工具划分

按外汇交易工具和收付时间划分，可分为电汇汇率、信汇汇率、票汇汇率和远期汇率。

1. 电汇汇率（Telegraphic Transfer Rate，T/T Rate）

用电讯通知付款的外汇价格，叫电汇汇率。电汇汇率交收时间最快，一般银行不能占用顾客资金，因此电汇汇率最贵。在银行外汇交易中的买卖价均指电汇汇率。电汇汇率是计算其他各种汇率的基础。

2. 信汇汇率（Mail Transfer Rate，M/T Rate）

信汇汇率即用信函方式通知付款的外汇汇率。由于航邮比电讯通知需要的时间长，银行在一定时间内可以占用顾客的资金，因此信汇汇率较电汇汇率低。

3. 票汇汇率（Draft Rate，D/D Rate）

在兑换各种外汇汇票、支票和其他票据时所采用的汇率叫票汇汇率。因票汇在期限上有即期和远期之分，故汇率又分为即期票汇汇率和远期票汇汇率，后者要在即期票汇汇率基础上扣除远期付款的利息。

### （五）名义汇率、实际汇率和有效汇率

1. 名义汇率（Nominal Exchange Rate）

名义汇率就是通常所说的汇率，它可能由市场决定也可能由官方指定。名义汇率是两种货币间的双边汇率，采用名义汇率数值的变化说明汇率变动趋势或幅度存在一定局

限性。

2. 实际汇率（Real Exchange Rate）

实际汇率是名义汇率经两国价格水平调整后的汇率，名义汇率和实际汇率之间的关系可以表示为：

$$R = e\frac{P_f}{P}$$

其中，$P_f$ 和 $P$ 分别表示外国和本国的价格指数；$R$ 和 $e$ 均是直接标价法下的汇率，分别表示实际汇率和名义汇率。由于考虑了两国价格水平的相对变动，实际汇率可以较好地反映本国商品的国际竞争力。实际汇率值越大，本国商品的国际竞争力越强。

3. 有效汇率（Effective Exchange Rate）

有效汇率又称汇率指数，是一种加权平均汇率，权重的大小根据每种外币在该国国际经济往来中的重要性来确定，它综合反映了一种货币与其他几种货币的比值，基本表达式如下：

$$A\text{币的有效汇率} = \sum_{i=1}^{n} A\text{国货币兑}\,i\,\text{国货币的汇率} \times \frac{A\text{国与}\,i\,\text{国的贸易值}}{A\text{国的全部对外贸易值}}$$

### （六）按汇率的计算方法划分

按汇率的计算方法划分，可分为基础汇率和交叉汇率。

1. 基础汇率（Basic Rate）

一国货币对国际上某一关键货币（许多国家以美元作为关键货币）所确定的比价即基础汇率。因为这种汇率根据两种货币所代表的价值量直接计算得出，所以又叫直接汇率，它通常是确定与其他各种外币汇率的基础。

2. 交叉汇率（Cross Rate）

通过两种不同货币与关键货币的汇率间接地计算出两种不同货币之间的汇率即交叉汇率。目前很多国家或地区都以美元作为关键货币，故可定义为：从两种非美元货币对美元的汇率中计算出非美元货币之间的汇率即为交叉汇率。

# 第二节　汇率决定的基础和影响汇率变化的因素

## 一、金本位制度（Gold Standard System）下的外汇汇率

在第一次世界大战以前，西方国家实行典型的金本位制度，即金币本位制度（Gold Coin Standard System）。在金币本位制度下，金币是用一定数量和成色的黄金铸造的，金币所含有的一定重量和成色的黄金叫作含金量（Gold Content）。黄金作为世界货币，在国际结算过程中，如果输出输入金币，就按照它们的含金量计算，因为含金量是金币所具有的价值。两个实行金本位制度国家货币单位的含金量之比，叫作铸币平价（Mint Par，Specie Par）。两种货币的含金量是决定它们的汇率的物质基础，铸币平价则是它

们的汇率标准。

在实行金币本位制度时，英国货币 1 英镑的重量为123. 274 47格令（Grain），成色为 22 开（Karat）金，即含金量为 113. 001 6 格令（等于 7. 322 38 克）纯金；美国货币 1 美元的重量为 25. 8 格令，成色为 900‰，即含量为 23. 22 格令（等于 1. 504 63 克）纯金。根据含金量计算，英镑和美元的铸币平价是

$$\frac{113.0016}{23.22}=4.8666$$

这就是说，1 英镑的含金量是 1 美元的含金量的 4. 866 6 倍，因此，1 英镑 = 4. 866 6 美元。可见，英镑和美元的汇率以它们的铸币平价作为标准。

外汇市场的实际汇率，由外汇的供求直接决定，围绕着铸币平价上下波动。各国的国际收支，反映了各国外汇的供求情况。在一国的国际收支发生顺差时，外国对它的货币的需求增加，则该国的货币贵，外国货币贱，外汇汇率就要下跌。反之，在一国的国际收支发生逆差时，它对外国货币的需求增加，则该国的货币贱，外国货币贵，外汇汇率就要上涨。

但是，在金币本位制度下，汇率的波动，不是漫无边际，而是大致以黄金输送点（Gold Transport Points）为其界限的。这是因为，金币本位制度下黄金可以自由输出输入。当汇率对外汇购买者（或出卖者）有利时，他就利用外汇办理国际结算；当汇率对他不利时，他就可以不用外汇，改而采用输出输入黄金的方法进行结算。可见，黄金输送点是金本位下汇率波动的上下界限。

在两国间输出输入黄金，要支付包装费、运费、保险费和检验费等费用；在运输过程中，还有利息问题。第一次世界大战以前，在英国和美国之间运送黄金的各项费用和利息，约为所运送黄金价值的 5‰～7‰，按平均数 6‰计算，在英国和美国之间运送 1 英镑黄金的费用及其他费用约为 0. 03 美元。铸币平价 \$4. 866 6± \$0. 03 就是英镑和美元两种货币的黄金输送点，在原则上，这是英镑美元汇率波动的界限。现举例说明：如在美国外汇市场，英镑外汇的价格受供求关系的影响，逐步上涨，但英镑汇价上涨的最高界限为 1 英镑=4. 896 6 美元（即英镑与美元的铸币平价 4. 866 6 美元加上从美国运送 1 英镑所包含的 113. 001 6 格令黄金所需的包装费、运费、保险费和利息损失等 0. 03 美元），即黄金输出点。如果，英镑的汇价超过 4. 896 6 美元，则需购买英镑外汇的商人可直接运送黄金，偿付对外负债，这样，只不过花费成本 4. 896 6 美元。如果在美国外汇市场，英镑汇价下跌，则其下跌的最低界限为 1 英镑 =4. 836 6 美元（即英镑与美元的铸币平价 4. 866 6 美元减去从美国运送 1 英镑所包含的 113. 001 6 格令黄金所需的包装费、运费、保险费和利息损失等 0. 03 美元），即黄金输入点。如英镑汇价低于 4. 836 6 美元，则具有英镑外汇收入的商人，就不在外汇市场卖出英镑，可直接将 1 英镑所包含的黄金 113. 001 6 格令运回国内，根据铸币平价扣除 0. 03 美元的运费、保险费等，它仍可得到 4. 836 6 美元。

在国家间运送黄金的费用，特别是利息，并不是固定不变的。但是，它们占所运送的黄金价值的比重很小，因此，相对地说，在金币本位制度下，金币汇率的波动幅度

小，基本上是固定的。

第一次世界大战爆发后，交战国家的金币本位制度陷于崩溃。战后，它们分别实行了金块本位制度（Gold Bullion Standard System）和金汇兑本位制度（Gold Exchange Standard System）。在这两种货币制度下，西方各国汇率确定的基础，是各国货币单位所代表的含金量，即黄金平价（Gold Parity）之比。在1929—1933年资本主义世界经济危机期间，金本位制度彻底崩溃。从此以后，西方国家普遍实行了纸币制度（Paper Money System），并且都走上了通货膨胀（Inflation）的道路。实行纸币制度国家间的汇率是如何计算的呢？

## 二、纸币制度下的外汇汇率

纸币是作为金属货币的代表而出现的。由于纸币所代表的金属货币具有价值，所以纸币被称为价值符号。在实行纸币制度时，各国政府都参照过去流通的金属货币的含金量用法令规定纸币的金平价（Par Value，即 Gold Parity），即纸币所代表的金量。所以在纸币流通制度下，两国纸币的金平价应当是决定汇率的依据。

但是，实行纸币流通的国家普遍存在着纸币贬值（Depreciation）现象，纸币的法定金平价与其实际所代表的金量严重脱节。在这种情况下，纸币的汇率不应由纸币的黄金平价来决定，而应以贬值了的纸币实际上代表的金量为依据。但是，在第二次世界大战以后，西方各国政府利用外汇管制等手段，人为地维持不符合纸币贬值程度的汇率，不根据其实际代表金量减少的情况而相应地调高汇率，因而使纸币的对内价值（物价）和对外价值（汇率）长期严重地脱节，这已成为一个普遍的现象和特点。然而，客观经济规律是不以人的意志为转移的，它在时机成熟的时候，必然会打破人为障碍，显示自己的作用。1971年和1973年的两次美元法定贬值，可以说明这个问题。

在纸币流通制度下，汇率变化的规律受通货膨胀的严重影响和国际收支状况的制约。通货膨胀越严重，纸币实际所代表的金量越少，外汇汇率越上涨，即以本国货币所表现的外国货币的价格上涨得越高，国际收支状况越恶化，外汇汇率越上涨。纸币汇率的波动，已经没有金本位制度下黄金输送点的界限，外汇汇率有时上涨得奇高，在自由市场上表现得最为突出。

## 三、影响汇率变化的因素

1973年春，主要发达国家先后放弃了固定汇率制，而实行浮动汇率制，不再公布本国货币的金平价。与此同时，以美国为首的一些国家极力推行黄金非货币化政策，主张各国货币无需与黄金挂钩，无需以一定量的黄金来表示本国货币单位。IMF接受了这一主张，其理事会于1976年4月还通过了《国际货币基金协定》修改草案，正式将黄金非货币化政策列入第二次修正的《国际货币基金协定》中。

IMF推行黄金非货币化政策以后，尽管各国不再公布本国货币单位的金平价，从形式上看，好像缺乏两国货币单位的可比性，但是，两国货币之间的原有的价值比例依然存在，并在下列因素作用下，不断地变动。当前影响汇率变动的因素主要有以下几个。

（一）经济增长率差异

经济增长率差异是影响一国货币汇率的长期因素。国内外经济增长率的差异对汇率的影响是多方面的。第一，在其他条件不变的情况下，一国经济增长率相对较高，意味着其国民收入增加较快，该国对国外商品服务的需求会增加，结果会使该国对外汇的需求相对于其可得到的外汇供给来说趋于增加，导致该国货币的贬值；第二，较高的经济增长率通常伴随着劳动生产率的提高，这会降低本国商品的生产成本从而提高本国商品在国际市场的竞争力，带来出口的增加，这一影响途径将带来本币的升值；第三，经济增长率的差异还会影响资本流动，一国经济增长率较高，国内对资本的需求较大，国外投资者也会为追求较高的投资回报率将资本投入，资本的流入会带来本币的升值。总的来说，从长期看，较高的经济增长率会对本国货币币值起到有力的支持作用，并且这种影响的持续时间较长。

（二）宏观调控政策与利率差异

作为宏观调控的两个主要政策，财政政策与货币政策对汇率的影响表现在两个方面：一是相对的长期影响；二是短期影响。从长期影响看，如一国经济过热，会导致通货膨胀，出口成本增加，出口商品竞争能力削弱，不利于国际收支平衡，则该国实行紧缩政策，在一定时期内，通过上述政策的作用和影响，使宏观经济形势改善，最终有利于汇率的稳定；反之，一国经济停滞不振，汇率下跌，则该国实行扩张的财政货币政策，最终会改善汇率的疲软状况。这是长期影响，在相对长的时间内才能实现。宏观调控政策推行的短期影响，则与长期影响相反，即当一国实行紧缩政策，提高利率和采取其他措施，在提高利率的前后短暂的时间内，会立即引起本币汇率上涨，因利率提高，则与其他国家存在利率差异，吸引国际资金流入，外汇供给增加，外汇价格下降，本币汇率上涨。而实行扩张性财政货币政策，降低利率和采取其他措施，在降低利率前后的短暂时间内，会引起本币汇率下跌，因利率调低，与其他国家存在利差，外资为追求高的收益而流出，从而引起外汇需求的扩大，外汇价格上涨，本币汇率下跌。

（三）国际收支状况

如前所述，宏观经济情况通过国民收入的增减、物价水平的提高或降低，对进出口规模大小产生直接影响；同时宏观经济情况的好坏还直接影响国际资金的流出入，最终集中影响到一国国际收支的状况。如一国国际收支为顺差或顺差数字较前期加大，在短暂时间内该国货币对外汇率上涨；如国际收支为逆差或逆差数字较前期加剧，则相反。美国的国际收支主要反映在贸易收支上，自 1971 年以后，除极个别年份外，其贸易收支一直处于逆差状态，每月（季）公布的逆差数字小于前期，则在短暂时期内美元对外汇率上涨；如大大高于前期逆差数字，则美元汇率急剧下跌。

（四）通货膨胀率差异

通货膨胀率差异也是影响汇率的一个重要因素。货币对外价值的基础是其对内价值。在纸币流通制度下，物价水平是一国货币价值在产品上的体现，物价越高意味着单位货币的价值越低。因此，我们通常认为，一国通货膨胀率超过另一国通货膨胀率，该国货币的对外价值将下降，即本币对外贬值；反之，则本币升值。通货膨胀率差异对汇率的影响通常是通过影响进出口贸易和国际资本流动发挥作用的。从理论上来讲，在其他条件不变的情况下，货币的对内贬值必然引起对外贬值。

（五）市场预期

理论工作者根据各种基本因素变化对汇率走势进行预测，这是一种市场预期行为，其中包括市场参与者的心理因素。市场参与者根据各自的预期作出反应，又进一步推动汇率走势的起伏变化。市场预期行为使各种基本因素的变化迅速及时地反映在汇率走势中。例如，美国公布数据显示失业增加，先导指数连续下降，反映美国经济停滞。于是市场认为美国为刺激经济增长，降低失业率，将会调低利率，采取扩张的货币政策。外汇市场参与者立即对这一预期作出反应，抛售美元，购买其他货币，从而使美元汇率下跌。此时美联储并未采取任何调低贴现率和联邦基金利率的实际行动，而影响汇率走势的直接原因就是市场预期。

（六）重大国际国内政治事件

重大国际国内政治事件也是影响汇率变化的因素，因政治事件对经济因素会发生直接或间接影响，而汇率变化对政治事件尤为敏感。国际上的军事行动，如 1991 年的海湾战争、2001 年 9 月 11 日恐怖分子对纽约世贸中心的突发袭击、2003 年 3 月 21 日美英联军发动的对伊拉克的战争，均对美元汇率产生重大影响。

把握影响汇率变动因素之间的内在联系，必须掌握以下几点。

第一，综合分析。上述因素错综复杂，有时各因素会结合在一起同时发生作用；有时个别因素起作用；有时各因素的作用又相互抵消；有时某一因素起主要作用，突然为另一因素所代替。所以，对各因素必须综合分析，避免割裂。

第二，主导因素与促进因素相互影响，相互作用。一定时期内（如 1 年）的国际收支是决定汇率基本走势的主导因素，通货膨胀率、货币政策的变化及利率差异起着助长或削弱的作用。市场预期不仅是上述各种因素的综合反映，而且在国际收支状况所决定的汇率走势的基础上，起推波助澜的作用，加剧汇率波动的幅度。

第三，理论分析与实务操作有机结合。经济增长率决定着汇率的长期走势，但是，国际外汇市场的汇率天天变，时时变，转瞬即变，所以在做好长期汇率走势分析的同时，要密切注意对经济数据极为敏感的短期汇率走势，将二者有机地结合起来，才能做好外汇实务的操作。

## 四、汇率变动对经济的影响

### （一）汇率变动对一国国际收支的影响

1. 汇率变动对贸易收支的影响

一国货币汇率变动，会使该国进出口商品价格相应涨落，抑制或刺激国内外居民对进出口商品的需求，从而影响进出口规模和贸易收支。例如，一国货币对外汇率下跌（即本币贬值），则以本币所标示的外币价格高涨，出口收汇兑成本币后的数额较前增多。出口商为扩大销售，增加出口，有可能降低出口商品的外币售价，而获得本币的数额不会较前减少。与此同时，一国货币汇率下跌，以本币所标示的进口商品的价格上涨，从而抑制本国居民对进口商品的需求。在一般情况下，出口的扩大，进口的减少，有利于汇率下跌国家的贸易收支的改善。如果一国货币汇率上涨（即本币升值）其结果则与上述情况相反。

2. 汇率变动对非贸易收支的影响

（1）汇率变动对无形贸易收支的影响。一国货币汇率下跌，则外国货币兑换本国货币的数量增加，外币的购买力相对提高，本国商品和劳务相对低廉。与此同时，由于本国货币兑换外币的数量减少，则意味着本币购买力相对降低，国外商品和劳务价格也变得昂贵了。这有利于该国旅游与其他劳务收支状况的改善。至于汇率上升，其作用则与此相反。当然，汇率变动的这一作用，须以货币贬值国国内物价不变或上涨相对缓慢为前提。

（2）汇率变动对单方转移收支的影响。一国货币汇率下跌，如国内价格不变或上涨相对缓慢，一般对该国的单方转移收支会产生不利影响。以侨汇为例：侨汇多系赡家汇款，货币贬值后，旅居国外的侨民只需汇回国内少于贬值前的外币，就可以维持国内亲属的生活需要，从而使该国侨汇收入减少。一国货币如果对外升值，其结果则相反。

3. 汇率变动对一国资本流出入的影响

资本从一国流向国外，主要是追求利润和避免受损，因而汇率变动会影响资本的流出与流入。当一国货币贬值而尚未到位时，国内资本的持有者和外国投资者为避免该国货币再贬值而蒙受损失，会将资本调出该国，进行资本逃避。若该国货币贬值，并已到位，在具备投资环境的条件下，投资者不再担心贬值受损，外逃的资本就会抽回国内。当然，货币贬值过头，当投资者预期汇率将会反弹，就会纷纷将资本调到该国，以牟取汇率将会上升的好处。关于货币升值对于资本流动的影响，一般则相反。需要说明的是，汇率变动对资本流动的上述影响，是以利率、通货膨胀等因素不变或相对缓慢变动为前提的。

4. 汇率变动对官方储备的影响

官方储备是国际收支平衡表的项目之一。汇率变动直接影响一国储备项目中的外汇储备，主要表现在以下方面。

（1）本国货币汇率变动通过资本转移和进出口贸易额的增减，直接影响本国外汇储备的增加或减少。一般来讲，一国货币汇率稳定，有利于该国吸收外资，从而促进该国外汇储备增加；反之，则会引起资本外流，使得外汇储备减少。由于一国汇率变动，其出口额大于进口额时，则其外汇收入增加，储备状况也改善；反之，则储备状况恶化。

（2）储备货币的汇率下跌，使保持储备货币国家的外汇储备的实际价值遭受损失；而储备货币国家则因该货币的贬值而减少了债务负担，从中获利。

### （二）汇率变动对国内经济的影响

1. 汇率变动对国内物价的影响

一国货币汇率下跌，一方面有利于出口，从而使国内商品供应相对减少，货币供给增加，促进物价上涨；另一方面会使进口商品的本币成本上升而带动国内同类商品价格上升。若货币汇率上升，一般则相反。

2. 汇率变动对国民收入与就业的影响

一国货币汇率下跌，由于有利于出口而不利于进口，将会使闲置资源向出口商品生产部门转移，并促使进口替代品生产部门的发展，这将使生产扩大，国民收入和就业增加。这一影响是以该国有闲置资源为前提的。如果一国货币汇率上升，则情况相反。

（三）汇率变动对国际经济的影响

1. 汇率不稳，影响国际贸易的正常发展

某些发达国家汇率不稳，利用汇率下跌，扩大出口，争夺市场，引起其他国家采取报复性措施，或实行货币对外贬值，或采取贸易保护措施，从而产生贸易战和货币战，破坏国际贸易的正常进行，对世界经济产生不利影响。

2. 汇率不稳，影响某些储备货币的地位和作用，促进国际储备货币多元化的形成

由于某些储备货币国家的国际收支恶化，通货不断贬值，汇率不断下跌，影响它的储备货币的地位和作用，如英镑、美元；而有些国家的情况则相反，其货币在国际结算领域中的地位和作用日益加强，如日元和欧元，因而促进国际储备货币多元化的形成。

3. 汇率不稳，加剧投机和国际金融市场的动荡，同时又促进国际金融业务的不断创新

由于汇率不稳，加剧外汇投机，造成国际金融市场的动荡与混乱，如 1993 年夏，欧洲汇率机制危机就是由于外汇投机造成的。与此同时，汇率不稳与动荡不定，加剧了国际贸易与金融的汇率风险，又进一步促进期权、货币互换和欧洲债券等业务的出现，使国际金融业务形式与市场机制不断创新。

## 第三节　汇率理论评介

和国际收支理论一样，西方关于汇率决定理论各流派各立学说，言之有理，持之有据，但均有一定的局限性，现依历史发展的延续将有关汇率决定的主要理论介绍分析如下。

### 一、国际借贷说

（一）国际借贷说的基本内容

国际借贷说（Theory of International Indebtedness）亦称外汇供求说（Theory of Demand and Supply of Foreign Exchange），是由英国学者戈森（G. J. Goschen）于 1861 年在《外汇理论》一书中正式提出的，在第一次世界大战前被认为是有关外汇汇率的主要理论。

该理论认为，汇率变动主要取决于外汇资金流量市场的需求与供给。外汇的供求则与本国和外国之间的借贷有关，因为有这种借贷关系，必然要发生一定金额的外汇收

支。因此，外汇的供求主要取决于国际借贷。国际借贷不仅由于商品输出入而产生，而且股票债券的买卖以及资本交易也会产生国际借贷。戈森把国际借贷分为固定借贷（Consolidated Indebtedness）和流动借贷（Floating Indebtedness）两大类，前者指尚未达到支付阶段的借贷，后者指进入支付阶段的借贷，其中只有流动借贷对外汇供求产生影响。由于流动借贷的含义与狭义的国际收支即到期必须进行支付的国际收支含义一致，所以国际借贷说亦称国际收支说（Theory of Balance of Payments）。

国际借贷说认为汇率的变动主要取决于外汇供求，从需求方面看，外汇的需求增加而供给不变时，汇率上涨；外汇需求减少而供给不变时，汇率下跌。从供给方面看，当需求不变，供给增加时，汇率趋于下跌；外汇供给减少时，汇率上涨。只有当外汇供给恰好等于外汇需求时，汇率才是均衡的，此时的汇率称为均衡汇率。

### （二）对国际借贷说的评价

国际借贷说正确指明在第一次世界大战前金币本位制下，因立即结清的各种支付差额受外汇供求的影响，从而引起汇率在黄金输送点上下限之间波动。这种以古典学派经济学价格理论中供求法则来解释汇率变动是符合客观实际的，但该理论也存在以下缺陷。

（1）把外汇供求的变动作为汇率决定的根本因素，忽视了汇率的波动是围绕两国货币实际所代表的价值对比关系进行的，即忽视了汇率变动的物质基础。

（2）仅注意到实体经济因素与汇率间的因果关系，对汇率与货币供求和国际资本流动间的相互影响并未深入分析。

（3）该学说只能解释金币本位制下汇率变动的主要原因，不能解释纸币流通下汇率变动的原因。

## 二、购买力平价理论

### （一）购买力平价理论的基本内容

购买力平价理论（The Theory of Purchasing Power Parity）在西方经济学中源远流长，早在16—17世纪西班牙塞拉曼加学派（Salamanca School）的代表人物瓦纳瓦罗及巴纳斯等人就提出物价上涨是由于货币供应量增加、汇率贬值是由于国内的物价上涨的具有购买力平价思想的观点。18世纪下半叶，购买力平价思想在瑞典再现，当时瑞典经济学家克里斯蒂尼尔（Christierniu P. N.）曾提出汇率贬值是由于货币购买力下降所引起的论点，具有明显的购买力平价思想。19世纪后在英国实行金本位制时期，停止银行券兑现，导致物价上涨，货币贬值后，购买力平价思想已在政府与经济学界有着广泛影响。但直至20世纪初，瑞典经济学家古斯塔夫·卡塞尔（Gustav Cassel）才将这一思想认识予以系统化和理论化，形成完整的理论体系，并正式命名为购买力平价理论，这一汇率理论在西方经济学界有较大影响。

卡塞尔的购买力平价理论的主要论点是：按照一定汇率购进外国货币，就是购进外国货币购买力，因为该货币在外国具有对一般商品的购买力；反之，本国人将本币售予外国人，等于把本国一般商品的购买力售予外国人。因此，本国货币所表示的对外国货币的比价即汇率，主要是以两国货币在各自国家所具有的购买力为依据的，故而决定两国货币汇率“首先最基本的依据”就是购买力平价。由于购买力是一般物价水平的倒数，因此，两国之间的汇率又可由两国物价水平之比来表示。

### （二）购买力平价的两种表现形式

购买力平价有两种表现形式：一是绝对购买力平价（Absolute Purchasing Power Parity）；二是相对购买力平价（Relative Purchasing Power Parity）。

1. 绝对购买力平价

绝对购买力平价是指在一定的时间点上，两国货币汇率决定于两国货币的购买力之比。

如上所述，以一般物价指数的倒数来表示各自货币购买力，则两国货币汇率决定于两国一般物价水平之商。以公式表示则为

$$R = P_A / P_B$$

式中，$R$ 为汇率，即 1 单位 $B$ 国货币以若干单位 $A$ 国货币所表示的价格；$P_A$、$P_B$ 分别为 $A$、$B$ 两国的一般物价水平。卡塞尔认为，只有一个国家在市场上出售的全部商品和劳务的总价格水平才能代表一国货币的购买力，仅表现于进出口商品的价格水平是不全面的。

绝对购买力平价建立在自由贸易原则下的“一价定律”（Law of One Price）基础上。由于商品流通完全自由，国家间商品服务交换流通不受关税、外汇以及歧视性待遇因素的限制与干扰，通过价值规律的套购活动，国家间商品价格趋于一致，短期均衡汇率与购买力平价的背离保持在最低限度。可见，购买力平价理论建立在自由贸易基础之上，在实际中，国家间的关税、外汇管制、配额等手段对汇率变动的影响未加考察，给予舍弃。

2. 相对购买力平价

相对购买力平价理论则认为，在一定时期内，汇率的变动受通货膨胀因素的制约。当两国通货膨胀出现差异，会使两国购买力发生变化，进而使汇率发生变动。如果以 $R_1$、$R_0$ 分别表示一定时期和基期的汇率，$I_A$、$I_B$ 分别表示 $A$、$B$ 两国一定时期与基期的物价水平之比，则相对购买力平价可用公式表示为

$$R_1 = R_0 \frac{I_A}{I_B}$$

可见，所谓相对购买力平价是指两国货币的汇率变化决定于它们购买力变化程度之比。

关于相对购买力平价公式，卡塞尔着重分析以下两个问题。

（1）基期汇率水平 $R_0$ 必须选择在当时汇率等于绝对购买力平价时期（所谓正常时期），否则会使一定时期均衡汇率的计算产生系统偏差。

（2）从基期到一定时期，货币都表现为中性，即货币通过自身的均衡，保持对经济的中立性，使经济不受货币因素的干扰，仍由实物因素决定其均衡。在此情况下，按绝对购买力平价与相对购买力平价分别计算出的汇率应该是相等的。

### （三）对购买力平价理论的评价

购买力平价理论正确指出通货膨胀与汇率之间的内在联系并进行有效的分析，从长

期看，两国之间的汇率不可能较大地偏离购买力平价，所以说购买力平价理论在解释汇率长期变化趋势上是有说服力的。但是，该理论也存在重大缺陷。

1. 设定的条件脱离现实

购买力平价理论只有在市场均衡、相对价格不变、货币保持中立时才能成立，这些条件的设定脱离了各国的经济现实。

2. 论断偏颇，以偏概全

如前所述，影响汇率变化的因素是多种多样的，除通货膨胀状况外，国际收支状况、经济生产状况、资本流动状况甚至心理预期均对两国汇率变化产生影响，而购买力平价理论则认为通货膨胀状况是影响汇率变化的唯一因素。

3. 忽视汇率与物价变动的相互影响

购买力平价理论认为，汇率与物价间的作用是单向的，即物价决定汇率，而实际中它们之间的作用是相互的、双向的，即物价在影响汇率变动的同时，汇率变动对物价水平的变动也起着一定的反作用。

## 三、利率平价理论

### （一）利率平价理论的基本内容

利率平价理论（Interest Rate Parity Theory）的创始人是英国经济学家凯恩斯，他于1923年首先提出这一观点，后经一些经济学家如英国的保罗·艾因齐格（Paul Einzig）等不断充实完善，较全面地奠定了远期汇率决定和变动的理论基础。

利率平价理论的基本观点是，投资者可以将本币投放到国内市场，按国内利率获取收益；也可将本国货币按即期汇率换成外币，投放国外，按国外利率获取收益，再将这一收益按远期汇率折成本币。两种收益比较的结果是投资者选择货币投放方向的依据，由此产生了套利资本的国际流动，而且这种流动一直进行到通过汇率的调整，使得两种收益相等为止。

设本国利率为 $I_a$，外国利率为 $I_b$，$S$ 为即期汇率，$F$ 为远期汇率，汇率标价方法为直接标价法。

1 单位本币国内投资收益为 $1+I_a$；1 单位本币在国外投资，须先兑成外币，则为 $\frac{1}{S}$，投资所得收益为 $\frac{1}{S}(1+I_b)$，再按远期汇率折成本币，得 $\frac{1}{S}(1+I_b)F$，以便同本国投资收益进行比较。

如果两国投资收益不同，金融市场便会出现套利活动，但在本国与外国之间套利活动终止时，本国与外国投资收益应当相等，即

$$1+I_a=\frac{1}{S}(1+I_b)F=\frac{F}{S}(1+I_b) \tag{2-1}$$

将式（2-1）整理得

$$\frac{F}{S}=\frac{1+I_a}{1+I_b} \tag{2-2}$$

式（2-2）两边各减去 1，得

$$\frac{F-S}{S}=\frac{I_a-I_b}{1+I_b} \tag{2-3}$$

在式（2-3）中，如本国利率高于外国，即 $I_a>I_b$，则 $F>S$，即远期外汇汇率为升水，$\frac{F-S}{S}$为升水率；如本国利率水平低于外国，即 $I_a<I_b$，则 $F<S$，即远期外汇汇率为贴水，$\frac{F-S}{S}$为贴水率。如以 $P$ 代表远期外汇升、贴水率，则式（2-3）可演变为

$$P=\frac{I_a-I_b}{1+I_b} \tag{2-4}$$

式（2-4）变形后得

$$P+PI_b=I_a-I_b \tag{2-5}$$

式（2-5）中的 $P$ 和 $I_b$ 均为百分数，其乘积数值较小可忽略不计，式（2-5）可变为

$$P\approx I_a-I_b \tag{2-6}$$

式（2-6）表明，远期外汇升、贴水率与本国与外国的利率差大致相等。

式（2-3）和式（2-6）称为利率平价，亦即“经抵补的利率平价”（Covered Interest Parity）。公式表明，利率低的国家的货币，其远期汇率必为升水；利率高的国家的货币，其远期汇率必为贴水；其升贴水大致等于两种货币的利率差。

### （二）对利率平价理论的评价

利率平价理论坚持了汇率与利率之间的必然联系，指明利率与远期汇率的互动机制，对远期外汇市场的业务实践做出比较完整的理论总结；同时该理论还指明即期汇率与利率之间的变动关系，即本币利率提高，会促使本币的即期汇率呈上涨趋势。这些论点在某种程度上纠正了已有汇率理论的片面性，把影响汇率的重要因素——利率，提到一定高度，是 20 世纪前半期汇率理论的重大发展。但该理论也存在一定的缺陷，主要表现在以下方面。

1. 假设条件没有考虑交易成本，在一定程度上脱离了实际

利率平价理论设立的条件没有考虑交易成本，如果交易成本过高，不仅影响利率与汇率的关系，还会对市场投资者参与的积极性与获利产生影响，使远期市场不能充分发挥作用，从这一点上说，该理论在一定程度上脱离了实际。

2. 理论实现的先决条件是外汇市场高度发达完善，发展中国家不具备这些条件

该理论设定的套利套汇活动只能在资金自由流出入、对外汇交易不加限制的金融高度发达的国家才能实现，如果货币当局对资金流出入加以限制，该理论就不能实现了。

3. 远期外汇市场的资金流动并非供给弹性无限大

由于套汇套利资金的供给弹性不是无限大，所以即使国内外利率差距较大，也不会引发资金无限度地进行套汇套利活动，从而达到远期外汇的升、贴水率与两国利率差大致相等。

## 四、货币主义汇率理论

### （一）货币主义汇率理论的基本内容

20 世纪 70 年代初期，约翰逊（H. G. Johnson）、蒙代尔（K. A. Mundel）、弗兰克尔（J. A. Frenkel）等经济学家以弗里德曼的现代货币数量论为基础，创立了货币主义汇率理论（Monetary Approach to Exchange Rate）。货币主义汇率理论设立的前提是：（1）具备高度发达的资本市场，即存在着资本的充分流动及本国和外国资产之间的充分可替代；（2）具备高效率的商品市场，商品的自由套购能保证“一价定律”在国际市场有效发挥作用；（3）具备高效率的外汇市场，市场参加者能根据所有信息作出合理预期，其预期能较大地影响市场上的汇率。

货币主义汇率理论的主要观点是：汇率是由货币市场的存量均衡所决定的，并主要受名义货币存量、实际国民收入水平、实际利率和预期通货膨胀率等因素的互动影响所制约，因此，他们得出的主要结论有以下方面。

（1）当一国名义货币存量（即货币供应量）增加时，国内物价水平上涨，本币贬值，本币对外汇率下浮。同理，当外国货币供应量增加时，则本币汇率上浮。

（2）一国实际国民收入增加，导致货币需求上升，在名义货币供应量不变的情况下，会引起国内物价下降，通过购买力平价作用，必使本币对外汇率上浮；相反，当外国国民收入增加时，则本币汇率下浮。

（3）当一国名义利率上涨时，导致该国实际货币余额需求的下降，从而抑制物价上涨，则本币对外汇率趋向升值；相反，当外国名义利率上涨时，本国货币趋向贬值。

（4）预期通货膨胀率对本币对外汇率升降有重要影响，特别在短期内对汇率影响更大，因为预期通货膨胀率较实际收入和名义货币存量等因素更容易发生变动。如果本国的预期通货膨胀率下降，则本币对外汇率上浮；如果外国的预期通货膨胀率下降，则本币对外汇率下浮。

### （二）对货币主义汇率理论的评价

1. 货币主义汇率理论的贡献

（1）货币主义汇率理论正确指出了货币因素在汇率决定和变动过程中的作用，并指出一国货币供应量增多，会引起本国汇率的下跌，这是符合实际的，从而纠正了第二次世界大战后汇率研究中忽视货币因素的缺陷。

（2）货币主义汇率理论还正确指出对通货膨胀的预期是影响汇率变化的重要因素。

（3）该理论把汇率问题的研究同货币政策的运作协调起来，从而为浮动汇率制度下汇率成为国家宏观调控政策的重要工具产生了重要作用。

2. 货币主义汇率理论的不足

货币主义汇率理论也存在着一些缺陷，主要表现为以下方面。

（1）它片面强调货币供应量等因素对汇率变化的影响，而忽视了经济结构的影响；只注意到货币市场总的均衡，而忽视了对各部门的结构分析。

（2）该理论设立的条件，如两国之间始终保持购买力平价、国内价格对货币供应量有充分弹性等，与客观实际情况不符。

## 五、资产组合理论

### （一）资产组合理论的主要内容与流派

资产组合理论（Portfolio Balance Theory）是在20世纪70年代中后期由美国经济学家布兰森（W. H. Branson）、多恩布什（R. Dornbush）、弗兰克尔（A. Frankel）、托宾（J. Tobin）、马柯维茨（H. M. Markowitz）等人创建发展起来的。前述西方有关汇率理论，特别是凯恩斯主义的汇率理论强调实体经济因素（如国民收入）等对汇率的决定和变动的影响，而货币主义汇率理论则强调货币因素对汇率的决定和变动的影响，两者各有正确之处，也各有缺陷的一面。而资产组合理论试图将上述两种理论加以综合，吸取两派的合理部分进行分析，从而得出汇率是由货币因素和实体因素诱发的资产调节和资产评价过程共同决定的。在这个理论体系中，各经济学家研究的重点又各有侧重，如弗兰克尔创建的资产市场论（Asset Market Approach），强调货币市场和货币存量的供求对汇率决定的影响；托宾创建的流动资产选择论（The Theory of Portfolio Selection），强调均衡汇率是资产持有者自愿保持其现有的本币资产的构成而不加以调整时所确定的汇率；而由布兰森和多恩布什所创建的汇率资产组合理论（Portfolio Balance Theory of Exchange Rate）则主要强调汇率的变动是由投资者对金融资产选择的变动所引起的，而金融资产不同的收益率水平，则是产生金融资产组合调整的根本动力，因此，所有影响预期收益水平的因素都会通过金融资产的组合重新调整来影响汇率。在金融资产组合调整与重组过程中，由于利率、心理预期等因素的变动对持有人的成本和收益产生重要影响，因而促进资产持有人对各种资产的存量及时进行大幅度的调整重组，以便迅速再建资产组合的均衡。这种调整必会引起汇率在短期内较大幅度的波动，成为汇率短期波动的根本原因。然而与资产存量瞬间大幅度调整形成鲜明对比的是贸易流量小幅度缓慢变动。其原因在于贸易流量的调整涉及实体经济的变化，如生产结构的调整、资源的重新配置等，而这些变化短期内很难完成，因此贸易流量在短期内不会发生大幅度的增减，所以贸易流量的调整在短期内对汇率的变动不会产生较大的影响。但是，从长期看，贸易流量或真实市场的变化对汇率变动所造成的影响将占主导地位。由此可见，资产组合理论将金融资产的存量调整与贸易流量的调整在幅度和速度方面的区分是重要而且有现实意义的，有利于加深对短期和长期汇率变动原因的分析和理解。

### （二）对资产组合理论的评价

1. 与资产组合理论提出以前的西方汇率理论相比较，资产组合理论的主要贡献

（1）实现了对汇率本质及汇率决定过程认识上的革新。以前的汇率理论，仅把汇

率视为一种产出的价格，而非资产的价格，认为汇率决定于流量市场的均衡而非存量市场的均衡。

（2）该理论强调了资本项目交易对汇率的影响，纠正了过去传统的汇率理论只重视经常项目收支对汇率的影响这一片面倾向。

（3）该理论的某些假定比传统汇率理论的假定更为现实，例如，该理论假设各种资产之间具有高度可替代性，而不是完全的可替代性。

（4）该理论吸收了货币主义汇率理论的合理内容，既强调了货币因素对汇率的影响，又强调了实体经济因素对汇率的影响。

2. 资产组合理论存在的明显缺陷

（1）单纯强调资产市场的均衡力量对汇率的决定作用，而忽视了经常项目诸因素对汇率变动的直接影响。

（2）理论设定在资本可以完全自由流动的基础上，与当前实际不完全相符。因大多数发展中国家均对资本流动进行限制，即使高度发达的西方国家，在一定时期内也对资本流动实行限制，如美国就采取过征收利息平衡税等限制资本流动的干预措施。

（3）虽然认为预期因素对汇率有影响，但却假定投资人的预期是一致的，投资人会做出一致的资产选择，这与金融资产投资的实际情况不符。

# 第四节　汇率制度

汇率制度（exchange rate regime）又称汇率安排，是指一国货币当局对其货币汇率的确定和变动等做的一系列安排或规定。一种汇率制度包括的内容有以下几个方面：第一，规定汇率确定的依据；第二，规定汇率波动的界限；第三，规定维持汇率的措施；第四，规定汇率应如何调整。传统上，根据汇率波动的幅度，汇率制度分为固定汇率制度和浮动汇率制度两大类型。

## 一、固定汇率制度

### （一）固定汇率制度的概念

固定汇率制度就是两国货币比价基本固定，并把两国货币比价的波动幅度控制在一定的范围之内。

如前所述，第二次世界大战后，西方国家仍沿袭战前建立起来的纸币流通制度，根据国际货币基金组织的规定，其成员都要规定本国货币的金平价，两国货币金平价的对比是固定汇率的基础；这个比价随外汇市场的供求状况不断波动，波动的幅度国际货币基金组织有统一的规定，上涨不能超过金平价对比的 1%，即上限（Upper Limit）为 1%；下降不能低于金平价对比的 1%，即下限（Lower Limit）为 1%，一般以 ±1% 来标示。

例如，第二次世界大战后英镑的金平价为 3.581 34 克黄金，美元的金平价为

0.888 671 克黄金，英镑与美元金平价的对比为 1 英镑=4.03 美元，这就是固定汇率制度下英镑与美元汇率确定的基础。1 英镑：4.03美元的比价必然会随着外汇市场的供求状况不断变动，但国际货币基金组织规定汇价波动幅度不能超过金平价对比1：4.03 的±1%。

在美国外汇市场，对英镑的需求增加，则英镑价格上涨，由 4.03 美元买 1 英镑，涨到 4.04、4.05、4.06、4.07 美元买 1 英镑，但最终不能超过 4.070 3（即 4.03+0.040 3）美元。

美国政府的货币当局有义务采取各种手段，不使英镑价格超过 4.070 3 美元。

与上述情况相反，如在美国外汇市场，英镑的供应增加，英镑价格则会下降，从 4.03 美元可买 1 英镑，下降到 4.02、4.01、4.00 美元买 1 英镑，但最低不能低于 3.989 7 美元（即 4.03-0.040 3）。

美国的货币当局要采取一定手段，不使其低于 3.989 7 美元。

### （二）维持固定汇率所采取的措施

各国货币当局为维持国际货币基金组织所规定的汇率波动幅度，通常采取以下措施。

1. 提高贴现率

如前所讲，贴现率是利息率的一种，它是各国中央银行用以调节经济与汇价的一种手段。比如，在美国外汇市场，如果英镑的价格上涨到接近 4.070 3 美元的上限水平，美国货币当局则可提高贴现率，贴现率一提高，其他利率如存款利率，也随之提高，国际游资为追求较高的利息收入，会将原有资金调成美元，存入美国，从而增加对美元的需求，引起美元对外汇价的提高。如果英镑价格下跌至下限水平的 3.989 7 美元，美国货币当局就降低贴现率，其结果则相反。

2. 动用黄金外汇储备

一国黄金外汇储备不仅作为国际交往中的周转金，而且也是维持该国货币汇率稳定的后备力量。如伦敦市场的英镑汇率下跌至低于官定下限 3.989 7 美元，则英国动用美元外汇储备，在市场投放美元，从而缓和需求，促进英镑汇率上涨；反之，则收购美元，充实本国美元储备，减少市场供应，促使英镑汇率下跌。

3. 外汇管制

如果一国黄金外汇储备的规模有限，一旦遇到本币汇率剧烈下跌，就无力在市场上大量投放外汇以买进本币，因此，还会借助于外汇管制的手段，直接限制某些外汇支出。

4. 举借外债或签订互换货币协定（Swap Agreement）

哪种外币在本国外汇市场短缺，就向短缺货币国家借用，投放市场以平抑汇率。20 世纪 60 年代以后，美国曾与 14 个国家签订互换货币协定，签约国一方如对某种外汇需求急迫时，可立即从对方国家取得，投放市场，无须临时磋商。

5. 实行货币公开贬值（Devaluation）

如果一国国际收支逆差严重，对外汇需求数额甚巨，靠上述措施不足以稳定本币汇率时，就常常实行公开贬值，降低本国金平价，提高外币价格，在新的金平价对比的基础上，减少外汇需求，增加出口收入，追求新的汇率稳定。

### （三）固定汇率制度的作用

1. 固定汇率对国际贸易和投资的作用

固定汇率为国际贸易与投资提供了较为稳定的环境，降低了汇率的风险，便于进出口成本核算，以及国际投资项目的利润评估，从而有利于对外贸易的发展，对某些西方国家的对外经济扩张与资本输出有一定的促进作用。

但是，在外汇市场动荡时期，固定汇率制度也易于招致国际游资的冲击，引起国际外汇制度的动荡与混乱。当一国国际收支恶化，国际游资突然从该国转移，换取外国货币时，该国为了维持汇率的稳定，不得不拿出黄金外汇储备在市场上供应，从而引起黄金的大量流失和外汇储备的急剧缩减。如果黄金外汇储备急剧流失后仍不能平抑汇价，该国最后有可能采取法定贬值的措施。一国的法定贬值又会引起与其经济关系密切的国家同时采取贬值措施，从而导致整个汇率制度与货币体系的极度混乱与动荡。经过一定时期以后，外汇市场与各国的货币制度才能恢复相对平静。在未恢复相对平静以前的一段时间内，进出口贸易商对接单订货常抱观望态度，从而使国际贸易的交往在某种程度上出现中止停顿的现象。

2. 固定汇率对国内经济和国内经济政策的影响

在固定汇率制度下，一国很难执行独立的国内经济政策。

（1）固定汇率制度下，一国的货币政策很难奏效。为紧缩投资、治理通货膨胀而采取紧缩的货币政策，虽提高了利息率，却因此吸引了外资的流入，从而达不到紧缩投资的目的。相反，为刺激投资而降低利率，却又造成资金的外流。

（2）固定汇率制度下，为维持固定汇率，一国往往需以牺牲国内经济目标为代价。例如，一国国内通货膨胀严重，该国为治理通货膨胀，实行紧缩的货币政策和财政政策，提高贴现率，增加税收，但由于本国利率的提高，势必会引起资本流入，造成资本项目顺差，由于增加税收，势必造成总需求减少，进口减少，出口增加，造成贸易顺差，这就使得本币汇率上涨，不利于固定汇率的维持。因此，该国政府为维持固定汇率，不得不放弃为实现国内经济目标所需采取的国内经济政策。

（3）固定汇率使一国国内经济暴露在国际经济动荡之中，由于一国有维持固定汇率的义务，因此当其他国家的经济出现各种问题而导致汇率波动时，该国就须进行干预，从而也受到相应的影响。例如外国出现通货膨胀而导致其汇率下降，本国为维持固定汇率而抛出本币购买该贬值外币，从而增加本国货币供给，诱发了本国的通货膨胀。

总之，固定汇率使国家间的经济紧密相连，互相影响，一国出现经济动荡，必然波及他国，同时，也使一国很难实行独立的国内经济政策。

### （四）波动幅度的扩大

西方国家普遍实行纸币流通制度以后，长期存在着通货膨胀，国际收支危机也日益加深，币值动荡不稳，这充分表明不具备实行固定汇率制度的基础，但是美国利用第二次世界大战后其他国家经济遭受破坏，物资缺少，资金匮乏，存在严重的“美元荒”的困境，强令其他国家接受固定汇率制，以达到其扩张的目的。

但是，由于政治经济发展的不平衡，特别是美国发动朝鲜战争以后，美国的国际收支也陷入危机，世界性的“美元灾”开始出现。

20 世纪 60 年代后，由于美国又发动了越南战争，其国际收支危机进一步恶化，而联邦德国和日本的国际收支与金融力量相对增强，美元的霸权地位受到挑战。继 1960 年爆发的第二次世界大战后第一次美元危机之后，在 1968 年 3 月到 1973 年 3 月这 5 年之内就爆发了 9 次美元危机。在各国国际收支状况极不稳定、货币强弱经常变化的情况下，硬要维持固定汇率制日益困难，并对美元十分不利，因为，美元的地位相对说来已越来越弱，在货币危机风暴袭来时，它经常是被抛售的对象。要维持固定汇率，不使美元汇率下跌，美国就要拿出巨额的黄金储备，或举借巨额外债，在市场进行干预。这就使得美国在维持固定汇率方面困难重重，负担很大，并且由于美元在战后初期对外价值定得偏高，对美国改善对外贸易和国际收支的状况也是不利的，所以美国不得不在 1971 年 12 月把美元法定贬值 7.89%，将黄金官价从每盎司 35 美元提高为 38 美元。在美元第一次贬值后，西方国家汇率重新进行调整，把各国货币对美元汇率波动幅度由原来规定的在金平价上下各 1%，扩大为金平价上下各 2.25%，固定汇率波动幅度较第二次世界大战后初期扩大了一倍以上。

在美元危机严重、国际收支危机普遍加深、外汇市场不断动荡的情况下，要在国际范围内维持固定汇率已日益困难。但是在个别的区域性经济共同体内部，为了加强成员国之间的政治经济联系，逐步向货币—财政一体化过渡，仍在推行固定汇率制，如当时西欧共同市场就是这样的。

在 1971 年 12 月美元贬值后，一些国家暂时不规定纸币的黄金平价，只规定本国货币对特别提款权或某种货币的汇率，作为计算本国货币对其他国家货币汇率的标准，这种汇率称为中心汇率（Central Rate）。与这种情况相适应的是其官定上下限就以中心汇率作为标准。

固定汇率波动幅度扩大后，仍不能解决联邦德国、日本等金融力量相对增强的国家与美元危机日益加深的矛盾。因为像联邦德国、日本等国为了维持其本国货币与美元的固定汇率，在发生为抢购本国货币而抛售美元的风潮时，就需要投放大量本国货币来收回在市场上抛售出来的美元，否则本国货币的汇率就要上涨，美元的汇率就要下跌，扩大了的固定汇率的波动幅度就不能保持。如 1973 年 2 月 1 日到 1973 年 3 月 1 日一个月中，由于美元连续发生危机，西欧市场上抛售的美元估计在 120 亿以上，为了维持固定汇率，仅联邦德国就购进了 80 多亿美元，约合 250 亿联邦德国马克。这就是说，联邦德国在一个月的时间里，投放到流通中的货币就增加了 250 亿联邦德国马克。这实际上使联邦德国的通货膨胀更加严重，从而增加其出口成本，削弱其对外竞争能力。这实际上也是美国转嫁通货膨胀、削弱其竞争对手实力的一种手段。联邦德国等国家当然要激烈反对固定汇率，固定汇率制也日益难以维持。到 1973 年美元第二次贬值后，固定汇率制终于垮台。西方各国已不再承担维持对美元固定汇率的义务，对美元都实行了浮动汇率制度（Floating Exchange Rate System），从第一次世界大战后到 1973 年支撑了 27 年的固定汇率制终于成为历史陈迹。必须指出，实行不同类型的浮动汇率制度的主要是经济比较发达的国家，广大的发展中国家仍实行不同形式的固定汇率制度，如平行钉住汇率制、爬行钉住汇率制、可调整钉住汇率制等。

## 二、浮动汇率制度

### （一）浮动汇率制度的概念

所谓浮动汇率制度，即对本国货币与外国货币的比价不加以固定，也不规定汇率波动的界限，而听任外汇市场根据供求状况的变化自发决定本币对外币的汇率。外币供过于求，外币汇率就下跌（下浮）；求过于供，外币汇率就上涨（上浮）。政府不再承诺把汇率维持在某种界限的义务，表面上对外汇市场不加干涉。

### （二）浮动汇率的类型

1. 清洁浮动与肮脏浮动

从政府是否干预外汇市场来划分，可分为清洁浮动和肮脏浮动。

（1）清洁浮动（Clean Floating）或叫自由浮动（Free Floating），是政府实行完全不干涉外汇市场的汇率制度。这是纯理论上的划分，事实上并不存在。

（2）肮脏浮动（Dirty Floating）或者叫管理浮动（Managed Floating），是政府不时地干涉外汇市场，使本币汇率的升降朝着有利于本国的方向发展。凡实行浮动汇率制的国家均属于这一类型。

2. 单独浮动与联合浮动

从实行浮动汇率制的国家是否组成国家集团这一角度来划分，可分为单独浮动和联合浮动。

（1）单独浮动（Independent Floating）就是一国不与其他国家组成集团而单独实行浮动汇率制，如美国、日本、加拿大、瑞士等国均属单独浮动。

（2）联合浮动（Joint Floating）是指某些国家组成集团来实行浮动汇率制，如1973年3月欧洲共同体六国（联邦德国、法国、比利时、荷兰、卢森堡和丹麦）决定实行联合浮动。在联合浮动制下，成员国之间的货币保持固定汇率，波动幅度不得超过各自货币比价的±1.125%。当某成员国的货币受到冲击时，其他五国采取一致行动，干预市场，以维持六国之间的固定汇率，但对美元和其他货币的汇率则实行共同浮动。

1979年3月，欧洲共同体国家建立了欧洲货币体系（European Monetary System，EMS）后，成员国的货币与欧洲货币体系内部的欧洲货币单位确定了比价，并重申成员国之间维持固定比价，对非成员国实行联合浮动，20世纪80年代希腊、西班牙、葡萄牙，1995年芬兰、奥地利、瑞典先后参加了欧洲共同体，在这些国家中，除英国、希腊、瑞典外，其余国家均参加了联合浮动。

### （三）浮动汇率制度的作用

1. 浮动汇率对金融和外贸的影响

一般来讲，实行浮动汇率在国际金融市场上可防止国际游资对某些主要国家货币的冲击，防止外汇储备的大量流失，使货币公开贬值与升值的危机得以避免。从这个角度看，它在一定程度上可保持西方国家货币制度的相对稳定。由于没有维持货币固定比价的义务，某一国家的货币汇率是随外汇市场上的供求关系而自动涨落的，因此一般不会发生过去那种大量资金冲击联邦德国马克，以较低汇率购进联邦德国马克，待其升值后出售，以获取大量投机利润的现象。一国货币在国际市场上大量被抛售时，因该国无维持固定比价的义务，一般无须立即动用外汇储备大量购进本国货币，这样本国的外汇储备就不致急剧流失，货币也不致发生重大的动荡。有些西方经济学者还认为在浮动汇率制度下，一定时期内的汇率波动不会立即直接影响国内的货币流通，国内紧缩或放宽的货币政策仍可贯彻执行，国内经济则得以保持稳定。

在浮动汇率制度下，汇率的自由升降虽可阻挡国际游资的冲击，但容易因投机或谣言引起汇率的暴涨暴跌，造成汇率波动频繁和波幅较大的局面。在固定汇率制度下，因国家的干预，汇率波动并不频繁，其波动幅度也不过是平价上下的1%，但在浮动汇率制度下，汇率波动则极为频繁和剧烈，有时一周里汇率波动幅度能达10%，甚至在一天里就能达5%。这进一步促使投机者利用汇率差价进行投机活动，来获取投机利润。但汇率剧跌，常常使他们受到巨大损失。因投机亏损而引起的银行倒闭之风，在20世纪八九十年代曾严重地影响着国际金融市场，银行因投机亏损而倒闭的事件时有发生。

浮动汇率波动的频繁与剧烈，也会增加国际贸易的风险，使进出口贸易的成本加大或不易核算，影响对外贸易的开展。同时，这也促进了外汇期权、外汇期货、远期合同等汇率风险防范业务的创新与发展。

2. 浮动汇率对国内经济和国内经济政策的影响

与固定汇率相比，浮动汇率下一国无义务维持本国货币的固定比价，因而得以根据本国国情，独立自主地采取各项经济政策。同时，由于在浮动汇率下，为追求高利率的投机资本往往受到汇率波动的打击，因而减缓国际游资对一国的冲击，从而使其货币政策能产生一定的预期效果。

由于各国没有维持固定汇率界限的义务，所以，在浮动汇率下一国国内经济受到他国经济动荡的影响一般相对较小。

## 三、联系汇率制

联系汇率制是将汇率制度的确定与货币发行准备制度加以结合的制度，利用市场机制，互相牵制。中国香港特区1983年10月开始实行港元与美元的联系汇率制。港元与美元的联系汇率制也称货币发行局制，它是诸多货币发行局制的一种典型形式。

### （一）港元联系汇率制的内容

港元联系汇率制包括以下主要内容：（1）中国香港特区的发钞银行（目前有汇丰银行、渣打银行和中国银行）如发行港钞，要按1美元：7.8港元的固定汇率向外汇基金（现并入金融管理局）交存美元，并换取“负债证明书”，作为港钞的发行准备。（2）如三家发钞银行向外汇基金退回港钞与“负债证明书”，则按1美元：7.8港元的固定汇率赎回美元。（3）众多商业银行等金融机构需要港钞也按上述比价，向发钞银行交付美元领取港钞；如退回港钞，则按原比价，赎回美元。

上述联系汇率规定的1美元：7.8港元的固定汇率只适用于发钞银行与外汇基金以及商业银行等与发钞银行之间的发钞准备规定；在香港外汇市场上的港元与美元的交易并不受此约束，汇率变动由市场供求关系决定。

由此可见，中国香港特区实际存在两种汇率：一种是发钞银行与外汇基金以及商业银行等与发钞银行之间的发行汇率，即 1 美元：7.8 港元的联系汇率；另一种是外汇市场受供求关系决定的市场汇率。

### （二）联系汇率制的自我维护机制

在市场经济条件下，联系汇率制通过两个内在联系的渠道进行自我调节，迫使外汇市场的汇率不致严重偏离联系汇率（1 美元=7.8 港元），以保证联系汇率制的稳定性。这两个渠道一为发钞银行与商业银行在外汇市场的套利活动；二为货币市场资金的增减与利率的升降。现将两条渠道的具体运作过程分析如下。

1. 商业银行与发钞银行的套利活动

商业银行与发钞银行套利活动影响外汇市场的运作过程如下：

如外汇市场港元贬值，美元对港元的比价为 1 美元=7.9 港元，出于套利的动机，一定会发生商业银行对发钞银行，同时发钞银行对外汇基金，以 1 美元=7.8 港元的固定汇率退回"负债证明书"及港元，赎回美元；然后再以 1 美元=7.9 港元的市场汇率在外汇市场抛售美元，获取汇率差价的利益。结果，外汇市场的美元供应增多，美元汇价下降，逐步接近 1 美元=7.8 港元的联系汇率。

如外汇市场港元升值，美元对港元的比价为 1 美元=7.7 港元，出于套利动机，商业银行及发钞银行在外汇市场以港元按 1 美元=7.7 港元的市场汇率购买美元，然后以 1 美元=7.8 港元的联系汇率向外汇基金交付美元，发行（或领取）港钞及"负债证明书"。如此反复，外汇市场对美元的需求增多，美元汇价上涨，逐步接近 1 美元=7.8 港元的水平。

2. 货币市场的资金增减与利率升降

货币市场资金增减与利率升降影响外汇市场的运作过程如下：

如外汇市场港元贬值，1 美元=7.9 港元，在上述套利动机驱使下，由于商业银行及发钞银行以港元退回外汇基金赎回美元，市场港元供应必会减少，通货紧缩，港元利率上涨；同时美元及其他外币资金也会流入香港外汇市场追求较高的利息收入，结果是美元及其他外币资金供应增加，美元汇率开始下跌，逐步接近 1 美元=7.8 港元的联系汇率水平。

如外汇市场港元升值，1 美元=7.7 港元，其运作过程与上述情况相反，也会迫使市场汇率接近联系汇率水平。

### （三）联系汇率制的作用和影响

1. 联系汇率制的作用

（1）联系汇率制与货币发行机制和汇率机制较好地结合，因而具有稳定汇率和自动调节国际收支平衡的作用。

首先，联系汇率制的推行建立在严格的货币发行准备制的基础上，只有充足的美元准备才能发行钞票，保证货币的稳定。这就杜绝了滥发钞票，造成货币贬值现象的发生。发行准备坚实是保证货币稳定、汇率稳定的根本。

其次，如上所述，当国际收支失衡、外资流出、外币汇率上涨、本币贬值时，则本币发行准备减少，通货紧缩，利率提高，其结果可减少需求，压缩进口，缓解国际收支逆差，使汇率趋于平稳。而当国际收支暂时保持顺差、外币汇率下跌、本币升值时，则本币发行准备增加，通货增多，利率下降，其结果可增加需求，增加进口，缓解顺差，使汇率趋于平稳。

实践证明，联系汇率制在维持港元汇率稳定，促进中国香港特区的经济发展中起着重要的作用。

（2）市场机制作用充分发挥，行政干预大大减少。在严格货币发行的基础上，市场外汇交易完全放开，由市场的供求机制决定汇率，“套汇”“套利”活动使利率成为汇率稳定的平衡器，从而使市场中的汇价既反映市场的供求关系，又保持相对稳定。

2. 联系汇率制的影响

（1）一定程度上削弱货币政策的独立性。维持港元与美元的固定比价的基本条件是港元利率尽可能与美元利率保持稳定水平，这就在客观上使港元利率必须随美元利率变化而变化，因此，独立地利用利率政策作为调节特区的经济手段受到一定程度的削弱。

（2）易于招致国际游资的冲击。港元过度坚挺会诱发国际游资流入，使港元升值；港元过于疲软，则会导致港元贬值。20 世纪 80 年代初、1995 年墨西哥金融危机期间以及 1997 年东南亚金融危机期间都曾发生过这种现象。

## 四、人民币汇率制度

如前所述，汇率制度是一国对本币与外币比价作出的安排与规定，我国对人民币与外币比价作出的安排与规定随经济发展阶段的不同而发生变更，人民币汇率制度的形成与特点大致可划分为四个时期，这里分别介绍如下。

### （一）计划经济时期的人民币汇率制度

中华人民共和国成立后到改革开放前这一时期，汇率制度的主要特点是汇率由国家严格管理与控制，汇率随经济形势而发展变化，汇率呈现固定与浮动交替出现的情况。汇率的变化对外汇收支不发挥调节作用，只作为计划经济内部的核算工具。

### （二）改革开放初期的人民币汇率制度

党的十一届三中全会后，我国进入改革开放新时期。这一时期人民币汇率制度的特点是从单一汇率转为双重汇率，即 1978—1985 年官方牌价与贸易外汇内部估算价并存和 1985—1993 年年底官方汇率与外汇调剂市场汇率并存。

### （三）1994 年以后的人民币汇率制度

1994 年 1 月 1 日，人民币官方汇率与外汇调剂市场汇率并轨，开始实行以市场供求关系为基础的单一的、有管理的浮动汇率制度。人民币与美元的汇率从 1993 年 12 月 31 日的 1 美元兑换 5.8 元人民币下调至 1 美元兑换 8.7 元人民币。

2005 年 7 月 21 日，中国人民银行发布关于完善人民币汇率形成机制改革的公告，我国开始实行以市场供求为基础、参考一篮子货币进行调节、有管理的浮动汇率制度。人民币汇率不再盯住单一美元，形成更富弹性的人民币汇率机制。中国人民银行于每个工作日闭市后公布当日银行间外汇市场美元等交易货币对人民币汇率的收盘价，作为下一个工作日该货币对人民币交易的中间价格。

### （四）现行人民币汇率形成机制

现行人民币汇率形成机制是通过两步改革实现的，即2005年7月“人民币汇率形成机制的改革”与2010年6月“进一步推进人民币汇率改革，增强人民币汇率弹性”。现将两步改革主要内容分述如下。

1. 2005年7月，人民币汇率形成机制改革

2005年7月人民币汇率形成机制的改革，人民币不再盯住单一美元，而选择若干与我国对外经济关系密切的主要货币组成货币篮子，赋予不同权重；同时根据国内外经济金融形势的变化，以市场供求为基础，参考“一篮子货币”计算出人民币多边汇率指数的变化，对人民币汇率进行管理和调节，使其在合理均衡水平上保持基本稳定。必须指出的是，参考一篮子货币并非盯住一篮子货币，外汇市场的供求关系既是汇率变动的基础，也是货币当局调整汇率的重要依据。这就是我国现行有管理浮动汇率制度的主要内涵。

（1）篮子货币选取与权重确定的原则。这主要根据我国对外贸易、外债（付息）、外商直接投资分红等外经贸活动占较大比重的主要国家或地区货币组成，按关系大小给予不同比重。

（2）中间汇率的确定。中国外汇交易中心于每日银行间外汇市场开盘前，向市场的做市商询价，以此作为人民币对美元汇率中间价计算的基础，去掉最高价与最低价后，将各做市商报价予以加权平均，得出当日人民币对美元汇率的中间价。

（3）人民币汇率波动区间。银行间外汇市场，在中国人民银行公布的美元交易中间价上下0.3%的幅度内浮动。非美元货币对人民币交易价在中国人民银行公布该货币当日交易中间价上下1.5%～3%的幅度内浮动。

银行对客户美元现汇牌价实行最大买卖差价不得超过中国外汇交易中心公布交易中间价的1%的非对称管理，只要现汇卖出买入的差价不超过当日交易中间价的1%，且卖出与买入形成的区间包含当日交易中间价即可。银行对客户美元现钞卖出与买入差价不得超过交易中间价的4%。银行可在规定差价幅度内自行调整当日美元挂牌价格，实行一日多价制。外汇指定银行可自行决定对客户挂牌非美元货币对人民币的现钞买卖价，无买卖差价幅度的限制。

2. 2010年6月，进一步推进人民币汇率形成机制改革

2005年7月，我国开始实行以市场供求为基础、参考一篮子货币进行调节的、有管理的浮动汇率制度以来，人民币汇率形成机制改革有序推进，取得了预期的效果，发挥了积极的作用。在2008年全球金融危机最严重的时候，许多货币对美元大幅贬值，而人民币汇率保持了基本稳定，为抵御此次金融危机发挥了重要作用，为亚洲乃至全球经济的复苏做出了巨大贡献。全球经济逐步复苏，我国经济回升向好的基础进一步巩固，经济运行已趋于平稳，有必要进一步推进人民币汇率形成机制改革，增强人民币汇率弹性。

为此，中国人民银行在2010年6月作出决定，人民币汇率今后不再进行一次性重估调整，重在坚持以市场供求为基础，参考一篮子货币进行调节。继续按照已公布的外汇市场汇率浮动区间，对人民币汇率浮动进行动态管理和调节，为增强人民币汇率弹

性，保持人民币汇率在合理、均衡水平上的基本稳定，促进国际收支基本平衡，维护宏观经济和金融市场的稳定，为实现汇率市场化与汇率的自由浮动奠定基础。2007 年 5 月 21 日，中国人民银行决定，银行间即期外汇市场人民币兑美元交易价浮动幅度由±0.3% 扩大至±0.5%。2012 年 4 月 14 日，中国人民银行发布公告，自 2012 年 4 月 16 日起银行间即期外汇市场人民币兑美元交易价浮动幅度由 0.5% 扩大至 1%，即每日银行间即期外汇市场人民币兑美元的交易价可在中国外汇交易中心对外公布的当日人民币兑美元中间价上下 1% 的幅度内浮动。自 2014 年 3 月 17 日起，银行间即期外汇市场人民币兑美元交易价浮动幅度由 1% 扩大至 2%，即每日银行间即期外汇市场人民币兑美元的交易价可在中国外汇交易中心对外公布的当日人民币兑美元中间价上下 2% 的幅度内浮动。

3. 2015 年 8 月 11 日，完善人民币中间价报价

为增强人民币兑美元汇率中间价的市场化程度和基准性，中国人民银行决定完善人民币兑美元汇率中间价报价。自 2015 年 8 月 11 日起，做市商在每日银行间外汇市场开盘前，参考上日银行间外汇市场收盘汇率，综合考虑外汇供求情况以及国际主要货币汇率变化，向中国外汇交易中心提供中间价报价。

2005 年汇率形成机制改革以来，人民币汇率中间价作为基准汇率，对于引导市场预期、稳定市场汇率发挥了重要作用，但人民币汇率中间价偏离市场汇率幅度较大，持续时间较长，影响了中间价的市场基准地位和权威性。我国外汇市场健康发展，金融机构自主定价和风险管理能力增强，人民币汇率预期分化，完善人民币汇率中间价报价的条件趋于成熟。优化做市商报价，有利于提高中间价形成的市场化程度，扩大市场汇率的实际运行空间，更好地发挥汇率对外汇供求的调节作用。

完善人民币汇率中间价报价后，市场需要一段时间的适应与磨合。中国人民银行将密切监测市场，稳定市场预期，确保人民币汇率中间价形成方式的有序完善。未来人民币汇率形成机制改革会继续朝着市场化方向迈进，更大程度地发挥市场供求在汇率形成机制中的决定性作用，促进国际收支平衡。加快外汇市场发展，丰富外汇产品。推动外汇市场对外开放，延长外汇交易时间，引入合格境外主体，促进形成境内外一致的人民币汇率。根据外汇市场发育状况和经济金融形势，增强人民币汇率双向浮动弹性，保持人民币汇率在合理均衡水平上的基本稳定。进一步发挥市场汇率的作用，完善以市场供求为基础、有管理的浮动汇率制度。

## 五、目前世界汇率制度的类型

2009 年 2 月 1 日，国际货币基金组织推出新的汇率分类方法，将汇率安排分为四大类：第一类为硬盯住（hard peg），包括无独立性法定货币安排、货币局制度；第二类为软盯住（soft peg），具体包括传统盯住安排、稳定化安排、爬行盯住安排、类爬行安排、水平区间内盯住安排；第三类为浮动（floatings），具体包括浮动安排、自由浮动；第四类是其他，包括不属于上述三类的汇率安排。

专栏

## 观察人民币汇率要看一篮子货币[①]

长期以来，市场观察人民币汇率的视角主要是看人民币对美元的双边汇率，由于汇率浮动旨在调节多个贸易伙伴的贸易和投资，因此仅观察人民币对美元双边汇率并不能全面把握贸易品的国际比价。也就是说，人民币汇率不应仅以美元为参考，也要参考一篮子货币。汇率指数作为一种加权平均汇率，主要用来综合计算一国货币对一篮子外国货币加权平均汇率的变动，能够更加全面地反映一国货币的价值变化。参考一篮子货币与参考单一货币相比，更能反映一国商品和服务的综合竞争力，也更能发挥汇率调节进出口、投资及国际收支的作用。CFETS 人民币汇率指数的公布，为市场转变观察人民币汇率的视角提供了量化指标，以更加全面和准确地反映市场变化情况。

从国际经验看，汇率指数有的由货币当局发布，如美联储、欧央行、英格兰银行等都发布本国货币的汇率指数；也有的由中介机构发布，如洲际交易所（ICE）发布的美元指数已经成为国际市场的重要参考指标。中国外汇交易中心发布人民币汇率指数符合国际通行做法。2015 年以来，CFETS 人民币汇率指数总体走势相对平稳，2015 年 11 月 30 日为 102.93，较 2014 年年底升值 2.93%。这表明，尽管 2015 年以来人民币对美元汇率有所贬值，但从更全面的角度看人民币对一篮子货币仍小幅升值，在国际主要货币中人民币仍属强势货币。

中国外汇交易中心定期公布 CFETS 人民币汇率指数，将有助于引导市场改变过去主要关注人民币对美元双边汇率的习惯，逐渐把参考一篮子货币计算的有效汇率作为人民币汇率水平的主要参照系，有利于保持人民币汇率在合理均衡水平上的基本稳定。

# 第五节　汇率政策

## 一、汇率政策的概念与追求的目标

### （一）汇率政策的概念

汇率政策（Exchange Rate Policy）是指一国货币当局为达到一定的目的，通过金融法令的颁布、政策的规定或措施的推行，把本国货币与外国货币比价确定或控制在适度水平而采取的政策手段。

汇率政策包含两项主要内容：一是汇率政策所追求的目标；二是贯彻汇率政策所采取的政策手段。

---

① 中国外汇交易中心官网 www.chinamoney.com.cn，阅读时间 2023 年 5 月 20 日。

### （二）汇率政策所追求的目标

汇率政策是一国宏观经济政策所包括的主要内容，其根本目的在于促进本国经济增长、物价稳定、就业增加和维持国际收支的平衡；其直接目标则是：（1）维持本币对外币比价的相对稳定；（2）维持本币国内价值的稳定；（3）促进本国对外贸易的发展，实现本国对外经济贸易发展战略；（4）影响国际资本的流出入。

### （三）实现汇率政策目标的重点工作方向

1. 选择相应的汇率制度

当前各国所采用的汇率制度有固定汇率制、自由浮动、管理浮动和盯住浮动汇率制等。

2. 控制汇率变动幅度

汇率变动对一国国内与国外经济影响重大，在一定时期内把汇率变动控制在一定的界限之内，是实现汇率政策目标的主要内容。一国货币当局控制汇率变动幅度的主要手段有法定贬值（Devaluation）、法定升值（Revaluation）等。

3. 确定适度的汇率水平

把本币与外币的比价确定在适度水平，以贯彻本国宏观经济政策的要求。确定汇率适度水平所采取的手段有本币高估（Overvaluation）、本币低估（Undervaluation）、盯住政策（Pegged Exchange Rate Policy）。

4. 搞好国际协调合作

如签订货币互换协议，联合干预外汇市场以实现汇率政策目标，以及创设货币区等。

## 二、实现汇率政策目标的政策手段

实现汇率政策目标的第一个内容已在前节论述，第四个内容将在后边分析，这里主要对法定贬值、法定升值、本币高估、本币低估、盯住政策的概念、内涵和作用加以分析。

### （一）法定贬值

1. 法定贬值的概念

在纸币流通制度下，当纸币贬值十分严重，旧的黄金平价和汇率不能维持，而且勉强维持会进一步削弱其出口竞争能力、消耗其有限的黄金外汇储备时，该国政府就会颁布法令废除纸币原来已经变得过高的黄金平价和汇率，规定新的、较低的黄金平价和汇率。这种由法律明文规定降低本国货币的金平价，提高以本币所表现的外币价格的措施就叫货币的法定贬值。例如 1971 年 12 月，美元在第二次世界大战后第一次贬值前，美元的黄金平价为 0.888 671 克黄金。美元对黄金贬值 7.89% 后，美元的黄金平价减少为 0.818 513 克黄金。原来美元对英镑的汇率为 1 英镑 = 2.40 美元，美元第一次贬值时，英镑的金平价未变，所以新的美元对英镑的汇率为 1 英镑 = 2.605 7 美元。

2. 固定汇率制度下，法定贬值是抑制进口、扩大出口的机制

在固定汇率制度下，有些国际货币基金组织的成员国往往在出口贸易极其不振、国

际收支和失业问题严重时期，实行法定贬值。它的目的在于利用法定贬值进行外汇倾销（Exchange Dumping），以扩大出口、限制进口、缓和国际收支失衡和失业加剧等问题，使本国垄断集团获得高额利润。所谓外汇倾销就是指在通货膨胀情况下，一国政府利用汇率上涨与物价上涨的不一致，有意提高外汇的行市，使其上涨的幅度快于并大于国内物价上涨的幅度，以便以低于世界市场的价格输出商品，削弱竞争对手，争夺销售市场。

例如，美元对英镑的汇率原为 2.4 美元 = 1 英镑。假定美国国内每吨钢材售价为 240 美元（成本 216 美元，利润 24 美元），美国出口商向英国出口钢材每吨售价为 100 英镑，美国出口商将出口所得的 100 英镑按上述汇率兑换美元，可得 240 美元，获利润 24 美元。假设英国的物价水平未变，而现在美国国内物价上涨 50%，而汇率仍维持 2.4 美元 = 1 英镑，这样，对美国的出口商将产生不利的后果。因为美国国内物价上涨 50% 后，每吨钢材在美国国内售价上涨至 360 美元（成本 324 美元，利润 36 美元），但出口到英国仍卖 100 英镑，按 2.4∶1 的汇率只能换回 240 美元，美国出口商每出口一吨钢材要亏损 84 美元（成本 324 美元－售价 240 美元）。这当然要影响美国的出口，导致减产，甚至导致生产停滞。在此情况下，美国政府一般会采取货币的公开贬值措施，将以美元所表示的英镑的价格至少提高 50%，即由 2.4 美元 = 1 英镑，提高至 3.6 美元 = 1 英镑，美国出口商才不致亏本。如果美国将美元对英镑的价格调高的幅度大于国内物价上涨的幅度，如调高 100%，则美元与英镑的兑换比例即为 4.8 美元 = 1 英镑，在此情况下，美国出口商向英国出口钢材虽然每吨仍卖 100 英镑，但按 4.8 美元 = 1 英镑的新汇率折算，可获得 480 美元，扣除每吨钢材成本 324 美元后，仍有利润 36 美元和超额利润 120 美元。为了扩大出口，夺取英国销售市场，美国出口商可降低在英国的钢材售价，每吨不卖 100 英镑，只卖 90 英镑，这就有可能削弱其他竞争对手，将他们排挤出英国市场。美国出口商以每吨 90 英镑的价格在英国出售钢材后，按 4.8∶1 的汇率，仍可换回 432 美元，扣除成本 324 美元，利润 36 美元后，仍可得超额利润 72 美元。有些发达国家常常有意利用货币公开贬值，进行外汇倾销，作为获取高额垄断利润、争夺销售市场的一种手段。

货币公开贬值后，进口商品的价格就要上涨，所以它起着抑制进口、改善国际收支的作用。如上例，美元公开贬值前，在英国国内售价为 100 英镑的机器，运抵美国后的售价折合为 240 美元。美元公开贬值，其汇率由 2.4 美元 = 1 英镑，调高至 4.8 美元 = 1 英镑后，这台机器的美国售价一定要提高到 480 美元，英国出口商才不会减少收入。由于英国机器在美国市场售价过高，对美国来讲自然具有限制进口、增加本国商品在国内市场销售的作用。

一国货币法定贬值后，获得扩大出口的利益，其他国家会立即仿效，也随之采取公开贬值的措施，在市场争夺战中进行反击。各国货币公开贬值的过程，也就是他们进行货币战的过程。

1973 年发达国家实行浮动汇率制后，各国不再公布金平价，不再采取公开贬值的形式，但他们通过干预或放弃干预外汇市场，有意使本币对外汇率的下浮幅度大大超过本国物价的上涨幅度，同样可以达到扩大出口、抑制进口、在固定汇率制下公开贬值的作用。20 世纪 90 年代某些时期，美国货币当局曾不断采取这种手法，以达到加强本国出口竞争能力、抑制从德国和日本进口的目的。此外，在欧洲货币体系内参加汇率机制的某些成员国，由于本国通货膨胀严重，也宣布公开贬值，变更与其他成员国之间的货币比价。

3. 法定贬值（下浮）改善贸易收支的局限性

如前所述，货币的法定贬值虽一般具有扩大出口的作用，但也有一定的局限性，即受需求弹性的限制。一般而言，工业制成品，特别是高档消费品的需求弹性大，初级产品则需求弹性小。发达国家的出口商品以工业制成品为主，货币法定贬值的机制作用大；发展中国家出口商品以初级产品为主，货币法定贬值的机制作用小。此外，贬值的扩大出口作用还受 J 曲线效应的制约。

### （二）法定升值

1. 法定升值的概念

在固定汇率制度下，个别通货膨胀程度较轻、国际收支在一定时期内出现顺差的国家，在其他国家的影响与压力下，用法律明文规定提高本币的金平价，降低以本币所表示的外币的价格就叫货币的法定升值。如当时的联邦德国政府在 1969 年 10 月，把马克的金平价由 0. 222 168 克黄金提高到 0. 242 806 克，马克对美元的汇率也相应由 1 美元 =4 马克，改为 1 美元=3. 66 马克，增值幅度为 8. 5%。

2. 法定升值的原因

一国的国际收支发生顺差，则外汇供过于求，引起以本币所表示的外币价格的下跌。在外币汇率跌到官定下限时，该国货币当局就抛出本币，收购外币进行干预，以把汇率控制在官定的下限之上。大量外币的涌进，虽可增加外汇储备，但因兑换外币而在流通领域中投放的本币也必然随之增加，反而会加剧其通货膨胀。因此，某些发生国际收支顺差的国家，在特定的条件下，就采取货币升值的措施，调低本币与外币的兑换比例，以抑制外国货币的大量流入，缓和本国的通货膨胀。

3. 法定升值的作用

货币法定升值，一般对本国出口贸易不利，而且还会促进进口增加，所以西方国家都尽量避免。但是，法定升值可使本国货币进一步坚挺，提高其威信和地位，扩大在国际范围的支付与影响，降低对外投资成本，鼓励资本流出。

1973 年，西方国家实行浮动汇率制度以后，一些国家的货币在一定时期内保持上浮趋势，同样具有货币法定升值的作用。如在 20 世纪 90 年代的一定时期，德国马克和日元对美元急剧上浮，对德国、日本出口不利，因此德国、日本和美国的货币当局在一定条件下，联合干预国际外汇市场，以减少对各自的不利影响。

### （三）本币高估

1. 本币高估的概念

本币高估也称汇率高估，即一国政府为了实现其汇率政策目标，超过本币的实际价值或国内与国外通货膨胀率差异的幅度，而人为地提高本币的对外汇率。

2. 本币高估对发达国家的作用

总的来讲，一国本币高估有利于进口，不利于出口；有利于输入劳务，不利于输出劳务；有利于资本输出，不利于资本输入。现以第二次世界大战后美元高估的具体情况，说明对美国的作用。

第二次世界大战后的美国通过国际货币基金组织规定其他国家的货币必须与美元建立固定比价关系，这时美元的金平价仍沿袭1934年确定的1美元等于0.888 671克纯金和1盎司黄金等于35美元的官价水平。据有关资料证明，由于美国在第二次世界大战期间通货膨胀严重，1945年年底美元的购买力只等于1934年的75%。将战后的美元恢复到1934年的平价，显然也是高估了其本身的实际价值。美元在高估本身实际价值的情况下，确定与其他国家的货币比价，便于美国的垄断资本对外扩张。

（1）美元的高估是为了建立金融霸权。第二次世界大战后美元的高估，为的是进一步排挤英镑，建立美元的霸权地位。美元的高估，实际即黄金“价格”的低估，在第二次世界大战后西方国家普遍存在“美元荒”的情况下，便于美国以贱价搜刮黄金。

（2）美元的高估使美国垄断资本能以较低廉的价格购买外国企业，进行对外投资，加强对外国经济的控制。

（3）美元的高估使美国垄断资本能以较低廉的价格搜刮原料。因美国在国外采购原料，其价格以出口国家的货币计算，美元的高估可使其支付较少的美元；而初级产品出口国家想从美国进口，就要输出更多的商品。

（4）美元的高估进一步加强了美国垄断资本对债务国的控制，加重了他们的债务负担。

当然，汇率的高估也有其不利的一面。如第二次世界大战后美元高估，到20世纪60年代后，日益给美国带来不利影响，削弱了出口商品的竞争力，成为国际收支逆差加重的一个因素。在改善美国商品竞争力与维持美元威信的两线作战中，美国不得不于1971年与1973年两次将美元进行贬值。贬值后的美元，本身价值仍然偏高，因此，在实行浮动汇率后的一段时间内，其实际价值还在不断下降。20世纪90年代，美元不断下浮，日元不断上浮，使日本对美国投资处于有利地位，日本大量购买美国债券、房地产等，对美国进行投资。

3. 本币高估对发展中国家的作用

一些发展中国家常常利用本币高估，以实现其“进口替代”的对外经济发展战略。由于这些国家所建立的进口替代工业，多为制造最终产品工业部门，因而其所需的机械设备、中间产品和优质原材料，还需依靠进口加以解决。本币高估则使上述物资的进口价格变得相对低廉，这实质上是对进口部门的一种补贴，有助于发展中国家进口替代工业的建立和发展。然而，实行本币高估也会对发展中国家带来不利影响：第一，由于进口制成品价格相对便宜，不利于本国进口替代部门的民族工业的发展；第二，由于进口价格低廉，致使一般消费品涌入，导致国际收支出现逆差。所以，在一些实行本币高估的发展中国家，在汇率高估的同时，对消费品和非必需制成品的进口征收高关税，规定配额，发放进口许可证，有时实行外汇管制。然而这种做法的最终结果，将导致国内价格扭曲，不利于本国经济的健康发展。因此，一国不能长期实行本币高估政策。

### （四）本币低估

1. 本币低估的概念

本币低估也称汇率低估，即一国政府为了实现其汇率政策目标，以低于本币实际价值或国内与国外通货膨胀的差异幅度，而人为地低估本币，降低本币的对外汇率。

2. 本币低估的作用

与本币高估相反，本币低估的作用在于有利于出口，不利于进口；有利于劳务输出，不利于劳务输入；有利于资本流入，不利于资本流出。本币低估与法定贬值作用相似，具体讲：一可促进外汇流入；二可促进出口；三可抑制进口；四可促进发展中国家推行“出口导向”对外经济发展战略的实现。有些发展中国家推行“出口导向”对外经济发展战略，实行低关税、低估汇率的双重政策。低关税政策可避免其他国家对其出口产品征收高关税，低估汇率可以降低出口商品价格，提高本国出口商品竞争能力。巴西于20世纪六七十年代，将过去实行的“进口替代”战略转变为“出口导向”战略，就是实行不断贬值的低汇率政策，促使出口增加，发展本国经济。

### （五）盯住政策

1. 盯住政策的概念

一国货币按固定比价同某一与其经济联系密切国家的货币或综合货币单位相联系，并通过这个比价换算该国货币与其他外币之间的汇率即为盯住政策。

2. 盯住政策的类型

盯住政策主要有两种类型：(1)可调整的盯住政策（Adjustable Peg），即一国货币和另一国货币比价一般保持不变，但在必要时，根据具体情况予以调整；(2)爬行的盯住政策（Crawling Peg），即一国货币和另一主要储备货币（或综合货币单位），在一段时间内保持固定比价，但每隔一定时期进行小幅度调整。

## 三、干预外汇市场

一国货币当局在利用各种政策手段的同时，还必须采取干预外汇市场（Foreign Exchange Market Intervention）的方式才能实现汇率政策所追求的目标。

### （一）干预外汇市场的概念

干预外汇市场即一国货币当局基于本国宏观经济政策和外汇政策的要求，为控制本币与外币的汇率变动，而对外汇市场实施直接的或间接的干预活动，以使汇率的变动符合本国的汇率政策目标。

### （二）干预外汇市场的主要目的

干预外汇市场的主要目的是：（1）阻止短期汇率发生波动，避免外汇市场混乱；（2）减缓汇率的中长期变动，实行反方向干预，调整汇率的发展趋势；（3）使市场汇率波动情况不致偏离一定时期的汇率目标区；（4）促进国内货币政策与外汇政策的协调推行。

### （三）干预外汇市场的方式

干预外汇市场的方式主要分为直接干预和间接干预两种方式。直接干预指货币当局直接参与外汇市场的买卖，通过在外汇市场上买进或卖出外汇来影响本币的对外汇率。间接干预主要指通过一国货币政策或财政政策的推行，影响短期资本流出入，从而间接影响外汇市场供求状况和汇率水平。

如果从干预外汇市场的动机角度来划分，又可分为积极干预和消极干预。积极干预指一国货币当局为使外汇市场的汇率水平接近本国所设定的水平目标而主动在外汇市场进行操作。消极干预指外汇市场已发生急剧波动，偏离本国设定的汇率水平，货币当局采取补救性干预措施。

一国货币当局若要在外汇市场进行干预，则需保有一定数量的能在外汇市场进行买卖的外国货币，这类货币称为干预货币（Intervention Currency）。具备干预货币的条件为：（1）国际上被广泛使用和接受的货币；（2）国际贸易中广泛使用的结算和支付货币；（3）国际外汇市场主要买卖对象；（4）可自由兑换的货币。

干预外汇市场的资金来源主要是各国设立的“外汇平准基金”，发达国家各国间的“货币互换协议”（Swap Agreement）所提供的备用信贷或各国中央银行从国外的借款等。

## 四、联合干预

联合干预是指西方国家货币当局在外汇市场采取联合干预措施，以影响主要储备货币汇率变化的状况和走势的联合协调行动。最早的联合干预可追溯到20世纪60年代美元危机时西方国家建立的“黄金总库”“互换信贷协议”和“借款总安排”等。

在浮动汇率制度下，西方国家联合干预是从1975年8月西方六国朗布依埃首脑经济会议开始的。该会议就外汇市场干预问题达成协议，允许各国在浮动汇率制度下进行日常干预，并强调西方国家在这方面一定要进行合作。在以后1982年的七国首脑会议上还设立了一个“联合进行外汇干预行动计划与有关问题”的研究机构，重申两个或更多的国家进行协调一致的干预，将比单个国家进行干预更为有效。20世纪八九十年代及21世纪初，主要储备货币在外汇市场剧烈波动时，各方在妥协的情况下不断进行联合干预，收到了一定的效果。2008年3月，由于美国次贷问题引起的金融动荡导致美元迅速走低时，美国、欧盟和日本的货币当局又一次达成秘密协议，联合干预市场，以防市场混乱和美元的进一步暴跌。

## 本章习题

### 一、名词解释

直接标价法　间接标价法　美元标价法　买入汇率　卖出汇率　汇率制度　固定汇率制　浮动汇率制

## 二、简答题

1. 纸币流通制度下影响汇率的因素主要有哪些？
2. 简述一国货币贬值对该国经济的影响。
3. 简述固定汇率制度和浮动汇率制度的优缺点。
4. 简述当前人民币汇率制度的内容及特点。
5. 简述中国香港联系汇率制度的特点。

# 第三章　外汇业务和汇率折算

## 本章摘要

外汇市场是进行外汇买卖和调剂外汇余缺的交易场所，它的运作对国际经济与金融起着重大的作用与影响。各国外汇市场经营的外汇业务主要有即期、远期、套汇、择期、掉期和投机业务等，不同业务间均有严格界定、规范要求及约定俗成的计算技术。在第二节我们将通过案例对各种业务的机制作用详加剖析。外汇买卖与业务的运用，牵涉到货币折算，包括：本币/外币间的折算、不同外币之间的折算以及运用即期、远期汇率做好进出口报价工作，本章均通过具体案例加以示范。

本章业务性、技术性和操作性较强，主要问题是了解掌握各种外汇业务的机制作用；核心问题是学会计算，如不同市场远期汇率的计算方法、各种货币之间的折算以及即（远）期汇率与进出口报价的计算方法等。

**关键词：** 外汇市场　　即期外汇业务　　远期外汇业务　　套汇　　掉期　　择期

学完本章，你需要掌握：

- 外汇市场和各种外汇业务的概念
- 远期、择期、掉期业务的内容和机制作用
- 汇率折算
- 远期汇率与进出口报价

## 第一节　外汇市场

### 一、外汇市场的概念

外汇市场（Foreign Exchange Market）是指由经营外汇业务的银行、各种金融机构以及公司与个人进行外汇买卖和调剂外汇余缺的交易场所。在外汇市场进行外汇交易的主要是经营外汇业务的银行，它们在经营外汇业务中，不可避免地要出现买进与卖出外汇之间的不平衡情况。如果卖出多于买进，则为“空头”（Short Position）；如果买进多于卖出，则为“多头”（Long Position）。商业银行为避免因汇率波动造成损失，故在经营外汇业务时，常遵循“买卖平衡”的原则。具体来说，就是对每种外汇，如果出现“多头”，则将多余部分的外汇卖出；如果出现“空头”，则将短缺部分的外汇买进。当然，这并不意味着商业银行在买卖外汇以后，立即进行平衡。它们根据各市场金融情况、本身的资金实力以及对汇率变动趋势的预测，或者决定立即平衡，或者加以推迟；推迟平衡时即进行外汇投机（Speculation）。

## 二、外汇市场的参与者

### （一）外汇银行

作为外汇市场的主体，外汇银行通常包括专营或兼营外汇业务的本国商业银行、在本国的外国银行分行或代办处以及其他金融机构。

### （二）外汇经纪人

在外汇市场上进行买卖的主要是商业银行，交易频繁，金额很大。为了促进它们之间的交易，出现了专门从事介绍成交的外汇经纪人（Foreign Exchange Broker），它们自己不买卖外汇，而是依靠同外汇银行的密切联系和对外汇供求情况的了解，促进双方成交，从中收取手续费（Brokerage）。目前这项业务已为大经纪商所垄断，它们是公司或合伙的组织，规模很大，其利润十分可观。而大型商业银行为了节省手续费，愈来愈倾向于彼此直接成交，故它们与外汇经纪人存在着尖锐的矛盾。还有一种外汇经纪人叫“跑街”（Running Broker），专代顾客买卖外汇以赚取佣金，它们利用通信设备活跃于银行、进出口厂商、贴现商（Discount House）等机构之间，促进外汇买卖双方成交。

### （三）一般客户

在外汇银行进行外汇交易的个人和公司都是外汇市场的一般客户，根据参与外汇交易的目的不同，一般客户大致可以分为交易性的客户、保值性的客户和投机性的客户三大类。

### （四）中央银行

中央银行作为一国行使金融管理和监督职能的专门机构，基于管理外汇市场的重任，经常需要参加外汇市场的交易来干预市场，把汇率保持在目标水平上。

## 三、外汇市场的类型

根据外汇市场的构成因素和业务特点，可以从不同角度对外汇市场进行分类。

### （一）零售市场和批发市场

按市场参加者不同，外汇市场可以划分为零售市场（Retail Market）和批发市场（Wholesale Market）。前者是由外汇银行、个人和公司客户之间交易构成的外汇市场，其交易规模较小，但每天交易总量也是很大的；后者指银行同业之间买卖外汇形成的市场，每天成交金额巨大。根据国际清算银行公布的数据，2022 年 4 月全球外汇市场（场外市场）非金融机构交易占比为 5.7%，与 2019 年 4 月相比下降了 1.5 个百分点。①

### （二）柜台市场和交易所市场

按市场组织形式不同，外汇市场可以划分为柜台市场（又称无形市场）和交易所市场（又称有形市场）。前者指没有固定场所，外汇买卖双方无需面对面进行交易，而通过电子计算机、信息网络同经营外汇的机构进行联系以达成外汇交易的市场，也称场外市场，像纽约外汇市场、伦敦外汇市场、苏黎世外汇市场都采取这种形式 。根据国际清算银行 2022 年公布的调查数据，2022 年 4 月场外交易市场日均外汇交易量为 7.5

---

① 数据来源：国际清算银行官网 www.bis.org。

万亿美元，创历史最高水平；场外市场占全部外汇交易量的98%。[①] 后者指有具体、固定的交易场所进行外汇交易的市场，也称场内市场。在具有固定外汇交易所的欧洲大陆国家，大部分当地的外汇交易和全部国际性外汇交易也还通过柜台市场进行。交易所市场一般办理小部分当地的现货交易。

由于现代通信技术的发展和全球性外汇交易网络的形成，全球各地区外汇市场能够按世界时区相互衔接，从而形成了24小时不间断交易的全球性的外汇市场。目前各主要国际金融中心，如欧洲的伦敦、法兰克福、苏黎世、巴黎，北美洲的纽约、旧金山，亚洲的中国香港、新加坡和东京等都是重要的外汇市场，国际清算银行2022年的调查数据显示，在2022年4月英国、美国、新加坡、中国香港和日本继续仍为全球前五大外汇市场，英国作为全球最大的外汇市场，占全球营业额的38%。[②]

外汇市场的存在与营运，在当前国际经济金融领域中起着重大作用。首先，它促进了经济国际化的进一步发展，加速了世界经济一体化的形成；其次，它有利于国际资金周转与国际资本流通，促进国际经济合作；再次，它是国际金融与国际资本流动发展趋势的晴雨表，通过它便于掌握国际金融的发展动向，制定并调整各国对外经济发展的战略与策略；最后，它也是国际外汇投机的温床，是国际金融市场潜在的重要的不稳定因素。

专栏

## 外汇市场支持企业汇率风险管理的条件不断成熟[③]

2021年，我国外汇市场交易量达36.9万亿美元，较2005年增长近27倍。国际清算银行2022年调查显示，目前中国外汇市场是全球第十大市场，人民币是全球外汇市场第五大交易货币，外汇市场的健康有序发展夯实了服务涉外经济主体管理汇率风险的基础。

外汇市场产品日益丰富。目前我国外汇市场已具备即期、远期、掉期、期权等国际成熟产品体系，能够满足市场主体多样化的汇兑和汇率避险保值需求。银行间外汇市场的可交易货币由2005年前的美元、欧元、日元、港元、英镑5种外币扩大至29种发达和新兴市场经济体货币。银行柜台外汇市场的挂牌货币超过40种，基本涵盖了我国跨境收支的结算货币。

外汇市场基础设施提质增效。目前银行间市场已具有国际市场主流和多元化的交易清算机制，交易模式可选择集中竞价、双边询价和双边授信下集中撮合三种电子交易模式以及货币经纪公司的声讯经纪服务，清算方式可选择双边清算或中央对手集中清算。

① 数据来源：国际清算银行官网 www. bis. org。

② 数据来源：国际清算银行官网 www. bis. org。

③ 资料来源：《中国金融稳定报告2022》，中国人民银行金融稳定分析小组编，中国金融出版社2023年1月第1版。

同时，交易后确认、冲销、报告等业务也广泛运用于银行间市场，提升了市场运行效率和风险防控能力。

外汇市场参与主体点多面广。截至2021年末，具有即期结售汇和衍生品业务资格的银行分别为515和124家，可对境内外机构和个人提供人民币对外汇交易，有效满足市场主体的真实合理外汇需求。银行间外汇市场已形成境内外各类机构并存、以境内银行为主的格局，参与机构总计764家，其中非银行金融机构112家。

外汇市场对外开放持续推进。随着金融市场对外开放和人民币国际化稳步推进，境外央行、人民币业务清算行、人民币购售业务参加行等境外机构有序进入境内市场。截至2021年末，共有131家境外机构成为银行间外汇市场会员。同时，为更好吸引国际投资者进入境内资本市场，允许银行间债券市场境外投资者参与境内外汇衍生品市场，为"债券通"、合格境外机构投资者（QFII）、人民币合格境外机构投资者（RQFII）等境外投资者提供配套汇率避险服务，外汇市场与债券市场、股票市场对外开放形成良性互动。

## 第二节 外汇业务

国际经济贸易交往中所发生的债权、债务，进出口商及其他关系人都通过银行买卖外汇来进行结算。各国外汇市场所经营的外汇业务多种多样，进出口商及其他关系人可根据进出口业务和信贷投资的具体内容与要求，利用不同的外汇业务形式，结算彼此之间的债权、债务；商业银行也运用不同的外汇业务，调拨外汇资金，轧平头寸。

### 一、即期外汇业务

即期外汇业务（Spot Exchange Transaction）是在外汇买卖成交以后，原则上两个工作日内办理交割（Delivery）的外汇业务。即期外汇业务是外汇市场上最常用最基本的一种交易方式。

#### （一）电汇

电汇即汇款人向当地外汇银行交付本国货币，由该行用电信方式通知国外分行或代理行立即付出外币。

在浮动汇率制度下，由于汇率不稳，经常大幅度波动，而电汇由于付外汇的时间较短，一定程度上可减少汇率波动的风险，因此，出口商在贸易合同中常要求进口商以电汇付款，在实践中，出口商常要求进口商开出带有电报索汇条款的信用证。即开证行允许议付行在议付后，以电报通知开证行，说明各种单证与信用证要求相符；开证行在接到上述电报后有义务立即将货款用电汇划拨给议付行。由于电信方式比邮寄快，因此附带电报索汇条款的信用证能使出口商尽快收回货款，加速其资金周转，减少外汇风险。这就是电汇在出口结算中的具体运用。此外，商业银行在平衡外汇买卖、调拨外汇时，投机者在进行外汇投机时，也都使用电汇。电汇的凭证就是外汇银行开出的具有密押（Test Key）的电报付款委托书。

电汇方式下，银行在国内收进本国货币、在国外付出外汇的时间相隔不过一两日。由于银行不能利用顾客的汇款，而国际电报费又较贵，所以电汇汇率最高。目前，电汇汇率已成为外汇市场的基本汇率，其他汇率都以电汇汇率为计算基础。

（二）信汇

信汇是指汇款人向当地银行交付本国货币，由银行开具付款委托书，用航邮寄交国外代理行，办理付出外汇业务。

在进出口贸易合同中，如果规定凭商业汇票"见票即付"，则由议付行把商业汇票和各种单据用信函寄往国外收款，进口方银行见汇票后，用信汇（航邮）向议付行拨付外汇，这就是信汇方式在进出口结算中的运用。进口商有时为了推迟支付货款的时间，常在信用证中加注"单到国内，信汇付款"条款。这不仅可以避免占压本身的资金，而且可以在国内验单后付款，保证进口商品的质量。

信汇凭证是信汇付款委托书，其内容与电汇委托书内容相同，只是汇出行在信汇委托书上不加注密押，而以负责人签字代替。

（三）票汇

票汇是指汇出行应汇款人的申请，开立以汇入行为付款人的汇票，列明收款人的姓名、汇款金额等，交由汇款人自行寄送给收款人或亲自携带出国，以凭票取款的一种汇款方式。票汇的凭证即银行汇票。票汇的特点之一是汇入行无须通知收款人取款，而由收款人上门自取；特点之二是收款人通过背书可以转让汇票，到银行领取汇款的，很可能不是汇票上列明的收款人本人，而是其他人。因此，票汇牵涉到的当事人可能较多。

在国际贸易实务中，进出口商的佣金、回扣、寄售货款、短（溢）装货款、小型样品与样机、展品出售和索赔等款项的支付，常采取票汇方式。

采用信汇和票汇业务时，银行收到顾客交来的款项以后，经过两国间邮程所需要的时间，才在国外付出外汇，在此期间，银行利用了顾客的汇款，有利息收益。因此，信汇和票汇的汇率低于电汇汇率，差额大致相当于邮程期间的利息。当前，国际邮件多用航邮或快件，邮程时间大大缩短，因而信汇、票汇汇率和电汇汇率的差额也已缩小。

## 二、远期外汇业务

### （一）远期外汇业务的概念及作用

远期外汇业务（Forward Exchange）即预约购买与预约出卖的外汇业务，亦即买卖双方先行签订合同，规定买卖外汇的币种、数额、汇率和将来交割的时间，到规定的交割日期，再按合同规定，卖方交汇，买方付款的外汇业务。

在出口商以短期信贷方式卖出商品、进口商以延期付款方式买进商品的情况下，从成交到结算这一期间对他们来讲都存在着一定的外汇风险。因汇率的波动，出口商的本币收入可能比预期的数额减少，进口商的本币支付可能比预期的数额增加。在国际贸易实务中，为了减少外汇风险，有远期外汇收入的出口商可以与银行订立卖出远期外汇的合同，一定期间以后按签约时规定的价格将其外汇收入出卖给银行，从而防止汇率下跌，在经济上遭受损失。有远期外汇支出的进口商也可与银行签订购买远期外汇合同，一定期间以后，按签约时规定的价格向银行购买规定数额的外汇，从而防止汇率上涨而增加成本负担。此外，由于远期外汇买卖的存在，也便于有远期外汇收支的出口商和进口商核算其出、进口商品的成本，匡算利润，确定销售价格。

### （二）远期外汇市场的参与者

在外汇市场上，购买远期外汇的除有远期外汇支出的进口商外，还有负有短期外币债务的债务人、输入短期资本的牟利者，以及对于远期汇率看涨的投机商等。卖出远期外汇的除有远期外汇收入的出口商以外，还有持有不久到期的外币债权的债权人、输出短期资本的牟利者，以及对于远期汇率看跌的投机商等。

远期外汇业务的期限按月计算，一般为 1 个月到 6 个月，也可以长达 1 年，通常为 3 个月。在外汇市场上远期外汇业务可以延期交割，也可以在规定的期限内，由买方或卖方选择交割日期等。在利用远期外汇业务进行投机时，买方或卖方常常不进行实际交割，而是根据到期时汇率的涨跌，收付盈亏的金额，以结束远期外汇交易。

### （三）远期汇率的标价方法

远期汇率的标价方法主要有两种：一种是直接标出远期外汇的实际汇率，瑞士和日本等国家采用这种方法；另一种是只标出远期汇率与即期汇率的差额，不标出远期汇率的实际金额。在外汇市场上以升水（Premium）、贴水（Discount）和平价（Par）来表明远期汇率与即期汇率的差额。升水表示远期外汇比即期外汇贵，贴水表示远期外汇比即期外汇便宜，平价表示两者相等。

由于汇率的标价方法不同，计算远期汇率的原则也不相同。在间接标价法下，升水时的远期汇率等于即期汇率减去升水数字；贴水时等于即期汇率加上贴水数字；平价则不加不减。如在伦敦外汇市场，即期汇率为 1 英镑 = 1.460 8 美元，3 个月美元远期外汇升水 0.51 美分，则 3 个月美元远期汇率为 1 英镑 = 1.460 8−0.005 1 = 1.455 7 美元。如 3 个月美元远期外汇贴水 0.51 美分，则 3 个月美元远期汇率为 1 英镑 = 1.460 8+0.005 1 = 1.465 9 美元。

在直接标价法下，升水时的远期外汇汇率等于即期汇率加上升水数字；贴水时等于即期汇率减去贴水数字。例如，在哥本哈根，外汇市场美元的即期汇率为 1 美元 = 5.881 4 丹麦克朗，3 个月美元远期外汇升水 0.26 欧尔①，则 3 个月美元远期外汇汇率为 1 美元 = 5.881 4+0.002 6 = 5.884 0 丹麦克朗。如 3 个月美元远期外汇贴水 0.26 欧尔，则 3 个月美元远期汇率为 1 美元 = 5.881 4−0.002 6 = 5.878 8 丹麦克朗。

此外，在银行之间远期汇率还有一种标价方法，即以点数（Points）来表示。所谓点数就是表明货币比价数字中的小数点以后的第 4 位数②。在一般情况下，汇率在一天

---

① 1 丹麦克朗 = 100 欧尔。

② 以点数标示日元时，100 个点为 1 日元。

内也就是在小数点后的3位数变动，也即变动几十个点，不到100个点。表示远期汇率的点数有两栏数字，分别代表买入价与卖出价，直接标价法买入价在先，卖出价在后；间接标价法则反之。国际市场的美元标价法与非美元标价法也是买入价在前，卖出价在后。如远期汇率下第一栏点数大于第二栏点数，其实际远期汇率的计算方法则从相应的即期汇率减去远期的点数；如远期汇率第一栏点数小于第二栏点数，其实际远期汇率的计算方法则在相应的即期汇率上再加上远期的点数。直接标价法、间接标价法以及国际市场上的美元标价法与非美元标价法均按此原则计算。

例如，在纽约外汇市场

| | 即期汇率 | 3个月远期 |
|---|---|---|
| 美元/瑞士法郎 | 1.508 6～91 | 10～15 points |

瑞士法郎兑美元远期汇率的点数为10～15，第一栏点数小于第二栏点数，故实际远期汇率数字应在相应的即期汇率数字上加上远期点数，即

| | |
|---|---|
| 1.508 6 | 1.509 1 |
| +) 0.001 0 | +) 0.001 5 |
| 1.509 6 | 1.510 6 |

又如，国际市场报出非美元标价法

| | 即期汇率 | 1个月远期 |
|---|---|---|
| 英镑/美元 | 1.640 0～10 | 8～16 points |

英镑兑美元远期汇率的点数为8～16，第1栏点数小于第2栏点数，故实际远期汇率应在相应的即期汇率数字上分别加上远期点数，即：

| | |
|---|---|
| 1.640 0 | 1.641 0 |
| +) 0.000 8 | +) 0.001 6 |
| 1.640 8 | 1.642 6 |

（四）远期汇率与利率的关系

远期汇率与利率的关系极为紧密，在其他条件不变的情况下，一种货币对另一种货币是升水还是贴水，升水或贴水的具体数字以及升水或贴水的年率（Annual Rate），受两种货币之间的利息率水平与即期汇率的直接影响。

1. 远期外汇是升水还是贴水，受利息率水平的制约

在其他条件不变的情况下，利率低的国家的货币远期汇率会升水，利率高的国家的货币远期汇率会贴水。为什么一定会发生这种情况呢？如前所述，银行经营外汇业务必须遵守的一条原则，就是买卖平衡原则，即银行卖出多少外汇，同时要补进相同数额的外汇。假设英国某银行卖出远期美元外汇较多，买进远期美元外汇较少，二者之间不能平衡。该银行必须拿出一定的英镑现汇，购买相当于上述差额的美元外汇，将其存放于美国有关银行，以备已卖出的美元远期外汇到期时办理交割。这样，英国某银行就要把它的一部分英镑资金兑成美元，存放在纽约。如果纽约的利率低于伦敦，则英国某银行将在利息上受到损失。因此，该银行要把由于经营该项远期外汇业务所引起的利息损失，转嫁给远期外汇的购买者，即客户买进远期美元的汇率应高于即期美元的汇率，从而发生升水。

现举例说明如下：假设英国伦敦市场的利息率（年利）为 9.5%，美国纽约市场的利息率（年利）为 7%，伦敦市场的利息率比纽约市场高 2.5 个百分点，伦敦市场的美元即期汇率为 1 英镑＝1.96 美元。英国银行卖出即期美元外汇 19 600 美元，向顾客索要 10 000 英镑；如果它出卖 3 个月期的美元远期外汇 19 600 美元，由于该行未能同时补进 3 个月期的美元远期外汇，则它不能只向顾客索要 10 000 英镑，而要 10 062.5 英镑。因为该行未能补进 3 个月远期美元外汇，它必须动用自己的资金 10 000 英镑，按 1 英镑：1.96美元的比价购买 19 600 美元即期外汇，存放在美国纽约的银行，以备 3 个月后向顾客交割。这样，英国某银行要有一定的利息损失，因为英镑资金存在英国有 9.5% 的利息收入，而存在美国只有 7% 的利息收入，利差损失 2.5%。存款期限 3 个月的具体利息损失金额是：

$$10\ 000\text{ 英镑}\times\frac{9.5-7}{100}\times\frac{3}{12}=62.5\text{ 英镑}$$

这时，该银行理所当然地要将 62.5 英镑的利息损失转嫁给购买 3 个月远期美元外汇的顾客，即顾客要支付 10 062.5 英镑才能买到 3 个月远期美元 19 600 美元，而不像购买即期外汇那样只支付 10 000 英镑即可购买即期 19 600 美元。那么，英国某银行向顾客出卖 3 个月远期美元的具体价格是多少呢？每 1 英镑能买到 3 个月远期美元的具体数字应是：

10 062.5 英镑：19 600 美元＝1 英镑：X 美元

X＝1.947 826 美元

所以，在英国伦敦市场美元即期汇率 1 英镑＝1.96 美元，伦敦市场利息率为 9.5%，纽约市场利息率为 7% 时，在伦敦市场 3 个月美元远期汇率应为 1.947 8 美元，即比即期汇率升水 1.2 美分。

由此可见，远期汇率、即期汇率和利息率三者之间的关系是：（1）其他条件不变，两种货币之间利率水平较低的货币，其远期汇率为升水，利率较高的货币为贴水。（2）远期汇率和即期汇率的差异决定于两种货币的利率差异，并大致和利率的差异保持平衡。

2. 远期汇率升水、贴水的具体数字可从两种货币利率差与即期汇率中推导计算

远期汇率、即期汇率与利率存在着内在的联系，上例根据英镑与美元的利率、即期汇率，可以推算出英镑对美元的远期汇率，如果将其进一步推导，可以从即期汇率、两种货币的利率差异中，计算出一种货币对另一种货币升水与贴水的具体数字，其公式为：

$$\begin{array}{c}\text{升水（或贴水）}\\\text{的具体数字}\end{array}=\text{即期汇率}\times\text{两地利率差}\times\frac{\text{月数}}{12}$$

如上例，英国某银行 3 个月美元远期外汇升水的具体数字应为：

$$1.960\ 0\times\frac{9.5-7}{100}\times\frac{3}{12}=1.2\text{（美分）}$$

伦敦市场3个月远期美元外汇的实际价格应为：

1英镑=1.960 0美元-0.012美元=1.948 0美元

3. 升水（或贴水）的年率也可从即期汇率与升水（贴水）的具体数字中推导计算

一种货币对另一种货币升水（或贴水）的具体数字不便于比较，不能直接指明其高于或低于即期汇率的幅度，折成年率就便于比较了。升水（或贴水）具体数字折年率的公式是这样推导的。

$$\text{升水（或贴水）具体数字折年率}=\frac{\dfrac{\text{升水（或贴水）具体数字}}{\text{即期汇率}}}{\dfrac{\text{月数}}{12}}=\frac{\text{升水（或贴水）具体数字}\times 12}{\text{即期汇率}\times\text{月数}}$$

如上例，3个月远期美元外汇升水为1.2美分，代入公式则升水具体数字折年率为：

$$\frac{0.012\ 0\times 12}{1.96\times 3}=2.4\%$$

如果由于贸易和投资的关系，市场上对英镑远期外汇的需求增加，英镑远期汇率上升，也即美元对英镑远期外汇的升水减少，如上例3个月美元远期外汇减为升水1美分，其升水数字折年率为2%。如果美元远期外汇升水仅合年率2%，而伦敦、纽约两地利率差为年率2.5%，国际资金的投机者会在即期外汇市场以美元买英镑，将英镑存放英国，以求获得较高的利息收入。与此同时，为防止英镑存款到期后的外汇风险，他们在购买英镑现汇进行存款的同时，在远期外汇市场上，再卖出远期英镑，购买期限相同、与英镑金额等值的远期美元。因此，引起美元远期外汇需求增加，从而使美元远期汇率上升，对英镑升水增大，最后即期汇率和远期汇率的差异会自动地与两地的利率差接近平衡。可见，在其他条件不变的情况下，升水、贴水率，即升水、贴水的年率与两地的利率差总是趋向一致的。

必须指出，利率较高的货币其远期汇率表现为贴水，利率较低的货币其远期汇率表现为升水，这只是一般的情况。在固定汇率制度下，有时某些国家实行货币法定贬值、升值政策；在浮动汇率制度下，国际外汇市场对某种货币上浮、下浮的预期而引起范围较大、力量较强的投机活动；某些重大的政治事件及国际形势的突发变化等等；也会对远期汇率的起伏产生较大的影响。不过这些因素的影响，无法以数字计算，因为这些影响造成的远期汇率的贴水、升水数字往往很大，远期汇率与即期汇率的差异完全超过两地利率水平的差异，与利率差异没有直接联系。

## 三、地点套汇

美国、英国、法国、德国、日本等国及中国香港等地区的外汇市场有着密切的联系。在一般情况下，由于通信技术的发展，资金调拨通畅，各外汇市场的汇率是非常接近的。但是，有的时候，不同外汇市场的汇率也可以在很短的时间内发生相对较大的差异，从而引起套汇活动。

套汇业务是利用不同市场的汇率差异，在汇率低的市场大量买进，同时在汇率高的市场卖出，利用贱买贵卖，通过投机套取利润。这种做法具有强烈的投机性。市场上出现大量套汇活动后，会使贱的货币上涨，贵的货币下跌，从而使不同外汇市场的汇率很快接近。

套汇主要有以下三种方式。

### （一）两角套汇（Two Point Arbitrage）

两角套汇又称直接套汇（Direct Arbitrage），是利用同一时间两个不同外汇市场的汇率差异进行的套汇交易。例如，同一时间内香港市场的电汇汇率为100美元=778.07港元，纽约市场的电汇汇率为100美元=775.07港元，差额达3港元。于是香港某银行在当地卖出电汇纽约的100万美元，电示纽约分行办理付款，并同时在纽约卖出电汇香港的775.07万港元，收进100万美元，获得3万港元的套汇利润。

这种套汇关系比较直接，便于计算，但是，在当前国际外汇市场全日制运作下，信息传递非常迅速，各地汇率差异极小，差异存在的时间也非常短暂，套汇者难以把握。此外，套汇者在扣除买入卖出汇率差价与费用外，所获纯利不高，故此种交易在实际中开展得不广泛。

### （二）三角套汇（Three Point Arbitrage）

三角套汇也称间接套汇（Indirection Arbitrage），即利用三个不同外汇市场上的汇率差异，同时在三个外汇市场上买卖外汇，以套取汇率差价的行为。

判断两角套汇的机会较为直接和容易，但对三个或三个以上市场，三种或三种以上货币之间是否存在套汇的可能则需要通过下述原则进行判断：（1）如三个外汇市场报出的汇率为买入与卖出汇率，则先变为中间汇率。（2）将三个市场不同标价方法的汇率均转换成同一标价法（直接标价法或间接标价法均可）来表示，将基准货币均统一为1。（3）将三个市场标价货币的汇率值相乘，如乘积为1，说明没有套汇机会，如果乘积不为1，则存在套汇机会。（4）套算不同市场的汇率比价，确定套汇路线。

从直观推理，将a单位的货币A兑换成b单位的货币B，然后用b单位的货币B兑换成c单位的货币C，如果c单位的货币C能够兑换成a单位的货币A，则没有套汇的可能，如果c单位的货币C兑换成货币A后不等于a，则有可能进行套汇。若以Eab表示A国货币与B国货币之间的直接汇率，以Ebc表示B国货币与C国货币之间的汇率，以Emn表示M国货币与N国货币之间的汇率，则对于N点套汇，其套汇机会存在的条件为 $Eab \cdot Ebc \cdot \cdots \cdot Emn \cdot Ena \neq 1$。

现举例说明，某一时间点，各外汇市场银行报价如下：

| | |
|---|---|
| 伦敦市场 | 1英镑=1.643 5—85瑞士法郎 |
| 苏黎世市场 | 1新加坡元=0.282 7—56瑞士法郎 |
| 新加坡市场 | 1英镑=5.664 0—80新加坡元 |

问：在三个市场上有无套汇机会？如何套汇？套汇毛利是多少？

解：

① 先求出三个市场的中间汇率

伦敦市场　　1 英镑 = 1.646 0 瑞士法郎

苏黎世市场　　1 新加坡元 = 0.284 1 瑞士法郎

新加坡市场　　1 英镑 = 5.666 0 新加坡元

② 将不同标价法均转换成同一标价法——直接标价法

伦敦市场　　1 瑞士法郎 = 0.607 5 英镑

苏黎世市场　　1 新加坡元 = 0.284 1 瑞士法郎

新加坡市场　　1 英镑 = 5.666 0 新加坡元

③ 将三个市场标价货币的汇率值相乘

$$0.607\,5 \times 0.284\,1 \times 5.666\,0 = 0.977\,9$$

该乘积小于 1，故存在套汇机会。

④ 套算不同市场汇率比价，确定套汇路线

首先，通过套算先求出伦敦市场与苏黎世市场的英镑/瑞士法郎的比价及其差异。

由于：伦敦市场　　1 英镑 = 1.646 0 瑞士法郎

　　　苏黎世市场　　1 新加坡元 = 0.284 1 瑞士法郎

其次，通过新加坡市场的 1 英镑 = 5.666 0 新加坡元的比价套算出苏黎世市场英镑/瑞士法郎的比价为 5.666 0×0.284 1 = 1.609 7，说明伦敦市场英镑/瑞士法郎 = 1.646 0，高于苏黎世市场英镑/瑞士法郎 = 1.609 7。

再次，通过套算再求出苏黎世市场与新加坡市场的英镑/新加坡元的比价及其差异。

由于：伦敦市场　　1 英镑 = 1.646 0 瑞士法郎

　　　苏黎世市场　　1 新加坡元 = 0.284 1 瑞士法郎

通过上述比价，可以套算出苏黎世市场英镑/新加坡元比价 = 1.646 0÷0.284 1 = 5.793 7，而新加坡市场英镑/新加坡元 = 5.666 0。

说明苏黎世市场英镑/新加坡元 = 5.793 7，高于新加坡市场英镑/新加坡元 = 5.666 0。

由此可以确定套汇路线为伦敦→苏黎世→新加坡。

套汇者具体操作和可获毛利情况是：以 1 英镑在伦敦市场可换得 1.643 5 瑞士法郎；然后在苏黎世市场可换得 5.754 6 新加坡元（1.643 5÷0.285 6 = 5.754 6）；最后再在新加坡市场可换得 1.015 3 英镑（5.754 6÷5.668 0 = 1.015 3）。

通过三角套汇，套汇者每拿出 1 英镑可获得毛利 1.015 3 英镑 − 1 英镑 = 0.015 3 英镑，如拿出 1 000 万英镑进行套汇，不考虑其他费用，则可获毛利 153 000 英镑。

### （三）套利（Interest Arbitrage）

套利又称时间套汇或利息套汇。当外汇市场同一货币的即期汇率与远期汇率的差距（Forward Margin）小于当时两种货币的利率差，而两种货币的汇率在短期内波动幅度不大时，套汇者就可进行即期和远期外汇的套汇活动，以牟取利润。例如，美国金融市场短期利率的年息为 7%，而在英国则为 9.5%，于是在美国以年息 7% 借入一笔美元资金，购入英镑现汇，汇往英国。如不考虑手续费等因素，在英国运用英镑资金的利润比在美国高 2.5%，即为英、美两国短期利率的差额。由美国调往英国的资金无论是借入的，还是自有的，在由美元兑换成英镑汇往英国运用时，都要承受英镑汇率波动的风险。因此，在美国购入英镑现汇时，就应同时在美国出售与这笔美元资金等值的英镑远期外汇（即下述的掉期外汇业务），以避免英镑汇率波动的风险。

## 四、择期

### （一）择期的概念和特点

择期（Optional Forward Exchange）是远期外汇的购买者（或出卖者）在成交日后的第三天起至约定期限内的任何一个营业日，有权要求银行实行交割的一种外汇业务。

择期与期权不同，期权是在合约有效期内或合约到期日，要求银行交割或放弃执行合约；而择期则不能放弃合约的履行，但可在合约规定的期限内的任何一天要求银行交割。择期与远期外汇合约也不同。远期外汇的合约在合约到期时才能交割，而择期则在合约规定的期限内的任何一天均可要求交割。

### （二）择期汇率的确定

由于择期是合同有效期内的任何一天均可要求银行交割，银行确定择期远期外汇汇率时一般掌握以下原则。

银行卖出择期远期外汇，且远期外汇升水时，银行按最接近择期期限结束时的远期汇率计算；若远期外汇贴水，则银行按最接近择期开始时的汇率计算。

银行买入择期远期外汇，且远期外汇升水时，银行按最接近择期期限开始时的汇率计算；若远期外汇贴水，则银行按最接近择期期限结束时的汇率计算。

此外，也有的银行买入升水择期远期外汇时，不计升水，而卖出升水择期远期外汇则向客户收取最大的升水；在买入贴水的择期远期外汇时扣除最大的贴水，卖出贴水的择期远期外汇则不计贴水。

因为择期外汇的买卖，客户处于有利地位，银行处于被动地位，为弥补这种不利情况，所以银行采取上述计算原则。

### （三）择期的作用

在国际贸易实务中，进口商的支付条件是单到国内及时付汇，但单到国内的具体日期不能肯定，而只能估计在某一特定日期的前后 10 天左右。进口商为防止汇率风险，不能与银行签订购买某种货币的远期外汇合同，因其固定死交割日期限，而签订择期业务即可绕过远期外汇合同交割期固定的约束。

## 五、掉期业务

掉期业务（Swap Transaction）即在买进或卖出一种交割日外汇的同时，卖出或买进另一种交割日的外汇业务。掉期业务实际由两笔外汇业务组成，例如，一笔为即期外汇业务，一笔为远期外汇业务，将两笔业务在同一时间内拴在一起来做；两笔业务外汇买卖的金额相同，但所依据的汇率不同。在短期资本投资或在资金调拨活动中，如果将一种货币调换成另一种货币，为避免汇率波动的风险，常常运用掉期业务。如瑞士某银行，因业务经营的需要，以瑞士法郎购买 1 亿欧元存放于法兰克福 3 个月。为防止 3 个月后欧元汇率下跌，存放于法兰克福的欧元不能换回原来数额的瑞士法郎，瑞士该银行利用掉期业务，在买进1亿欧元现汇的同时，卖出3个月欧元的期汇，从而转移在此期间欧元汇率下跌而承担的风险。

除上述典型的即期对远期的掉期业务外，还有两种掉期类型：一为即期对即期，二为远期对远期的掉期交易。前者指在买进或卖出一笔即期外汇的同时，卖出或买进同种货币的另一笔即期外汇，两笔交易的交割日不一致。后者指买进或卖出两笔同种货币、不同交割期的远期外汇。这种远期对远期交易又有两种形式：一种是买进较短交割期的远期外汇（如30天），卖出较长交割期的远期外汇（如90天）；另一种是买进较长交割期的远期外汇，卖出较短交割期的远期外汇。

### 六、投机业务

预期将来汇率的变化，为赚取汇率涨落的利润而进行的外汇买卖，即为外汇投机业务（Speculative Transaction）。例如，某外汇投机者预期英镑有进一步贬值的可能，按1英镑=1.6美元的比价出售3个月的英镑远期外汇10万英镑；3个月后，如英镑确已贬值，1英镑=1.5美元，则该投机者以15万美元买入10万英镑，再以此10万英镑履行原来出售10万英镑的远期外汇合同，获得16万美元，买卖英镑数额相抵后，可得1万美元的投机利润。在实际外汇投机交易中，如上例，投机者只收付因汇率变动而发生的差价（即1万美元），实际并不进行英镑期汇的交割。

外汇投机业务也可在两个不同的外汇市场上同时进行。例如，英镑对美元的汇率，投机者预测英镑在3个月后将会下跌，则他在伦敦市场可预买3个月的美元远期外汇，在纽约市场可预卖3个月的英镑远期外汇；3个月后，英镑汇率下跌，投机者在伦敦市场将预买的美元远期外汇卖出，所得的英镑当多于预买美元外汇应付的英镑，在纽约市场投机者履行预卖英镑远期外汇合同所收进的美元，当多于出卖英镑现汇所收进的美元，投机者从而赚取巨额投机利润。

## 第三节 汇率折算与进出口报价

外汇业务是牵涉到不同货币，在不同时期内，以不同方式进行的买卖交割。两种货币之间的比价在不同的外汇业务形式下，其最后的比率是不相同的，但是它们之间具有紧密的内在联系。了解这些比价之间的内在联系，掌握其折算方法，不仅对搞好国际金融业务、减缓外汇风险有重大作用，而且对搞好对外经济贸易实务、做好对外报价、提高企业的经济效益也有重要意义。

### 一、即期汇率与进口报价

利用不同货币的即期汇率进行套（换）算，不仅对做好出口报价有着极其重要的作用，而且对核算进口报价是否合理、可否接受也起着重要作用。

1. 将同一商品的不同货币的进口报价，按人民币汇价表折成人民币进行比较

我国进口的商品，一般在国内销售，因此，可以和人民币进行比较，以计算成本和利润。

例如，2016 年 11 月 1 日，某公司从德国进口小型仪器，以欧元报价，每台为 3 000 欧元，以美元报价，每台为 3 200 美元。当天人民币对欧元及美元的即期汇率分别为：

| | 买入价 | 卖出价 |
|---|---|---|
| 100 欧元 | 728.61 | 733.72 |
| 100 美元 | 688.35 | 691.11 |

将以上报价折为人民币进行比较，即可看出由哪种货币报价相对低廉。

美元报价折为人民币报价　　3 200×6.911 1＝22 115.52 元

欧元报价折为人民币报价　　3 000×7.337 2＝22 011.6 元

可见，欧元报价的人民币成本低于美元报价的人民币成本，如不考虑其他因素，小型仪器欧元的报价可以接受。

2. 将同一商品不同货币的进口报价，按国际外汇市场的即期汇率表，统一折算进行比较

如上述小型仪器的欧元和美元报价，不以人民币汇率折算进行比较，而以当天纽约外汇市场的美元与欧元的比价进行核算，也可得出接受何种货币报价较为合算。

纽约外汇市场某日，美元对欧元的汇价为：1 欧元＝1.079 8美元。

按此比价，每个 100 欧元的报价折美元为 100×1.079 8＝107.98 美元。而小仪器以美元报价为每个 108 美元，显然，不考虑其他因素，接受 100 欧元报价，不接受 108 美元的报价，在经济上是有利的。

## 二、合理运用汇率的买入价与卖出价

汇率的买入价与卖出价之间一般相差 1‰～3‰，进出口商如果在货价折算对外报价与履行支付义务时考虑不周、计算不精、合同条款订得不明确，就会遭受损失。在运用汇率的买入价与卖出价时，应注意下列问题。

### （一）本币折算外币时，应该用买入价

出口商品原报价为本币报价，但客户要求改为外币报价时，应选择买入价折算。假设某日我国银行美元兑人民币汇率为 1 美元＝7.001 0/7.010 0 人民币，我国某公司出口小型仪器报价为 200 000 人民币，现国外进口商要求改为美元报价，则我国公司应根据美元兑人民币的买入价 7.001 0 进行折算，将人民币报价 200 000 元折成美元 28 567.3 美元。如按卖出价 7.010 0 折算仅报价为 28 530.7 美元。出口商本币报价改为外币报价选择买入价计算的原因在于：出口商原收取本币，现改为外币，则需将所收外币出售给银行换回本币。出口商卖出外币即为银行买入，故按买入价折算。

### （二）外币折算本币时，应该用卖出价

出口商品原报价为外币，但客户要求改为本币报价时，则应按卖出价折算。如按上例的外汇汇率，假设我国某公司出口小型机床原报价为 50 万美元，，现外国进口商要求

其改用人民币对其报价，则我国公司应根据美元兑人民币的卖出价将 50 万美元折为人民币（50 万×7.010 0）350.5 万对其报价。出口商将外币折成本币按卖出价折算的原因在于：出口商原收取外币，现改收本币，则需以本币向银行购买外币。出口商的买入即为银行的卖出，故按卖出价折算。

（三）以一种外币折算另一种外币时，按所用外汇市场牌价折算

无论是使用直接标价法还是间接标价法，外汇市场所在国家（地区）的货币均视为本币，然后再按照上述两个规则进行折算。如将外币折算为本币，均用卖出价；如将本币折算为外币，均用买入价。

上述买入价、卖出价折算原则，不仅适用于即期汇率，也适用于远期汇率。买入价与卖出价的折算运用是外贸工作人员应掌握的原则，但在实际业务中应结合具体情况，灵活运用。

## 三、远期汇率与进出口报价

（一）汇率表中远期贴水（点）数，可作为延期收款的报价标准

远期汇率表中升水货币即为增值货币，贴水货币即为贬值货币。我方在出口贸易中，国外进口商在延期付款条件下，要求我方以两种外币报价。假若甲币为升水，乙币为贴水，如以甲币报价，应按原价报出；如以乙币报价，则应按汇率表中乙币对甲币贴水后的实际汇率报出，以减少乙币贴水后的损失。所以，学会汇率表的查阅与套算，对正确报价有着重要意义。

现举例说明如下。

| | 即期汇率 | 3 个月远期 |
|---|---|---|
| 某日纽约外汇市场美元/瑞士法郎 | 0.897 0—75 | 贴水 1.25—1.35 生丁 |
| ⋮ | ⋮ | ⋮ |
| ⋮ | ⋮ | ⋮ |

某公司向美国出口机床，如即期付款每台报价 2 000 美元，现美国进口商要求该公司以瑞士法郎报价，并于货物发运后 3 个月付款，我方应报多少瑞士法郎？

考虑与计算的过程是这样的：

第一步，查阅当日纽约外汇市场汇价表。

第二步，计算瑞士法郎兑美元的 3 个月远期汇率，由于贴水1.25—1.35生丁①，故

$$\text{其远期实际汇率为：}\begin{array}{r} 0.897\,0 \\ +)\ 0.012\,5 \\ \hline 0.909\,5 \end{array}\quad\begin{array}{r} 0.897\,5 \\ +)\ 0.013\,5 \\ \hline 0.911\,0 \end{array}\text{。}$$

第三步，考虑到 3 个月后方能收款，故将 3 个月后瑞士法郎贴水的损失加在货价上，故应报瑞士法郎价=原美元报价×美元/瑞士法郎 3 个月远期实际汇率。

第四步，考虑到根据纽约外汇市场汇价表来套算，美元视为本币，瑞士法郎为外

① 生丁为瑞士法郎辅币。

币，根据本币折外币按买入价折合的原则，应报的瑞士法郎价=美元原报价×美元/瑞士法郎3个月远期实际汇率买入价，即2 000×0.911 0=1 822瑞士法郎。

### （二）汇率表中的贴水年率，也可作为延期收款的报价标准

远期汇率表中的贴水货币，也即具有贬值趋势的货币，该货币的贴水年率，也即贴水货币（对升水货币）的贬值年率。如某商品原以较硬（升水）货币报价，但国外进口商要求改以贴水货币报价，出口商根据即期汇率将升水货币金额换算为贴水货币金额的同时，为弥补贴水损失，应再将一定时期内贴水率加在折算后的货价上。

现举例说明如下：

某食品公司冻猪肉原报价为每吨1 150英镑，该笔业务从成交到收汇需6个月，某日该公司应客户要求，改报丹麦克朗，当日伦敦市场的汇率为：

| | 即期汇率 | | 6个月远期 | 合年率% |
|---|---|---|---|---|
| 丹麦 | 9.454 | 5—75 | 贴水14.12—15.86欧尔 | 3.17 |
| ⋮ | | ⋮ | ⋮ | ⋮ |
| ⋮ | | ⋮ | ⋮ | ⋮ |

该公司应报多少丹麦克朗？

计算的程序与方法如下：

第一步，将每吨冻猪肉的英镑价换算为丹麦克朗价。因为根据伦敦外汇市场的汇率表计算，所以英镑视为本币，丹麦克朗视为外币，根据本币折算外币应按买入价原则，每吨冻猪肉的丹麦克朗价应为：

$$1\ 150\text{英镑}\times 9.457\ 5=10\ 876.125\text{丹麦克朗}$$

第二步，由于该笔业务从成交到收汇需6个月，而在这6个月内丹麦克朗对英镑贴水（贬值），其贴水年率为3.17%，如把年率折为6个月的贴水率，则应为：

$$3.17\%\times\frac{6}{12}$$

第三步，将6个月丹麦克朗对英镑贴水率，即$\frac{3.17}{100}\times\frac{6}{12}$附加于货价上，以抵补丹麦克朗在6个月内价值下降的损失，故以英镑改报丹麦克朗，6个月后收汇的全部计算过程应为：

$$\begin{aligned}1\ 150\times 9.457\ 5\times\left(1+\frac{3.17}{100}\times\frac{6}{12}\right)&=10\ 876.125\times\left(1+\frac{1.585}{100}\right)\\&=10\ 876.125+172.386\ 6\\&=11\ 048.511\ (\text{丹麦克朗})\end{aligned}$$

### （三）在一软一硬两种货币的进口报价中，远期汇率是确定接受软货币（贴水货币）加价幅度的根据

例如，在进口业务中，某商品从合同签订到外汇付出约需3个月，国外出口商以硬

（升水货币）、软（贴水货币）两种货币报价，其以软币报价的加价幅度，不能超过该货币与相应货币的远期汇率，否则我方可接受硬币报价，只有这样才能达到在货价与汇价方面均不吃亏的目的。

现举例说明如下：

某日，苏黎世外汇市场汇价为：

| | 即期汇率 | 3 个月远期 |
|---|---|---|
| 1 美元 | 0.897 0 瑞士法郎 | 0.887 0 瑞士法郎 |
| ⋮ | ⋮ | ⋮ |
| ⋮ | ⋮ | ⋮ |

某公司从瑞士进口机械零件，3 个月后付款，每个零件瑞士出口商报价 100 瑞士法郎，如该公司要求瑞士出口商以美元报价，则其报价水平不能超过瑞士法郎对美元的 3 个月远期汇率，即 100 瑞士法郎÷0.887 0＝112.7 美元。如果瑞士出口商以美元报价，每个零件超过 112.7 美元，则该公司不应接受，仍接受每个零件 100 瑞士法郎的报价。因为接受瑞士法郎硬币报价后，该公司以美元买瑞士法郎 3 个月远期进行保值，以防瑞士法郎上涨的损失，其成本也不过 112.7 美元（1：0.887 0＝X：100）。可见，在进口业务中做到汇价与货价均不吃亏，硬币对软币的远期汇率是核算软币加价可接受幅度的标准。

## 本章习题

**计算题**

1. 某日伦敦外汇市场外汇牌价：

| 即期汇率 | 三个月远期差价 |
|---|---|
| 1 英镑＝1.237 0—1.237 5 美元 | 80－100 |

（1）计算 3 个月美元的远期实际汇率。

（2）如按上述汇率，我国某公司出口一批小型设备，原报价即期付款 30 000 美元，现英国进口商要求改为英镑报价，该公司应报多少英镑？

（3）如果英国进口商要求将美元报价改为英镑报价，同时要求延期 3 个月付款，该公司应报多少英镑？

2. 某日，国际外汇市场的外汇行情如下：

纽约外汇市场：$1＝€0.915 0－0.917 0，法兰克福外汇市场：£1＝€1.327 0－1.329 0，伦敦外汇市场：£1＝$1.460 0－1.462 0，某投资者准备投入 1 000 万美元套汇，是否可行？若可行，套汇的收益是多少？

# 第四章　外汇风险管理

**本章摘要**

一个组织、经济实体或个人的以外币计价的资产与负债，因汇率波动而引起价值上涨或下降的可能即为外汇风险，也称汇率风险。规避外汇风险可采用一般方法，如做好货币选择、优化货币组合、利用保值措施、选好结算方法、利用外汇与借贷业务等；也可采用基本方法，如远期合同法、BSI法和LSI法等。

本章的主要问题是要了解外汇风险的构成要素和类型，核心问题则要掌握规避外汇风险的一般方法与基本方法的运作机制并加以利用。

**关键词**：远期合同法　　BSI法　　LSI法

学完本章，你需要掌握：

- 规避外汇风险的一般方法
- 规避外汇风险的基本方法

## 第一节　外汇风险的概念、种类和构成要素

### 一、外汇风险的概念和种类

一个组织、经济实体或个人的以外币计价的资产（债权、权益）与负债（债务、义务），因外汇汇率波动而引起其价值上涨或下降的可能即为外汇风险（Foreign Exchange Exposure）。对具有外币资产与负债的关系人来讲，外汇风险可能具有两个结果：或是获得利益（Gain），或是遭受损失（Loss）。

在一个国际企业组织的全部活动中，即在它的经营活动过程、结果、预期经营收益中，都存在着由于外汇汇率变化而引起的外汇风险。在经营活动中的风险为交易风险（Transaction Exposure），在经营活动结果中的风险为会计风险（Accounting Exposure），预期经营收益的风险为经济风险（Economic Exposure）。

（一）交易风险

由于外汇汇率波动而引起的应收资产与应付债务价值变化的风险即为交易风险。

交易风险的主要表现是：（1）以即期或延期付款为支付条件的商品或劳务的进出口，在装运货物或提供劳务后货款或劳务费用尚未收支这一期间，外汇汇率变化所引起的风险；（2）以外币计价的国际信贷活动，在债权、债务未清偿前所存在的风险；（3）待交割的远期外汇合同的一方，在该合同到期时，由于外汇汇率变化，交易的一方可能要拿出更多或较少货币去换取另一种货币的风险。

交易风险是国际企业的一种最主要的外汇风险，是本章研究的重点。

（二）会计风险

会计风险也称转换风险（Translation Exposure），主要指由于汇率变化而引起资产负债表中某些外汇项目金额变动的风险。会计风险受不同国家（或地区）的会计制度与税收制度的制约，非本章研究的范围。

（三）经济风险

经济风险是指由于外汇汇率发生波动而引起国际企业未来收益变化的一种潜在风险。收益变化的幅度主要取决于汇率变动对该企业的产品数量、价格与成本可能产生影响的程度。潜在经济风险直接关系到企业在海外的经营效果或一家银行在国外的投资收益。经济风险管理是一种概率分析，是企业从整体上进行预测、规划和进行经济分析的一个具体过程。经济风险的分析很大程度上取决于公司的预测能力，预测的准确程度将直接影响该公司在融资、销售与生产方面的战略决策。

## 二、外汇风险的构成因素

一个国际企业在其经营活动中所发生的外币收付，如应收账款、应付账款、货币资本的借入或贷出等，均需与本币进行折算，以便结清债权、债务并考核其经营活动成果。本币是衡量一个企业经济效果的共同指标，从交易达成后到应收账款的最后收进、应付账款的最后付出、借贷本息的最后偿付均有一个期限。这个期限就是时间因素。在确定的时间内，外币与本币的折合比率可能发生变化，从而产生外汇风险。可见，凡是外汇风险一般包括三个因素：本币、外币与时间。

如果一个国际企业在某笔对外交易中未使用外币而使用本币计价收付，这笔交易就不存在外汇风险，因为它不牵涉外币与本币的折算问题，从而不存在汇率波动的风险。

一笔应收或应付外币账款的时间结构对外汇风险的大小具有直接的影响。时间越长，在此期间汇率波动的可能性就越大，外汇风险相对较大；时间越短，在此期间汇率波动的可能性就越小，外汇风险相对较小。

从时间结构越长、外汇风险越大这个角度来分析，外汇风险包括时间风险与价值风险两大部分。改变时间结构，如缩短一笔外币债权、债务的收取或偿付时间，可以减缓外汇风险，但不能消除价值风险，因本币与外币折算所存在的汇率波动风险仍然存在。

一个企业 90 天后有一笔外汇收入，这里，既存在时间风险，又存在价值风险。现该企业借入一笔外汇贷款，其金额与未来的外汇收入相等，并将这笔贷款的偿付时间也规定在 90 天后，即以 90 天后的外汇收入来偿还这笔外汇贷款，把将来的时间风险转移到现在。这样就消除了时间风险，但受汇率波动影响的价值风险仍然存在。如欲消除该价值风险尚须采取措施，即将外币借款卖成本币，然后以本币进行投资，借以获得一定的投资利润。这样，才能消除全部风险。

## 三、外汇风险构成因素之间的相互关系

假若一个国际企业有一笔未结算而敞着口的外汇收支，一定会同时呈现出本币、外币、时间三个要素。这三个要素关系复杂，构成不同的外汇风险形式，相应地要采取不同的消除外汇风险的方法。为便于分析各要素之间的相互关系，简化繁琐、重复的文字解释，本章将借助符号与图示来说明外币资金的流出入情况与消除外汇风险的方法。

本章用方块来表示公司；箭头表示货币流动；单线箭头表示外币流动，双线箭头表示本币流动；虚线箭头表示另外一种外币流动；箭头朝向方块表示货币流入；箭头从方块移开表示货币流出；箭头上的天数表示若干天后将有货币流动。

### （一）符号与图示举例

（1）单线箭头指向方块，则外币流入；其流入来自售货、股息、银行借款或其他。

（2）单线箭头从方块移开，则外币流出。这是由于向供应商支付、偿还银行贷款与向国外投资所引起的支付。

（3）一种外币在 1 个月内流入，另一种外币在 2 个月内流出。

### （二）多头地位（Long Foreign Currency）与空头地位（Short Foreign Currency）

一个企业在一定时期以后将有一笔外汇资金流入，则该企业处于多头地位；如有一笔外汇流出，则处于空头地位。企业根据不同的地位，采取不同的消除外汇风险的方法。多头地位要先借外币，空头地位要先借本币来消除风险，它是运用外汇风险管理技术的基础。

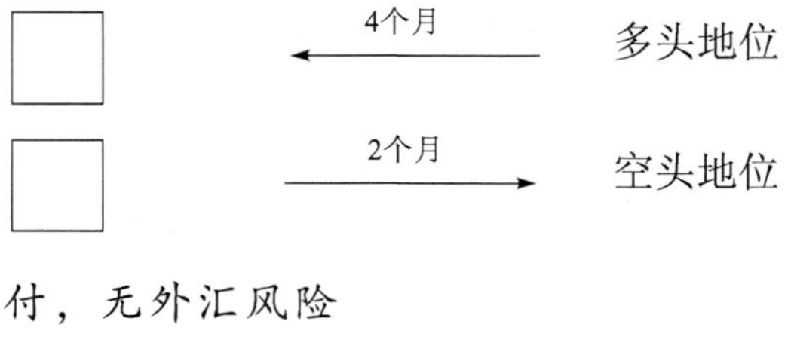


### （三）以本币收付，无外汇风险

1. 收取本币

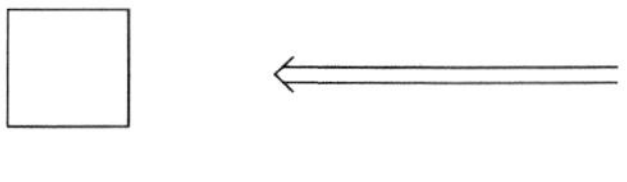

某公司向海外销售货物，买主以该公司所在国家的货币（本币）计价。这里没有

外汇风险，因为本币与将流入的货币是相同的，不存在外币与本币的折算问题。

2. 支付本币

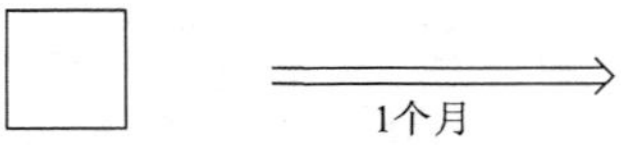


某公司从国外进口货物或劳务，1个月后需支付一定数量的本币。由于不存在本币与外币折算问题，因而不存在任何外汇风险。

（四）流入的外币与流出的外币金额相同、时间相同，无外汇风险

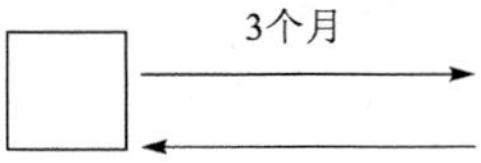


（五）不同时间的相同外币、相同金额的流出入，只有时间风险，既不处于多头地位，也不处于空头地位

（六）一种外币流出，另一种外币流入，具有双重风险

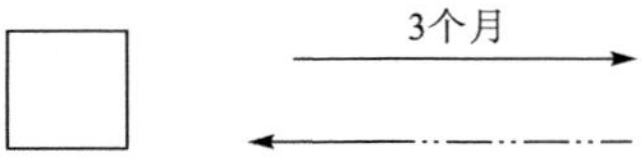


# 第二节　外汇风险管理的一般方法

## 一、防止外汇风险的主要途径与作用

任何可以完全或部分消除外汇风险的技术称为保值措施（Cover the Risk）或外汇风险的防范方法。具有外汇风险的国际企业结合每笔交易的特点与本身贸易财务条件，可以从以下五个方面采取一定的方法来防止风险。

（1）做好货币选择，优化货币组合，正确确定进出口商品价格与购销原则。可以采取计价货币从优法、拖延收付法（Lagging）、提前收付法（Leading）、平衡法（Matching）、组对法（Pairing）、多种货币组合法（Portfolio Approach 或 Nesting）、本币计价法和调整价格法来防止风险。

（2）可利用保值措施，签订保值条款（Proviso Clause）。采取外汇保值法、综合货币单位（Composite Currency Unit）保值法、物价指数保值法和滑动价格（Slide Scale）保值法来防止风险。

（3）根据实际情况，选好结算方式。可采取即期信用证法、远期信用证法，在具备一定前提下采用托收法来防止风险。

（4）利用外汇与借贷投资业务。采取即期合同法、远期合同法、货币期货合同法、期权合同法、择期合同法、掉期合同法、借贷法及投资法等来防止风险。

（5）与贸易对手签订贸易协定，采取易货贸易来防止风险。

正如以下将要分析到的，上述防止风险的方法有的可以减缓外汇风险及其潜在影响；有的可以完全消除外汇风险；有的要几种方法相互配合、综合使用才能消除全部风险。要达到消除全部外汇风险——既消除时间风险，又消除价值风险（或称货币风险）的目的——一定要针对风险创造一个与其方向相反、金额相同、时间相同的货币流动。以下将简要介绍各种防止外汇风险的方法，分析一些方法的本币与外币的运动过程、流向及保值的机制，探讨各种方法的保值作用及其意义。

## 二、做好货币选择，优化货币组合，防止外汇风险的原则和方法

### （一）做好计价货币的选择

在出口贸易中应选择硬币或具有上浮趋势的货币作为计价货币；在进口贸易中应选择软币或具有下浮趋势的货币作为计价货币，以减缓外汇收支可能发生的价值波动损失。

如果坚持上述原则而在货价上蒙受损失，也可一半的进出口货值用硬币，一半用软币，使买卖双方都不吃亏，平等互利。

当前，有些金额较大的进出口合同，采用四种货币计价，两种较硬货币，两种较软货币，使不同货币的急升急降风险缓冲抵消。这样就可防止使用单一货币计价时因汇率的骤变，使买卖双方遭受重大损失。

### （二）提前收付或拖延收付法

提前收付或拖延收付（迟收早付或迟付早收）法，即根据有关货币对其他货币汇率的变动情况，更改该货币收付日期的一种防止外汇风险的方法。

在提前支付货款的情况下，一般而言，具有债务的公司可以得到一笔一定金额的折扣（Discount）。从这一意义上说，提前付出货款类似于投资，而提前收取货款类似于借款。根据对汇率波动情况预测的结果，选择适当的时机提前结汇，可以减轻因汇率剧烈变化所受到的损失。

拖延收付是指公司推迟收取货款或推迟支付货款。尽管拖延收付与提前收付是反方向的行为，但它们所起的作用却是一样的，都是为了改变外汇风险的时间结构。

提前收付与拖延收付的折扣率通常由进出口双方协商而定。

### （三）平衡法

平衡法指在同一时期内，创造一个与存在风险相同货币、相同金额、相同期限的资金反方向流动。例如，A 公司在 3 个月后有 100 000 欧元的应付货款，该公司应设法出口同等欧元金额的货物，使 3 个月后有一笔同等数额的欧元应收货款，借以抵消 3 个月后的欧元应付货款，从而消除外汇风险。

在一般情况下，一个国际公司取得每笔交易的应收应付货币“完全平衡”（Perfect Matching）是难以实现的。只有一个公司的产品能向世界任何地方以任何货币计价售出，或从任何国家以任何货币计价购买时才可能做到，但这是不现实的。一个国际公司采用平衡法，还有赖于公司领导下的采购部门、销售部门与财务部门的密切合作。在金额较大的、存在着一次性的外汇风险的贸易中尚可采用平衡法。

（四）组对法

某公司具有某种货币的外汇风险，它可创造一个与该种货币相联系的另一种货币的反方向流动来消除某种货币的外汇风险。另一种货币虽与某种货币流向相反，但金额相当、时间相同。平衡法与组对法的区别在于：作为组对的货币是第三种货币，它与具有外汇风险的货币呈反方向流动。具有外汇风险的货币对本币升值或贬值时，作为组对的第三种货币也随之升值或贬值。可见，组对法的实现条件是：作为组对的两种货币，常常是由一些机构采取盯住政策而绑在一起的货币。例如某公司有一笔两个月内的美元收入，它以港元来组对，创造一笔有港元流出的业务。由于港元与美元维持联系汇率，两种货币同幅度升降，以港元组对，是减缓美元汇率波动的一种方法。

组对法较平衡法灵活性大，易于采用；但不能消除全部风险，只能减缓货币风险的潜在影响。借助于组对法，有可能以组对货币（第三种外币）的得利来抵消某种具有风险外币的损失。但是，如果选用组对货币不当，也会产生两种货币都发生价值波动的双重风险。

（五）多种货币组合法

多种货币组合法亦称一揽子货币计价法，意指在进出口合同中使用两种以上的货币来计价以消除外汇汇率波动的风险。当公司进口或出口货物时，假如其中一种货币发生升值或贬值，而其他货币的价值不变，则该货币价值的改变不会给公司带来很大的外汇风险，或者说风险因分散开来而减轻；若计价货币中几种货币升值，另外几种货币贬值，则升值的货币所带来的收益可以抵消贬值的货币所带来的损失，从而减轻外汇风险的程度或消除外汇风险。

（六）本币计价法

出口商向国外出口商品的计价货币一般有三种选择：（1）以出口商本国货币计价；（2）以进口国货币计价；（3）以该商品的贸易传统货币计价，如石油贸易均用美元。一国的进出口商品均以本币计价，可免除外币与本币价格比率的波动，减缓外汇风险，但这有赖于商品市场情况，如进口中为买方市场，则易争取，如为卖方市场则不易实现；出口则相反。

（七）调整价格法

如进口商坚持以其本国货币作为计价货币，出口商的外汇风险就会增加。为此，在卖方市场情况下，出口商可适当调高出口货价，以弥补因使用对方货币可能蒙受的损失；如为买方市场，则货价不易提高。

基于同样防止外汇风险的原因，一个进口商，如接受以出口商所在国的货币作为计价货币，可压低其销售价格，以弥补接受对方国家货币所蒙受的风险。

调整价格并不等于没有风险，实际上外汇风险仍然存在，只不过调整价格可以减轻风险的程度而已。

## 三、采取保值措施，防止外汇风险的方法

如果在进出口贸易合同中，由于传统的商业习惯或其他原因，选用可能有下降趋

势的软币计价，进出口商也可在贸易合同中订入保值条款，即债权金额以某种比较稳定的货币或综合货币单位保值，支付时按支付货币对保值货币的当时汇率加以调整。

### （一）黄金保值条款①

根据签订合同时计价货币的金平价对原货币进行支付。如计价货币贬值，则其支付金额应根据货币贬值的幅度进行调整。黄金保值条款通行于固定汇率时期，现很少使用。

### （二）外汇保值条款

外汇保值条款虽然都以硬币保值，以软币支付，但有三种类型，可根据业务具体情况，选择一种使用。

（1）计价用硬币，支付用软币，支付时按计价货币与支付货币的现行牌价进行支付，以保证收入不致减少。

（2）计价与支付都用软币，但签订合同时明确该货币与另一硬币的比价。如支付时这一比价发生变化，则原货价按这一比价的变动幅度进行调整。

（3）确定一个软币与硬币的“商定汇率”，如支付时软币与硬币的比价超过“商定汇率”一定幅度时，才对原货价进行调整。

第三种类型是前两种类型的灵活运用，适于交往有素的客户之间，以推进与发展双方长期往来的经济合作关系。软币对硬币贬值幅度较小，如只有1.0%或1.5%，则货价不调整，以示给予对方的折让与照顾；如软币贬值幅度超过1.5%时，才对原货价进行调整。

### （三）综合货币单位保值条款

与外汇保值的性质、形式相同，但不是以硬币保值，而是以综合货币单位保值，如以特别提款权来保值。由于这些综合货币单位由一定比重的硬币与软币搭配组成，故其价值较为稳定，以它保值，可以减缓风险。

### （四）物价指数保值条款

物价指数保值条款即以某种商品的价格指数或消费物价指数来保值，进出口商品货价根据价格指数的变动相应调整。

### （五）滑动价格保值条款

在签订贸易合同时，买卖商品的部分价格暂不确定，根据履行合同时市场价格或生产费用的变化，加以调整。

在签订贸易合同时买卖双方应确定滑动公式的主要问题，如：（1）滑动部分占货价的比例，不滑动部分（管理费等）所占比例；（2）滑动价格的组成及比例，主要由原材料费和工资两大部分组成；（3）材料价格指数和工资指数的依据与资料来源等。

---

① 各种保值条款亦可理解为保值（方）法，后同。

## 四、根据实际情况选用结算方式防止外汇风险的原则和方法

“安全、及时”是对外贸易出口收汇应贯彻的一个原则。“安全”有两层含义，一是出口收汇不致遭受汇价波动的损失；二是外汇收入不致遭到拒付。“及时”与“安全”的关系密不可分，及时收汇则汇率变动的时间风险会大大降低，拒付的可能也受到限制。因此，要做到安全及时收汇，防止外汇收入不能收回的风险，还应根据业务实际，慎重考虑出口收汇的结算方式。

一般而言，即期信用证结算方式（法）最符合安全及时收汇的原则；远期信用证结算方式（法）收汇安全有保证，但不及时，因此汇率发生波动的概率就高，从而削弱了收汇的安全性。至于托收结算方式（法），由于商业信用代替了银行信用，安全性大大减弱。承兑交单方式安全、及时性最差，自不待言；付款交单方式，在贸易对手国家出口商品行情下跌、外汇管制加强的情况下，进口商往往不按时付汇，收汇落空的风险也很大。所以，为达到安全、及时收汇的目的，要根据业务实际情况，在了解对方资信的情况下，慎重而灵活地选择适当的结算方式（法）。如果出口商品库存积压，款式陈旧，国际市场价格疲软，在贸易对手资信可靠，该出口商品在对方国家尚有一定销路，并且对方国家付汇控制相对不严的情况下，也可接受托收方式（法）。

## 五、利用外汇与借贷投资业务防止外汇风险的方法

### （一）即期合同法（Spot Contract）

所谓即期合同法就是具有外汇债权或债务的公司与外汇银行签订出卖或购买外汇的即期合同来消除外汇风险。

例如：美国A公司在两天内要支付一笔金额为100 000欧元的货款给德国出口商，该公司可直接与其银行（如美洲银行）签订以美元购买100 000欧元的即期外汇买卖合同。两天后，美洲银行交割给A公司的这笔欧元则可用来支付给对方，如图4-1所示。

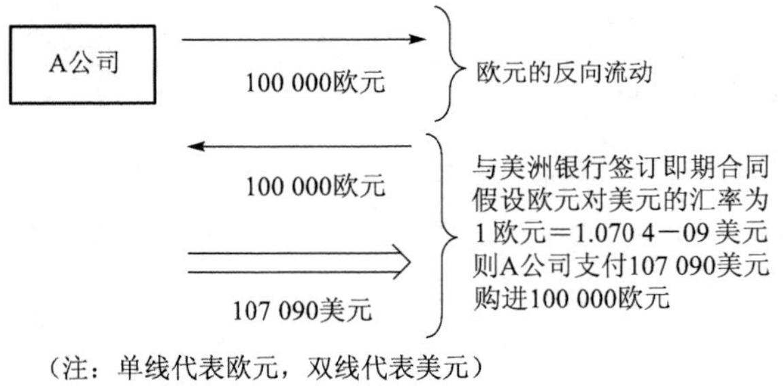


**图4-1 即期合同法示意图**

由于A公司以107 090美元购进了100 000欧元，便实现了资金的反方向流动，消除了两天内美元对欧元汇率可能波动的风险。如A公司两个月后有一笔外币债务，则它就不能单纯地以即期合同来消除其外汇风险。它可同美洲银行先签订一份即期合同，待银行办理交割后，A公司再以其所得的欧元进行两个月的投资，赚取利息。两个月到

期，A 公司收回其投资后，再用以偿还其债务。在有远期负债的情况下，单以即期合同不能消除外汇风险，只有同时再利用借贷市场进行投资活动，才能达到消除风险的目的。要注意的是，利用即期合同消除外汇风险，支付货款的日期和外汇买卖的交割期必须在同一时间点上。

### （二）远期合同法（Forward Contract）

远期合同法就是具有外汇债权或债务的公司与银行签订出卖或购买远期外汇的合同以消除外汇风险。

具有债权或债务的公司与银行所达成的远期外汇交易本身同样具备外汇风险所包含的时间、本币、外币诸因素。利用远期合同法，通过签订合同把时间结构从将来转移到现在，并在规定的时间内实现本币与外币的冲销，所以这种方法能够全部消除外汇风险，即时间风险与价值风险。

### （三）掉期合同法（Swap Contract）

在签订买进或卖出即期外汇合同的同时，再签订卖出或买进远期外汇合同，同样是消除时间风险与价值风险的一种方法。

例如，某公司现筹得资金 100 万美元，在美国订购价值 100 万美元的机械设备，3 个月后支付货款。当时国际金融市场汇价为 1 美元：153 日元，而 3 个月日元远期为 1 美元：150 日元。

为获取汇率差价的利益，又保证将来按时支付美元货款，防止汇价风险，该公司按 1：153 比价与银行签订以 100 万美元购买 1.53 亿日元的即期外汇合同；与此同时，还按日元对美元 3 个月远期 1：150 比价，卖出 1.5 亿日元，购回 100 万美元的远期合同。掉期合同的签订保证美元付款义务的按期完成不致遭到汇价损失，同时又能盈利 300 万日元和 300 万日元的 3 个月利息。

### （四）借款法（Borrowing）

借款法是有远期外汇收入的企业通过向其银行借进一笔与其远期收入相同金额、相同期限、相同货币的贷款，以达到融通资金、防止外汇风险和改变外汇风险时间结构的一种方法。

例如，美国 A 公司半年后将从德国收回一笔 100 000 欧元的出口外汇收入。该公司为防止半年后欧元汇率下跌的风险，则利用借款法向其银行举借相同数额（100 000）、相同期限（半年）的欧元借款，并将这笔欧元作为现汇卖出，以补充其美元的流动资金。半年后再利用其从德国获得的欧元收入，偿还其从银行取得的贷款。半年后，即使欧元严重贬值，对 A 公司也无任何经济影响，从而避免了汇率风险。该公司的净利息支出，即为防止外汇风险所花费的成本，如图 4-2 所示。

采用借款法还可改变外汇风险的时间结构，缩短外汇风险存在的时间。将 A 公司长达半年之久的风险，缩短为该公司向德国出口后到从银行取得借款前这一短暂时间。时间结构的改变，减缓了风险的严重程度。

借款以后，随之换成本币，则也消除了外币对本币价值变化的风险，如只借款而不变卖成本币，则只消除了时间风险，而仍存在着外币对本币价值变化的风险。

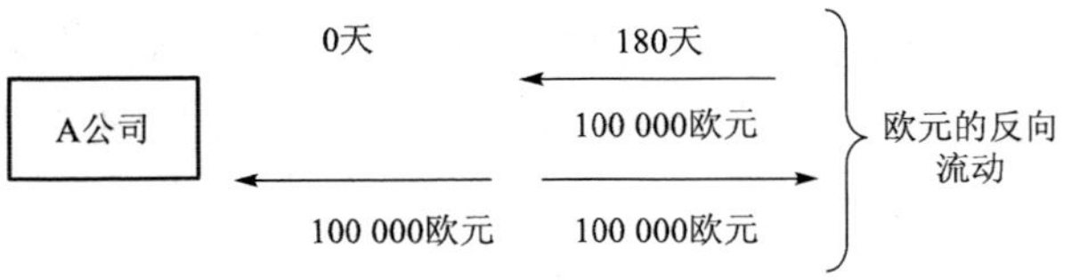


**图 4-2 借款法示意图**

### （五）投资法（Investing）

公司将一笔资金（一般为闲置资金）投放于某一市场，一定时期后连同利息（或利润）收回这笔资金的经济过程称为投资。资金投放的典型市场为短期货币市场，投资的对象为规定到期日的银行定期存款、存单、银行承兑票据以及国库券和商业票据等。对公司来说，投资意味着现时有一笔资金流出，而未来有一笔反方向的该笔资金外加利息的流进。在存在外汇风险的情况下，投资的作用和借款一样，主要是为改变外汇风险的时间结构。

例如，B 公司在 3 个月后有一笔 50 000 美元的应付账款，该公司可将一笔同等金额的美元（期限为 3 个月）投放在货币市场上（暂不考虑利息因素），以使未来的外汇风险转至现时，如图 4-3 所示。

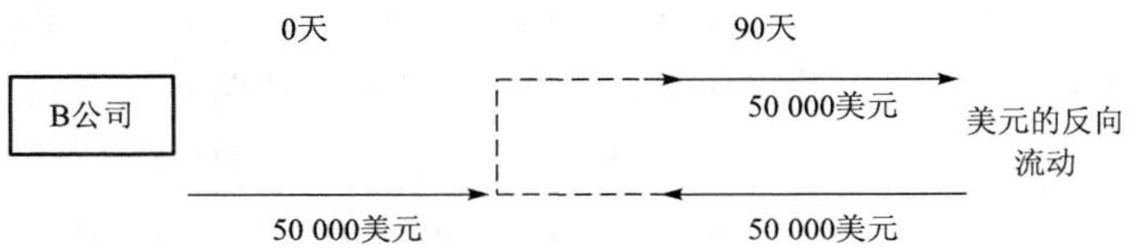


**图 4-3 投资法示意图**

投资法与借款法虽然相似，都能改变外汇风险的时间结构，但具体情况不同，投资法是将未来的支付转移到现在，借款法是将未来的收入转移到现在。

## 六、签订贸易协定，采取易货贸易来防止外汇风险

易货贸易也不失为防止外汇风险的方式之一。但易货贸易的完全实现也是比较困难的。

综上所述，可以看出，一些防止外汇风险的方法是在风险已经存在后采取的，一些是在风险发生前采取的。此外，防止外汇风险的方法与技术有些只可消除时间风险，有些只可消除货币风险，有些则二者均可消除。只有即期合同法、远期合同法和平衡法、货币期货合同法、期权合同法、择期合同法、掉期合同法等能够独立地用于外汇保值；提前收付法、拖延收付法、借款法、投资法必须同即期外汇交易相结合才能全部消除外汇风险，达到外汇保值的目的。现将各种防止外汇风险方法的效果，摘要列表如下（表 4-1），以便掌握区分。

表 4-1　防止外汇风险的方法比较

| 消除 | | | 减少风险的影响 | 避免风险环境 |
|---|---|---|---|---|
| 时间风险 | 时间风险与货币风险 | 货币风险 | | |
| 提前收付法<br>拖延收付法<br>借款法<br>投资法 | 远期合同法<br>即期合同法①<br>平衡法<br>货币期货合同法<br>期权合同法<br>择期合同法<br>掉期合同法 | 即期合同法② | 选好计价货币<br>多种货币组合法<br>组对法<br>调整价格法<br>保值法<br>即期 L/C 结算法<br>远期 L/C 结算法 | 易货法<br>本币计价法 |

注：① 指对于两天内需要结清的外币债权、债务而言；② 指对于超过两天的外币债权、债务而言。

# 第三节　外汇风险管理的基本方法

上一节所讲的防止外汇风险的方法，除运用外汇市场与货币市场有关业务外，还从贸易合同的签订、计价货币的选择、贸易策略的确定上来考虑减缓或消除货币风险。本节则集中阐述利用外汇、货币市场业务以消除外汇风险的方法。如前所述，有的方法，如远期合同法，既可消除时间风险，又可消除货币风险；而有些方法，如提前收付法，则必须与其他方法相互配合，综合利用，才能消除全部风险，这种综合利用的防止风险的方法有两种：借款—即期合同—投资法（Borrow-Spot-Invest，BSI 法）和提前收付—即期合同—投资法（Lead-Spot-Invest，LSI 法）。远期合同法、BSI 法与 LSI 法一般称为外汇风险管理的三种基本方法。现将这三种基本方法在应收外汇账款与应付外汇账款中的具体运用及其消除时间风险与货币风险的机制过程进行分析。

## 一、三种基本防止外汇风险方法在应收外汇账款中的具体运用

### （一）远期合同法

借助于远期合同，创造与外币流入相对应的外币流出就可消除外汇风险。

例如，美国 A 公司出口一批商品，3 个月后从德国某公司获得 50 000 欧元的货款。为防止 3 个月后欧元汇价的波动风险，A 公司可与该国外汇银行签订出卖 50 000 欧元的 3 个月远期合同。假定签订远期合同时欧元对美元的远期汇率为 1 欧元 = 1.070 4–09 美元，3 个月后，A 公司履行远期合同，与银行进行交割，将收进的 50 000 欧元售予外汇银行，获得本币 53 520 美元。

这里将远期合同法的机制过程表示如图 4-4。

图 4-4 显示，在办汇日（Spot Date）签订出售远期外汇合同，其金额与将要收进

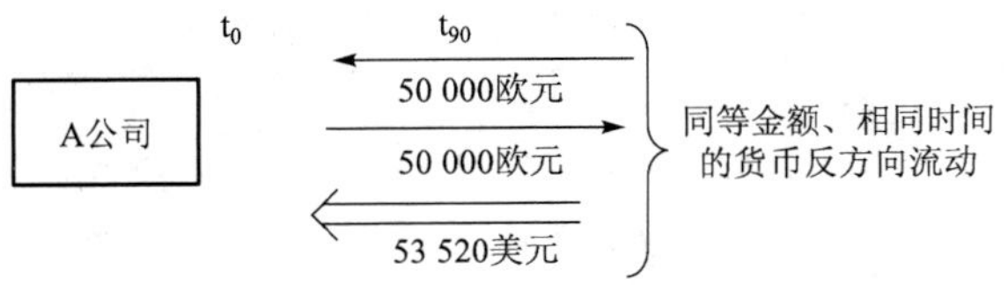


**图 4-4　远期合同法消除应收外汇账款外汇风险**

外汇的金额相同、时间相同，构成一反方向资金流动，远期合同到期，本币流入，从而消除了时间风险和货币风险。

（二）BSI 法

借款—即期合同—投资法，即 BSI 法也可以完全消除外汇风险。在有应收外汇账款的情况下，为防止应收外币的汇价波动，首先借入与应收外汇相同数额的外币，将外汇风险的时间结构转变到现在办汇日。借款后时间风险消除，但货币风险仍然存在，此风险则可通过即期合同法予以消除。即将借入的外币，卖予银行换回本币，外币与本币价值波动风险不复存在，消除风险虽有一定费用支出，但可将借外币后通过即期合同法卖得的本币存入银行或进行投资，以其赚得的投资收入抵充一部分采取防险措施的费用支出。

例如，美国 A 公司在 90 天后有一笔 50 000 欧元的应收账款。为防止欧元对美元汇价波动的风险，A 公司可向美洲银行借入相同金额的欧元（50 000 欧元）（暂不考虑利息因素），借款期限也为 90 天，从而改变外汇风险的时间结构。A 公司借得这笔贷款后，立即与某一银行签订即期外汇合同，按 1 欧元 = 0.978 6 美元汇率，将该 50 000 欧元的贷款卖为美元，共得48 930 美元。随之 A 公司又将 48 930 美元投放于美国货币市场（也暂不考虑利息因素），投资期也为 90 天。90 天后，A 公司以 50 000 欧元应收账款还给美洲银行，便可消除这笔应收账款的外汇风险（见图 4-5）。

图 4-5 显示，在 $t_0$ 也即采取防止风险方法的当天（或叫办汇日），通过借款、即期合同、投资三种方法的综合运用，外币与本币的流出与流入都相互抵消了，90 天后（$t_{90}$）国外进口商付给 A 公司的外币账款，A 公司正好用以偿还其从银行的借款；剩下一笔本币的流入，外汇风险全部抵消。

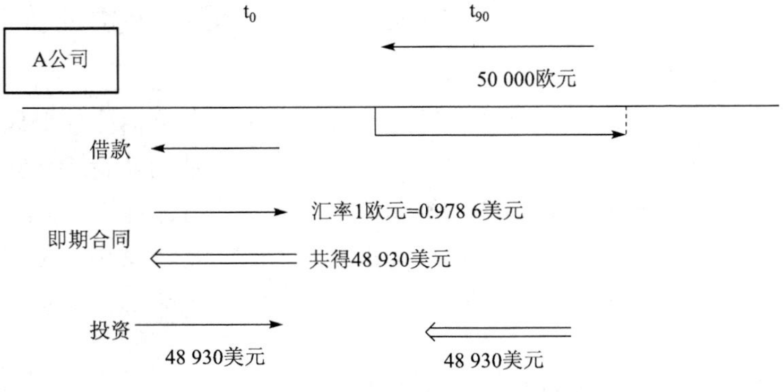


**图 4-5　BSI 法消除应收外汇账款外汇风险**

### （三）LSI 法

提前收付—即期合同—投资法，即 LSI 法，是具有应收外汇账款的公司，征得债务方的同意，请其提前支付货款，并给其一定折扣。应收外币账款收讫后，时间风险消除。以后再通过即期合同换成本币，从而消除货币风险。为取得一定的利益，将换回的本币再进行投资。LSI 法与 BSI 法的全过程基本相似，只不过将第一步从银行借款对其支付利息，改变为请债务方提前支付，给其一定折扣而已。

例如，美国的 A 公司在 90 天后从德国公司有一笔 50 000 欧元的应收货款，为防止汇价波动，A 公司征得德国公司的同意，在给其一定折扣的情况下，要求其在 2 天内付清这笔货款（暂不考虑折扣具体数额）。A 公司取得这笔 50 000 欧元货款后，立即通过即期合同换成本币美元，并投资于美国货币市场。由于提前收款，消除了时间风险；由于换成本币，又消除了货币风险。该过程如图 4-6 所示。

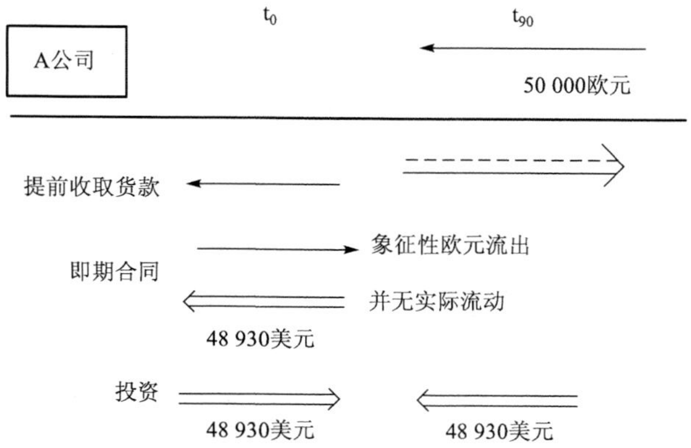


**图 4-6　LSI 法消除应收外汇账款外汇风险**

图 4-6 显示，在办汇日，也即 $t_0$，有一笔提早支付的外币流入，将该外币通过即期合同卖成本币，以本币进行投资，在办汇日的当天，外币及本币流出入均彼此抵消。在将来，即 $t_{90}$ 时，不再有真正的外币流动，仅有一笔回收投资的本币收入。

综上分析，可以看出，在应收外币账款业务中所采取的三种防止外汇风险的基本方法（远期合同法、BSI 法和 LSI 法）的机制极为相似，均能消除从现在到将来应收外币与本币价值之间下跌的风险，三种方式均能消除将来时期的外币流入，剩下来的只有本币流入。

## 二、三种基本防止外汇风险方法在应付外汇账款中的具体运用

在具有应付外汇账款的情况下，债务人同样可以运用远期外汇法、BSI 法、LSI 法来消除外汇风险，其消除时间风险与货币风险的机制与在应收外汇账款中大同小异。

### （一）利用远期合同法消除外汇风险

美国 A 公司从德国进口 100 000 欧元的电机产品，支付条件为 90 天远期信用证。A 公司为防止 90 天后欧元汇价上涨，遭受损失，它与美国某银行签订购买 90 天远期

100 000 欧元的外汇合同，3 个月远期汇率为 1 欧元 = 1.070 4–9 美元。当 3 个月欧元远期合同到期交割时，A 公司向德国公司支付 107 090 美元买进100 000欧元。

现以图 4–7 分析远期合同法的机制过程。

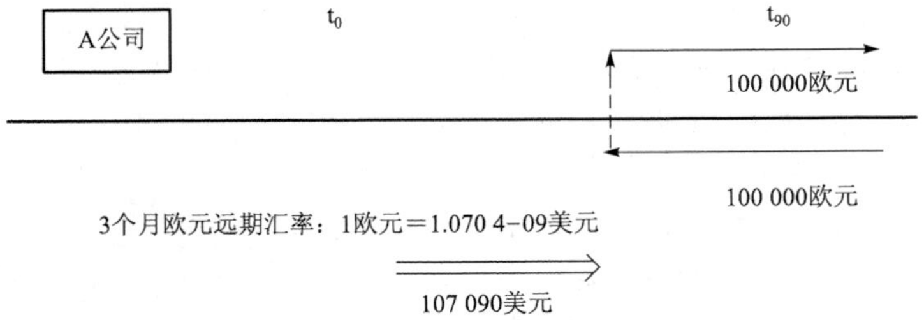


**图 4–7 远期合同法消除应付账款外汇风险**

如图 4–7 所示，由于 90 天后付出欧元，有一笔欧元流出，通过远期合同的签订，90 天后有一笔欧元流入，从而抵消了外汇风险。

（二）运用 BSI 法消除外汇风险

如果上例美国 A 公司不使用远期合同法，而使用 BSI 法也可消除应付欧元账款所存在的外汇风险。其程序是首先从美国的银行借入一笔本币，即美元，借款期限为 90 天；然后与该行或其他银行签订一即期外汇购买合同，以借入的本币——美元购买 100 000 欧元；接着再将刚买入的欧元投放于欧洲货币市场或美国货币市场（或存款，或购买短期债券等），投放的期限也为 90 天（暂不考虑利息因素）。当 90 天后，A 公司的应付欧元账款到期时，恰好其欧元的投资期限届满，以其收回的欧元投资，偿付其对德国公司的 100 000 欧元的债务。由于通过 BSI 实现了应付欧元的反方向流动，所以消除了应付欧元账款的汇率风险。需要指出的是，如果美国 A 公司在 $t_0$，即办汇日，借款时，外汇市场即期汇率牌价为 1 欧元 = 1.030 5–10 美元，则 A 公司应贷进 103 100 美元以购进 100 000 欧元。

现以图 4–8 分析 BSI 法的机制过程。

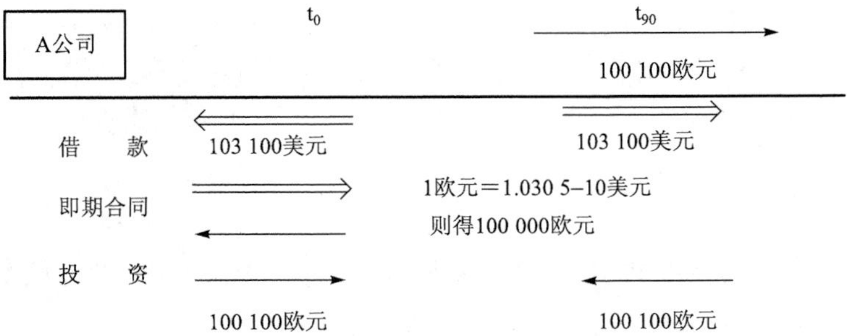


**图 4–8 BSI 法消除应付外汇账款外汇风险**

通过图 4–8 可以看出，运用 BSI 法消除应付外币账款外汇风险所借入的是本币，而不是外币（在消除应收账款外汇风险中则借入外币）；进行投资所用的货币是外币，而不是本币（在消除应收账款外汇风险中投资的货币是本币）。同时还可看出通过 BSI 法使货币的流出入完全抵消，消除了全部外汇风险；最后只剩下一笔本币的支出，即以美元向贷款银行偿还借款。在采取 BSI 法防止应付账款风险时，如 A 公司流动资金充裕，不一定非先从银行借款不可，它可利用本身的流动资金、公积金，也可出卖本企业保存的国库券等来购买外汇。这样可能比从银行借款的成本低，企业利用自有流动资产购买外汇的成本，即为该流动资产所带给它的利息收入。

### （三）运用 LSI 法消除外汇风险

上述运用远期合同法消除应付外汇账款的美国 A 公司也可利用 LSI 法消除外汇风险。利用 LSI 法的程序是先借进一笔金额为 103 100 美元的本币贷款；其次通过与美国银行签订即期合同，以借款 103 100 美元购买 100 000 欧元；最后，以买得的欧元提前支付德国公司（暂不考虑折扣的数额）。从本案例的程序看出美国 A 公司消除外汇风险的步骤是先借款（Borrow），再与银行签订即期合同（Spot），最后再提前支付（Lead），这个程序应简化为 Borrow-Spot-Lead，但国际传统习惯均不叫 BSL，而叫 LSI。

现以图 4-9 分析 LSI 法的机制过程。

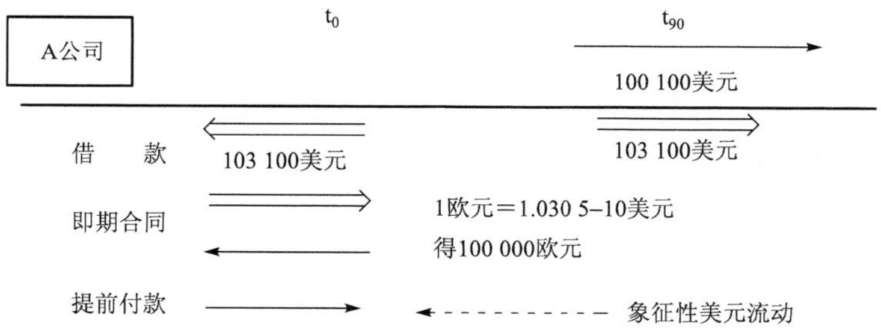


**图 4-9　LSI 法消除应付外汇账款外汇风险**

通过图 4-9 可以看出，经过借本币，以本币换外币，再以外币提前偿付，全部风险消除，将来只有一笔本币流出，借款到期时用本币偿还借款。同时看出，BSI 与 LSI 在消除应付账款的外汇风险时的机制作用是相同的。只不过 BSI 最后一步是投资，获得利息，LSI 最后一步是提前付款，从债权人处获得一定的折扣。

## 专　栏

### 持续推进企业汇率风险管理服务落地见效①

近年来，我国外汇市场加快发展，积极适应和满足企业汇率风险管理需求，保障高水平开放和高质量发展，提升金融服务实体经济水平，加强汇率风险中性理念宣传引导，强化对中小微企业的支持力度，帮助企业更好提升汇率风险管理能力。

---

① 资料来源：《2023 年上半年中国国际收支报告》，国家外汇管理局官网 www. safe. gov. cn，2023 年 9 月 28 日。

**企业汇率风险管理与外汇市场深化发展相辅相成。**一方面，随着人民币汇率双向浮动弹性增强，有效管理汇率风险成为企业跨境贸易和投融资交易要解决的“必修课”，也是国内外汇市场发展要面临的“必答题”。特别是，我国市场规模巨大、企业等主体众多，2022年，银行代客涉外收付款总额12.4万亿美元，涉及近100万家企业，风险管理需求较大。同时，随着我国金融市场对外开放，投资股票、债券等人民币资产的境外机构，也有在国内外汇市场管理汇率风险的需求。另一方面，企业汇率风险管理为外汇衍生品市场发展创造了条件，成为外汇市场深化发展的重要驱动力。2005年汇改以来，国内外汇市场交易量从2005年1.3万亿美元增长至2022年34.5万亿美元，66%的增长来自衍生品交易。各类交易主体运用衍生品管理汇率风险，提升了外汇市场深度和广度。

**外汇市场服务企业汇率风险管理的功能日益完善。**围绕风险管理功能，近年来我国外汇市场不断深化发展。从交易工具看，目前已具备远期、外汇掉期、货币掉期、期权等国际成熟的外汇衍生品体系，能够满足市场多样化的汇率避险需求。从市场服务看，截至2022年末，已有127家银行开办外汇衍生品业务，包括大中小型和中外资各类银行，市场服务可覆盖全国各地。从基础设施看，目前国内外汇市场已具有适应不同交易工具和参与主体的多样化交易清算机制，银行对客户的电子化服务水平不断提升，为衍生品交易提供了安全、便捷、高效的市场支持。从政策保障看，近年来外汇局着力推动企业树立汇率风险中性理念，引导银行健全汇率风险管理服务长效机制，完善外汇衍生品管理政策，加强跨部门协同合作，为企业汇率风险管理创造有利的政策环境。

**企业汇率风险中性理念和风险管理水平持续提升。**运用外汇衍生品开展套期保值交易是企业管理汇率风险的一个重要手段。以外汇衍生品交易量占比衡量，2022年，企业运用外汇衍生品管理汇率风险的规模超过1.3万亿美元，较上年增长15.1%；2022年企业外汇套保率为24%，连续三年上升，较2016年增加11个百分点；汇率风险管理的企业参与度持续拓宽，外汇衍生品“首办户”企业2022年新增超过3.3万家，2023年上半年超过1.5万家。除外汇衍生品交易外，企业还使用其他经济金融手段，特别是人民币结算来管理汇率风险。银行代客涉外收付中人民币结算占比连续五年上升，达到五成。

## 本章习题

### 简答题

1. 指出下列每组名词之间的主要异同点。

（1）经济风险与交易风险　　（2）组对法与平衡法

2. 进（出）口商在什么情况下采取提前收付法？在什么情况下采取拖延收付法？

3. 某跨国公司的母公司在美国，一个子公司在英国，一个子公司在德国，如果预测欧元对美元将上浮，英镑对美元将下浮，为消除外汇风险，跨国公司之间在进口与出口业务中将如何运用提前收付法和拖延收付法？并完成下列表格。

| | 英　国 | 美　国 | 德　国 |
|---|---|---|---|
| 英镑计价（对英国收付） | （不填） | 进口：<br>出口： | 进口：<br>出口： |
| 美元计价（对美国收付） | 进口：<br>出口： | （不填） | 进口：<br>出口： |
| 欧元计价（对德国收付） | 进口：<br>出口： | 进口：<br>出口： | （不填） |

# 第五章　外汇管制与我国的外汇管理


**本章摘要**

外汇管制与外汇限制有严格的界定。外汇管制涵盖经常项目与资本项目两个项目，外汇限制则是指一国对国际收支经常项下的外汇收支采取各种形式或手段加以限制。如果一国解除了外汇限制，则实现了经常项下的可兑换，国际货币基金组织对此有严格的规定与标准，必须了解掌握。2008 年 8 月我国颁布最新的《中华人民共和国外汇管理条例》，对经常项目外汇管理、资本项目外汇管理、金融机构外汇业务等方面管理原则与内容均有规定，本章对其加以详尽的诠释与剖析。

本章的主要问题是外汇管制与货币的可兑换，核心问题是我国外汇管理的主要原则和内容，特别是与对外经贸经营活动有关的外汇管理。


**关键词：** 外汇管（限）制　　经常项下可兑换　　结售汇　　QFII　　QDII

学完本章，你需要掌握：

- 经常项下可兑换的标准和内容
- 我国外汇管理体制的历史沿革
- 当前我国外汇管理的主要内容

## 第一节　外汇管制与货币可兑换

从 1996 年 12 月 1 日起，我国解除了经常项下对外支付的限制，实现了人民币在经常项下的可兑换；此前，从 1996 年 7 月 1 日起，外商投资企业在保留外汇账户的同时也参加了外汇指定银行的结汇制与售汇制。这是我国外汇管理体制改革的一项重大举措，在国际上产生了重大影响。要深刻了解货币可兑换，必须先了解外汇管制与外汇限制。

### 一、外汇管制与货币的可兑换的概念

#### （一）外汇管制与外汇限制

外汇管制的概念有广义和狭义之分。广义的外汇管制（Exchange Control）是指一国对外汇的获取、持有和使用以及在国际支付或转移中对使用本币或外币而进行的管理。狭义的外汇管制称为外汇限制（Exchange Restriction），是指一国对国际收支经常项下的外汇支付采取各种形式或手段加以限制、阻碍或推迟。可见外汇管制涉及

的范围比外汇限制的范围广泛，外汇限制只涉及对经常项下外汇支付转移的管理规定。

### （二）货币的可兑换

一国货币可兑换是针对外汇限制（或管制）而言的，如果一国对经常项下的对外支付解除了限制（或管制），则该国货币即实现了经常项下的可兑换；如果一国对资本项下的对外收支也解除了管制（或限制），则该国货币即实现了资本项下的可兑换；一国对经常项下的对外支付和资本项下的对外收支都解除了限制（或管制），则该国货币即实现了全面的可兑换。

在《国际货币基金协定》和国际经济文献中常提到“可自由使用货币”，也称“自由的可兑换货币”（Free Convertible Currency），它是一个具有特定含义的专门术语，指该货币是国际交易中被广泛使用的支付货币，该货币是主要外汇市场上普遍进行交易（买卖）的货币，主要指英镑、美元、欧元和日元等货币。这三个主要含义在《国际货币基金协定》第 30 条 F 项下有详尽的说明。

## 二、经常项下对外支付限制的主要措施和内容

实行外汇管制或限制的国家，由其政府部门的直接行为或做出规定，对经常项下的支付进行限制、阻碍，以达到其所追求的目的。对经常项下所采取的限制措施主要有以下方面。

### （一）对无形交易的限制

如对出国旅游、就医、公务外出、赡家汇款、保险费支付所需外汇，只给予一定定额，超过定额，不予提供，加以限制。

### （二）对非居民投资所得转移的限制

对非居民投资所得的利润、红利，贷款所得的利息的汇出进行限制；或者在金额上或者在时间上进行限制。例如，有的国家规定外商投资前 7 年内汇出利润不得超过外汇收益总额，或投资期限不超过一定年限者不能汇出利润等。

### （三）对经常项下支付实行核批制

对贸易和劳务等外汇支付实行核批制，或申请外汇许可证，在支付方向、支付内容、支付金额等方面经核准或许可后，才提供外汇，对外支付。

### （四）外汇预算分配制

按外汇预算指标分配商品、劳务进口所需外汇，超过计划预算指标，进口商就不能获得外汇。

### （五）对外支付的拖延

由于政府的直接行为而造成对经常性国际交易所需外汇的获取和使用的拖延支付，也是外汇限制存在的表现。如一国政府不拒绝向国外债权人偿还债务，但仅允许将偿还的贷款拨付在债权人在该国开立的账户上，继而禁止该账户资金移出境外，这是官方对经常性国际交易支付所进行的限制。

（六）居民以自有外汇资金对外支付

政府规定居民经常项下所需外汇应来自其自有外汇资金或外汇收益，如自有外汇资金不足，则需另外申请核批。

## 三、经常项下可兑换的标准和内容

如前所述，如果一国解除了对经常项下支付转移的限制，即实现了经常项下的货币可兑换，也即承担了《国际货币基金协定》第 8 条所规定的义务，成为《国际货币基金协定》的第 8 条成员。实现经常项下货币可兑换的标准和内容是什么呢？在《国际货币基金协定》第 8 条和第 30 条中有明确的规定。

（一）对经常项下支付转移不加限制

一国对居民从国外购买经常项下商品或劳务所需外汇要予以提供；允许其拨付转移，不以各种形式或手段加以限制、阻碍或推迟。这是《国际货币基金协定》第 8 条第 2 节所规定的主要内容。

（二）不实行复汇率

一国政府或其财政部门所采取的导致该国货币对其他国家的即期外汇的买入、卖出汇率的差价和该国各种汇率之间买入、卖出汇率的差价超过 2% 者，国际货币基金组织均视为实行复汇率。这就是说由于政府行为的影响、指导或参与从而导致有效汇率多元化就是复汇率。导致复汇率的措施包括：针对不同交易采用不同汇率，外汇买卖课税制，预扣税款制，由国家进行贴补的汇率风险担保制，双重（或多重）外汇市场，进口存款预交制，实行外汇拍卖制不能满足需要另在市场购买，其价格超过拍卖价格 2%。此外，如一国挂牌的本币与各种外币的即期汇率与国际市场这类外币的即期汇率比价不一致，其差额超过 1%，存在时间超过一周者，也属复汇率。例如，一国外汇牌价为 1 美元 = 8.2 元（本币），1 瑞士法郎 = 4 元（本币），在国内外汇市场可推算出美元与瑞士法郎的比价是 1 美元 = 2.050 瑞士法郎；而在主要国际外汇市场美元与瑞士法郎的比价不是 1 美元 = 2.050 瑞士法郎，而是 1 美元 = 2 瑞士法郎。国内市场与主要国际外汇市场的美元和瑞士法郎比价的差额达 2.5% $\left(\frac{2.050-2}{2}=2.5\%\right)$，超过了 1%，这就被视为复汇率，这是《国际货币基金协定》第 8 条第 3 节的规定及掌握的标准。

（三）兑换其他成员国积累的本币

《国际货币基金协定》第 8 条第 4 节规定，国际货币基金组织的成员应另一个成员的请求，对其因经常项目而积累的本币，无条件地兑换成外币或其所需要的货币。

此外，《国际货币基金协定》第 30 条 D 款还规定实现经常项下可兑换应对以下四项内容的对外支付不加限制：（1）所有对外贸易、其他经常性业务（包括劳务）以及正常短期银行业务有关的支付；（2）应付贷款利息和各项投资净收入支付；（3）数额不大的偿还贷款本金或摊提直接投资折旧的支付；（4）数额不大的家庭生活费用汇款。

## 四、经常项下可兑换与限制的界限

国际货币基金组织的成员承担了《国际货币基金协定》第 8 条义务和第 30 条 D 款

义务后，由于种种原因或出于不同的目的，有可能出现对外支付的限制、拖延或保留对外支付的监测手段，但这并不违反经常项下可兑换所承担的义务，根本不属于对经常项下的支付进行限制。所以，划清可兑换与限制的界限是非常必要的，两者之间不可混淆。这里特别要指出的有以下五个方面。

第一，导源于其他原因或其他目的而出现的间接外汇支付限制，不属于对经常项下支付的限制。

如前所述，未承担《国际货币基金协定》第 8 条义务的国家，对经常项下支付实行限制的行为主体是国家，采取的手段是直接（不是间接）限制外汇的支付转移，如果一国导源于其他原因或目的而出现的外汇支付限制，则不属于对经常项下支付的直接限制，也就不违背可兑换所承担的义务。例如，某国禁止某些奢侈品的进口，并在外汇条例中列有禁止奢侈品进口用汇，这不属于对经常项下支付的限制。又如，某国列有禁止进口商品目录，从而银行对这类商品的进口不提供外汇，这不属于对经常项下支付的限制。又如一国对特定商品的进口数量实行限制，从而引起对该项商品进口用汇的数量限制，也不属于对经常项下支付的限制。

第二，政府规定以某种特定形式和渠道支付或转移外汇，不属于对经常项下支付的限制。

例如，限制居民在国外使用信用卡，不违反《国际货币基金协定》第 8 条规定，因居民可用钞票或其他外汇支付凭证进行对外支付。

第三，为实现监测目的而规定的验证和登录手续，不属于经常项下支付的限制或阻碍。

外汇限制主要是指对外支付所需外汇的获取或使用而实行的直接限制。为达到监测目的而实行的登记、出示有关单据、办理许可证登录，是核实支付真实性的手段，不属于对经常项下支付的限制。

第四，非政府行为所引起的支付阻碍或拖延不属于对经常项下支付的限制。

由于债务人破产或债权人要求法院扣押债务人资产，从而导致债务人无法偿付其对外负债，不应视作对经常项下支付的限制，只有政府行为或明文规定而引起对经常性支付的限制、拖延，才属于外汇限制。

第五，实行外汇留成制，外汇收入部分上缴制，外汇收入结汇制不违反经常项下可兑换义务。

## 第二节　我国外汇管理体制的历史沿革

自中华人民共和国成立到 1978 年我国实行改革开放政策之间的这一历史时期，我国实行严格外汇集中计划管理，国家对外贸和外汇实行统一经营，外汇收支实行全面的指令性计划管理。所有外汇收入必须售给国家，用汇实行计划分配；对外基本不举借外债，不接受外国来华投资；人民币汇率不具有调节经济的杠杆作用，仅作为核算工具。改革开放后，我国对外经济贸易迅猛发展，外汇管理体制也随之经历多次改革，大致分为如下三个阶段。

## 一、改革开放后我国外汇管理体制的变迁（1978—1993年）

我国实行改革开放政策后，涉外经济活动有了较大发展。为适应经济发展的需要，国家对外汇管理体制进行了一系列改革。1979年3月，国务院批准设立了统一负责我国外汇管理的专门机构——国家外汇管理局，统一负责我国外汇管理工作。为推动改革开放，调动各类企事业单位的创汇积极性，从1979年开始实行企业外汇留成制度。1980年，为调剂企业间外汇余缺，设立了外汇调剂市场，人民币外汇调剂市场汇率与官方汇率并行。1980年12月国务院发布的《中华人民共和国外汇管理暂行条例》是这一阶段基本的外汇管理法规。这一阶段，配置外汇资源的市场机制不断发育，对于促进吸引外资、鼓励出口创汇、支持国民经济建设发挥了积极作用。

## 二、社会主义市场经济体制的外汇管理体制的初步建立（1994—2000年）

为了促进我国社会主义市场经济体制的建立和进一步对外开放，克服双重汇率带来的不利影响，1994年1月，国家对外汇管理体制进行了重大改革，主要内容包括：人民币官方汇率与市场汇率并轨，实行以市场供求为基础的、有管理的浮动汇率制度；取消外汇留成制度，实行银行结售汇制度；建立全国统一规范的外汇市场，改进汇率形成机制等。1996年1月，《中华人民共和国外汇管理条例》颁布实施，外汇管理改革成果以法规形式得以进一步确立。同年12月，宣布接受《国际货币基金协定》第8条款，实现人民币经常项目可兑换。这一阶段，外汇供求的市场基础不断扩大，市场机制配置外汇资源的基础性地位进一步增强。但总体来看，我国外汇资源仍然短缺，因此，国家建立了通过事后核对进出口物流和资金流是否对应的进出口核销制度，防止出口少收汇和进口多付汇。当时，仅允许少数企业经批准后开立外汇账户，并且账户内仅可保留上年进出口额的15%的外汇。个人因私用汇每人每次也仅可购500美元，超限额购汇需经外汇管理部门批准。亚洲金融危机期间，我国更加强化了资本流出管制，建立了进口报关单联网核查制度，有力地打击了利用报关单逃汇和骗汇的现象，有效抵御了外部冲击。

## 三、我国外汇管理体制改革的深化（2001年至今）

2001年年底，我国加入世界贸易组织，对外经济贸易迅猛发展，贸易顺差急剧扩大，外商来华投资踊跃，国际收支持续大额顺差，外汇储备于2009年年末达到2.399万亿美元，是1993年年底的100倍。在此背景下，我国逐步取消了经常项目外汇账户开户审批和账户限额管理，允许企业可根据经营需要自主保留经常项目外汇收入。

为建立和完善我国社会主义市场经济体制，充分发挥市场在资源配置中的基础性作用，建立和健全以市场供求为基础的、有管理的浮动汇率制度，2005年7月21日，人民币汇率形成机制进一步改革，实行以市场供求为基础，参照一篮子货币进行调节的有管理的浮动汇率制度，人民币汇率弹性和灵活性显著增强，外汇市场加快发展。同时，还加强了外汇资金流入管理，如2008年实施出口收结汇联网核查，通过核对出口报关单数据，核查出口收汇是否有真实贸易背景，防止在出口收汇中隐匿热钱流出入。这一时期，对外汇资金实行流入流出均衡管理的原则和制度逐步确立，资本项目可兑换进程稳步推进，贸易投资外汇管理不断便利化。2008 年 8 月修订实施的《中华人民共和国外汇管理条例》突出了均衡管理原则和国际收支应急保障制度。

在资本金融项目方面，我国取消了外汇风险审查、外汇来源审查等对外直接投资行政审批项目，并于 2002 年 11 月推出了合格境外机构投资者（QFII）制度，投资品种包括股票、债券和基金等多种人民币标价的金融工具。这一制度的引入，对于引导国内证券市场理性投资理念，促进我国证券市场的规范化和国际化，提高国内商业银行的托管服务水平等发挥了积极的作用。2006 年，我国推出了合格境内机构投资者（QDII）制度。QDII 制度的实施拓宽了境内机构和个人境外投资的渠道，与 QFII 制度配合，共同发挥了调节资金双向流动的作用，有利于促进国际收支的平衡。

## 第三节　我国的外汇管理

1996 年 1 月《中华人民共和国外汇管理条例》实施后，我国外汇管理改革日益深化，经常项目于 1996 年 12 月实行了可兑换，企业可以自行保留经常项目外汇收入，资本项目可兑换程度不断提高，人民币汇率形成机制进一步完善，特别是面对经常项目与资本金融项目双顺差、国际游资冲击频频的背景，面对国际国内新形势，有必要对改革成果予以巩固，对外汇政策做出适应性与针对性的修订。为此，2008 年 8 月 6 日国务院颁布 532 号令，公布了最新通过的《中华人民共和国外汇管理条例》。

### 一、经常项目外汇管理

经常项目外汇管理的内容主要包括货物贸易外汇管理、服务贸易外汇管理和个人经常项目外汇管理等内容。经常项目外汇管理主要坚持以下原则：第一，经常项目可兑换原则；第二，真实性原则，真实性审核并不构成对经常项目可兑换的限制，因为经常项目可兑换的前提是经常项目外汇收支具有真实合法的交易基础；第三，贸易便利化原则，促进便利化是可兑换原则的必然要求。促进贸易便利化就是通过对经常项目外汇管理制度、管理环节等不断改进与简化，使政策与规定的实施过程更加灵活便利、高效顺畅和安全可靠；第四，均衡化原则，就是对资金流出、流入实施均衡监管。

1994 年 3 月，中国人民银行发布了《结汇、售汇及付汇管理暂行规定》，我国开始对经常项目外汇收入和支出实行结售汇制。1996 年 7 月 1 日《结汇、售汇及付汇管理规定》实行。1996 年 12 月，我国实现人民币经常项目可兑换，主要购付汇真实用于货物贸易和服务贸易等经常项目用途，国家均不作限制，予以满足。货物贸易外汇管理制度逐渐由逐笔核销转变为总量核查、动态监测、分类管理，服务贸易用汇审批进一步简化。为进一步优化营商环境，便利主体办理经常项目外汇业务，2020 年 8 月国家外汇管理局发布新的经常项目外汇业务指引即《经常项目外汇业务指引（2020 年版）》，该项指引从货物贸易外汇业务、服务贸易外汇业务、个人经常项目外汇业务、外币现钞业务、保险机构经常项目外汇业务、支付机构外汇业务、其他经常项目外汇业务和监测与管理等八个方面进行了详细指导。

个人外汇收支管理遵循经常项目可兑换的总体原则，立足于满足个人正当合理的用汇需求。目前，对个人结汇和境内个人购汇实行年度总额管理，年度总额每人每年等值5万美元，根据国际收支状况，国家外汇管理局对年度总额进行调整。境内个人、境外个人结汇和境内个人购汇在年度总额以内，凭本人有效身份证件在银行办理；超过年度总额的，经常项目项下凭本人有效身份证件和规定的证明材料在银行办理。对于个人开展对外贸易产生的经营性外汇收支视同机构按照货物贸易的有关原则进行管理。

## 二、资本项目外汇管理①

资本项目外汇管理是外汇管理的重要组成部分，一方面，资本项目管理承担着稳步推进人民币资本项目可兑换的任务，另一方面，资本项目管理还要体现“国际收支基本平衡”的管理宗旨。通常所说的资本项目是对国际收支平衡表中资本和金融账户的总称。

1996年12月人民币实现经常项目完全可兑换后，我国一直在积极、稳妥、有序地推进资本项目开放。2012年国家外汇管理局发布《关于进一步改进和调整直接投资外汇管理政策的通知》，大力精简优化外商直接投资管理的流程，建立起与扩大开放相适应、具备有效管理的外商直接投资外汇管理模式。2015年6月，外商直接投资外汇登记由银行直接审核办理，外汇管理部门实施间接监管。这些改革实施后，我国外商直接投资外汇管理实现了基本可兑换。同时，国家外汇管理局积极支持国内有能力、有条件的企业“走出去”开展真实合规的境外直接投资。2009年，国家外汇管理局发布《境内机构境外直接投资外汇管理规定》，初步建立起以登记为核心的境外直接投资外汇管理框架。

在证券投资方面，2002年，国家外汇管理局会同证券监督管理委员会等部门推出合格境外机构投资者（QFII）制度，允许符合条件的境外机构投资者在核定投资额度内，进入我国资本市场进行证券投资。2006年实施合格境内机构投资者（QDII）制度，允许符合条件的境内机构投资者在一定额度内投资境外证券市场，实现了资本市场“引进来”和“走出去”的新局面。2011年，为配合人民币国际化进程，推出人民币合格境外机构投资者（RQFII）制度，允许符合条件的境外机构投资者使用跨境人民币在境内证券市场投资。RQFII在投资总额和试点地区双向扩容，为境外投资者提供了多元化选择。2020年经国务院批准，取消合格境外机构投资者和人民币合格境外机构投资者投资额度限制以及RQFII试点国家和地区限制，进一步便利了境外机构投资者投资我国金融市场。

---

① 资料来源：国家外汇管理局官网，www.safe.gov.cn。

## 专栏

### 稳步推进外汇领域高水平开放　不断提升跨境投融资便利化水平[①]

中央金融工作会议指出，要着力推进金融高水平开放；稳步扩大金融领域制度型开放，提升跨境投融资便利化，吸引更多外资金融机构和长期资本来华展业兴业。国家外汇局坚持统筹发展和安全，稳步推进外汇领域高水平开放，积极探索符合中国国情的渐进式资本项目开放道路，不断提升跨境投融资便利化水平。目前，已有超过90%的资本项目实现不同程度的开放，人民币资本项目可兑换取得积极进展。

**一、跨境直接投资开放水平持续提高**

**着力营造市场化法治化国际化营商环境，吸引更多外资来华展业兴业。**全面实现准入前国民待遇加负面清单管理，简化直接投资外汇账户管理，取消外汇资本金、保证金、资产变现账户等开户数量限制，放宽资本项目账户资金使用范围，取消外商投资企业前期费用额度和有效期等限制。推动存量权益登记制度改革，会同市场监管总局、商务部持续推进“多报合一”改革，便利外商投资企业数据申报。在深圳河套深港创新合作区开展“科汇通”试点，有效满足科研机构引入跨境资金相关外汇政策诉求，助力深港两地科技创新要素跨境流动和科技产业协作。

**优化境外直接投资外汇管理，推动共建“一带一路”高质量发展。**对境外直接投资实施分类管理，支持有能力、有条件的企业积极稳妥“走出去”。会同人民银行将境外放款宏观审慎调节系数由0.3上调至0.5，更好满足企业“走出去”资金需求。同时，积极支持对外投资相关法律服务建设，会同司法部出台与律师“走出去”相配套的外汇举措，便利我国律师事务所在境外设立分支机构。

**稳慎推动跨境股权投资试点，更好支持跨境投资创新发展。**在部分区域开展合格境外有限合伙人（QFLP）和合格境内有限合伙人（QDLP）外汇管理试点，支持股权投资基金开展跨境产业、实业投资，有序推动区域金融改革开放。

**二、跨境证券投资渠道不断拓展**

**稳步扩大金融市场双向开放。**目前，我国金融市场开放已涵盖股票、债券、商品期货等领域，沪深港通、债券通、互换通、“跨境理财通”试点、基金互认等投资渠道不断拓展，基本形成以合格机构投资者制度、互联互通机制和境外投资者直接入市为主的金融市场双向开放模式，一级市场开放水平日益提高，多数二级市场开放渠道已不存在汇兑限制。

**加大境内股票及债券市场发行端的外汇政策供给。**会同有关部门出台存托凭证跨境资金管理办法，逐步统一境外机构在银行间和交易所债券市场发行熊猫债相关资金管理规则，简化入市流程，优化账户和汇兑管理，增强境内债券市场对境外机构的吸引力。配套完善红筹企业境内上市后回购、股东减持等业务的外汇管理政策，满足红筹企业回

① 资料来源：国家外汇管理局官网 www. safe. gov. cn。

归境内上市后交易需求。

**持续提升跨境证券投资便利化水平。**取消合格境外机构投资者（QFII/RQFII）资金汇出比例、本金锁定期、投资额度等要求，扩大 QFII 投资范围，拓宽 QFII/RQFII 通过境内外汇市场进行外汇风险管理渠道。会同相关部门统一境外机构投资者投资中国债券市场所涉资金账户、资金收付和汇兑等管理规则。优化完善合格境内机构投资者（QDII）额度管理，规则化发放 QDII 额度，截至 2023 年 10 月末，已向 186 家机构累计发放 1 655.19 亿美元额度。

**三、跨境融资和资金支付使用更加自主便利**

**推进外债登记管理改革。**取消外债账户开户数量限制，企业可根据实际需求开立多个账户。简化外债登记手续，在全国推广实施企业网上办理外债登记，降低企业“脚底成本”。在上海自贸试验区临港新片区等 4 个省（市）部分区域，试点由银行直接办理符合条件的非金融企业外债登记，便利企业办理相关外汇业务。

**便利高新技术和“专精特新”中小企业跨境融资。**在北京、上海、江苏、湖北、海南等多地开展跨境融资便利化试点，支持高新技术和“专精特新”中小微企业在一定额度内自主借用外债，不受净资产规模较小的限制，并结合试点情况不断拓展试点范围和主体。试点政策有效缓解了“轻资产、高成长”科创企业的融资需求，覆盖了全国约 80%高新技术和“专精特新”企业，惠及 28 万家企业。

**持续优化跨国公司跨境资金集中运营管理。**实施本外币合一政策，大幅简化跨国公司相关外债和境外放款登记管理。有序推广跨国公司本外币一体化资金池试点，允许跨国公司根据宏观审慎原则自行决定外债和境外放款的归集比例，促进跨国公司发展总部经济、提升资金使用效率。截至 2023 年 10 月末，全国共有近千家跨国公司开通跨境资金池业务，涉及 1.7 万家境内外成员企业。

**推进资本项目收入支付便利化。**符合条件的企业将资本金、外债等资本项目收入用于境内支付时，无需事前向银行逐笔提供真实性证明材料，事后由银行进行随机抽查，大大缩减了企业办理业务的流程和时间。截至 2023 年 10 月末，全国共办理资本项目收入支付便利化业务超 125 万笔，超 2 000 亿美元。

## 本章习题

### 简答题

1. 简述经常项目可兑换的标准和内容。
2. 简述当前我国经常项目外汇管理的主要原则。
3. 总结近几年我国推动人民币资本项目可兑换采取的主要措施。

# 第三篇

## 国际金融市场与国际信贷

# 第六章　国际金融市场与衍生金融工具市场

## 本章摘要

国际金融的各项业务活动离不开国际金融市场，金融市场有广义狭义之分，其类型又可分为传统国际金融市场和新型国际金融市场，本章将对其形成的条件、特点、构成、作用进行详尽的分析。欧洲货币市场商业银行贷款是一切贷款形式的基础，其他贷款形式，如官方贷款、半官方贷款、国际金融组织贷款的条件与利率计算都是在此基础上变化发展的。本章对其贷款类型、金融条件、法律条件以及贷款货币确定等问题进行分析，以利洞悉掌握。衍生金融工具市场就是以衍生金融工具作为交易对象的市场。本章将对这个市场交易的类型、特点、作用通过实际的案例进行分析，以掌握其运行机制。

本章的主要问题是传统国际金融市场与欧洲货币市场的概念、形成条件、特点与作用；核心问题是欧洲商业银行协议中的贷款条件与法律条件。

**关键词：** 欧洲货币市场　　银团贷款　　衍生金融工具　　外汇期货　　欧洲债券

学完本章，你需要掌握：

- 欧洲货币市场的概念、成因、特点和作用
- 欧洲商业银行贷款协议的主要条款和内涵
- 贷款货币确定的原则

## 第一节　国际金融市场概述

### 一、国际金融市场的概念和类型

#### （一）国际金融市场的概念

国际金融市场的概念有广义和狭义之分。

广义的国际金融市场是指进行各种国际金融业务活动的场所。这些业务活动包括长、短期资金的借贷以及外汇与黄金的买卖。这些业务活动分别形成了货币市场（Money Market）、资本市场（Capital Market）、外汇市场（Foreign Exchange Market）和黄金市场（Gold Market）。这几类国际金融市场不是截然分离，而是互相联系着的。例如：长、短期资金的借贷往往离不开外汇的买卖，外汇的买卖又会引起资金的借贷；黄金的买卖也离不开外汇的买卖，并引起资金的借贷。

狭义的国际金融市场是指在国际上经营借贷资本即进行国际借贷活动的市场，因

而亦称国际资本市场（International Capital Market）。同国际商品市场比较，经营对象—货币—形式的单一性，是这个市场的明显特点。供求双方不是买卖关系，而是借贷关系，即需求者只有使用权而无所有权，使用资金后必须伴随利息向供应者归还本金。这是金融市场的另一个特点。国际金融市场也不同于国内金融市场，后者所涉及的借贷关系，仅仅是本国居民，而国际金融市场上的借贷关系则涉及境外居民或多国居民。

本章是从狭义的概念出发来研究国际金融市场的。

### （二）国际金融市场的类型

1. 传统的国际金融市场

传统的国际金融市场是从事市场所在国货币的国际借贷，并受市场所在国政府政策与法令管辖的金融市场。这种类型的国际金融市场，经历了由地方性金融市场到全国性金融市场，最后发展为世界性金融市场的历史发展过程。它由一国的金融中心发展为世界性金融市场，是以其强大的工商业、对外贸易与对外信贷等经济实力为基础的。伦敦就是这样的国际金融市场。除伦敦外，纽约、苏黎世、巴黎、东京、法兰克福、米兰等都属于这类国际金融市场。

2. 新型的国际金融市场

所谓新型的国际金融市场，是指第二次世界大战后形成的欧洲货币市场（Euro Currency Market）。它是在传统的国际金融市场基础上形成的，但同业务活动具有国际性却又受本国货币当局控制的传统的国际金融市场相比，欧洲货币市场是更具国际意义的金融市场，其特点将在下一节中介绍。

### （三）国际金融市场的形成条件

国际金融市场的形成，必须具备以下主要条件。

（1）政局比较稳定。只有政局稳定，资本才有安全感，国际资本才会流向那里，才能积聚向外国提供贷款所需的资金，才会形成国际金融市场。相反，一国政局动荡不定，国际资本就不会流向那里，因而也不会形成国际金融市场。

（2）完整的市场结构。这是指既有完备的金融机构网络，又有发达的国内金融市场，还有能从事国际金融活动的专门人才。

（3）良好的国际通信设施。国际金融市场的业务活动一般都由各种银行与金融机构的柜台业务来进行，交易的双方主要通过电话、电报、电传、传真机和电脑等电信设备和邮政设施相互联系，进行货币买卖、融资、票据及有价证券的发行、承购、转让等业务活动。

（4）宽松的金融政策与优惠措施。

具备以上条件，即使本身没有巨额资金的积累，也能形成国际金融市场。

## 二、国际金融市场的构成

国际金融市场分为货币市场和资本市场。

### （一）货币市场

货币市场是经营期限在1年以内的借贷资本市场。按照借贷方式的不同，又可分为以下类型。

1. 银行短期信贷市场

银行短期信贷市场主要包括银行对非银行客户的信贷和银行同业拆放市场。前者主要解决流动资金的需要，后者主要平衡银行在一定时间内的资金余缺。银行同业拆放市场在货币市场中居于主要地位。

2. 贴现市场

贴现市场是经营贴现业务的短期资金市场。贴现是银行购买未到期票据业务，银行根据票面金额扣取自贴现日至票据到期日期间的利息，而给予票据持有者资金融通的一种业务。

3. 短期票据市场

短期票据市场是进行短期信用票据交易的市场。在这个市场进行交易的短期信用票据有以下类型。

（1）国库券，是指一国政府为满足季节性财政需要而发行的短期政府债券。国库券是美国证券市场上信用最好、流动性最强、交易量最大的交易手段。它不仅是美国居民，而且是外国政府或居民的重要投资对象。

（2）商业票据，是指一些大工商企业和银行控股公司为筹措短期资金，凭信用发行的，有固定到期日（以270天居多）的短期借款票据。

（3）银行承兑汇票，主要是出口商签发的，经银行背书承兑保证到期付款的汇票。这种汇票期限一般为30～180天，90天居多，面值无限制。

（4）定期存款单（Certificate of Deposit，CD），是商业银行和金融公司为吸收大额定期存款而发给存款者的存款单。存款单不记名并可在市场上自由出售。因此，投资于存款单，既可获得定期存款利息，又可随时转让变为现金，很受投资者欢迎。

### （二）资本市场

资本市场是经营期限在1年以上的借贷资本市场。按照借贷方式的不同，又可分为以下类型。

1. 银行中长期借贷市场

银行中长期贷款主要用于外国企业固定资本投资的资金需要。

2. 证券市场

证券市场是以有价证券为经营、交易对象的市场。它通过证券的发行与交易，来实现资本的国际借贷或投资。证券市场分为发行市场和交易市场。

证券发行市场是新证券发行市场，也称初级市场或一级市场。它的作用在于，工商企业、银行或金融机构或政府通过发行市场，将证券销售给投资者，以达到筹集资金的目的。

证券交易市场是已发行证券的流通市场，包括证券交易所和场外交易市场。交易所内买卖的证券是上市证券，场外交易市场买卖的多为不上市的证券，由证券商在其营业所自营或代客买卖。

## 三、国际金融市场的作用

国际金融市场是世界经济的重要组成部分，它对世界经济的发展，既有积极作用的一面，也有消极作用的一面。

### （一）积极作用

国际金融市场对世界经济的积极作用主要有以下方面。

1. 调节国际收支

有国际收支顺差的国家，将其外汇资金盈余投放于国际金融市场，而有国际收支逆差的国家，则越来越依赖国际金融市场的贷款弥补国际收支逆差。国际金融市场在沟通石油美元的再循环、缓解各国国际收支的严重失衡上起着决定性的作用。

2. 促进世界经济发展

国际金融市场促进世界经济发展的作用主要表现在以下方面。

（1）为对外贸易融通资金

第二次世界大战后，世界贸易年平均增长率高于世界国民生产总值年平均增长率。国际贸易的迅速增长在促进世界经济增长中起了重要的作用。各国经常利用国际金融市场为其外贸进行资金融通，这是促进第二次世界大战后国际贸易迅速增长的一个重要原因。

（2）为资本短缺国家利用外资扩大生产规模提供了便利

国际金融市场通过汇集资金、提供贷款和证券交易，把大量闲置的货币资本转化为现实的职能资本，并把非资本转化为资本。各国利用国际金融市场筹集资金，扩大了本国的社会资本总额，从而可以增加投资和扩大生产规模。

3. 促进资本主义经济国际化的发展

第二次世界大战后，资本主义经济进一步国际化，其重要表现之一是跨国垄断组织（主要形式是跨国公司与跨国银行）的出现与发展。国际金融市场促进了跨国垄断组织的发展，跨国垄断组织的发展又推动了国际金融市场的发展。它们之间的这种关系表现为：（1）国际金融市场是跨国公司获取外部资金的最重要来源；（2）国际金融市场为跨国垄断组织进行资金调拨提供了便利条件；（3）国际金融市场是跨国公司存放暂时闲置资金的有利可图的场所，也为跨国银行进行贷放款活动和获取丰厚利润提供了条件。

### （二）消极作用

国际金融市场对世界经济的发展也有消极作用，主要表现在以下方面。

（1）为投机活动提供了便利。

（2）大量资本在国际流动，不利于有关国家执行自己制定的货币政策，造成外汇市场的不稳定。

（3）加剧世界性通货膨胀。

# 第二节 欧洲货币市场

## 一、欧洲货币市场的概念、成因及特点

### （一）欧洲货币市场的概念

什么是欧洲货币市场呢？这里所谓“欧洲”一词，实际是“境外的”“离岸的”等意思。欧洲货币市场是指集中于伦敦与其他金融中心的境外美元与境外其他欧洲货币的国际存放、借贷市场。这就是说本为美国纽约市场借贷货币的美元，流到英国的伦敦或其他金融中心，在伦敦或其他金融中心这种美元作为美国国境以外的美元而被贷放，这种境外美元在境外的借贷融通，就构成了欧洲美元市场（Euro-Dollar Market）业务。根据以上的分析，也可以把欧洲货币市场定义如下：所谓欧洲货币市场是指在一国境外进行该国货币借贷的国际市场。

这里需要指出的是，欧洲货币市场的“欧洲”不是地理概念，由于其最早出现在欧洲，因而将这一性质的市场称为欧洲货币市场（Eurocurrency market），后来发展到其他国家和地区，现在经常又被称为离岸金融市场。

### （二）产生和发展的原因

欧洲货币市场是在20世纪50年代后期产生，20世纪60年代和70年代迅速发展起来的，促使其产生和快速发展的原因除东西方冷战和英镑危机外，主要原因有以下三个方面。

1. 逃避本国金融政策法令的管制

例如，美国联邦银行颁布有一个Q字条款，该条款规定美国商业银行的存款利息不得超过6厘，美国国内利率当时较国外为低，而西欧国家自1958年起，放松外汇管制，货币实行自由兑换，境外存款人用美元开户不仅不受限制，而且没有最高存款利率的规定。因此，企业、银行、金融机构或个人持有的美元就转移到欧洲各国银行存储，追求较高的利息收入。同时，美国大量的和持续的海外军事支出和资本输出，更使大量美元流入外国工商企业、商业银行和中央银行手中，这些美元使“境外美元”也即欧洲美元的数量迅速增长。此外，吸收“欧洲美元”存款的欧洲货币市场的银行可以不用缴纳法定存款准备金；经营“欧洲美元”业务的非美国银行可以不缴纳美国的利息平衡税，降低了银行的经营成本，由此促使欧洲美元业务急剧发展。1968年，美国曾限制对外直接投资，一些跨国公司为逃避美国的管制，将美元资金调至境外，再从事对外直接投资，这也是当时境外美元业务发展的一个诱因。

2. 为减缓本国通货膨胀，对非居民的本币存款采取倒收利息政策的结果

1958年后，当时的德国马克、瑞士法郎一直趋硬。当时还是实行固定汇率制度时期，一些外国人纷纷将本币换成德国马克或瑞士法郎存于德国或瑞士，以套取德国马克或瑞士法郎增值的利益，但是，在德国或瑞士，如外国人的德国马克、瑞士法郎存款增多，无异于加剧本国的通货膨胀。为此，德国、瑞士货币当局对非居民（Non-resident）

的本币存款，采取倒收利息（Negative Interest）政策，以限制非居民的本币存款，减缓本国通货膨胀的压力。西欧一些国家实行的这种政策使非居民将所持马克或瑞士法郎从德国或瑞士抽走，转存于伦敦或卢森堡，这不仅可逃避因德国、瑞士货币当局倒收利息而受到的损失，同时一样可以获得该货币升值的利益。大量德国马克、瑞士法郎存于该国国境以外，是欧洲货币市场集结大量欧洲货币的一个重要原因。

3. 美国对境外美元的存在采取放纵的态度

境外美元的出现是逃避美国金融政策法令的一个结果，但美国当局对此又采取了一种纵容的态度。众所周知，第二次世界大战后一直到 1971 年 8 月 15 日以前，美国对外国政府或中央银行承担美元纸币兑换成黄金的义务。大量美元在境外辗转借贷存储，不须换成外币，这就减少了流入外国中央银行或政府的可能性，从而减轻了美国政府兑换黄金的压力，对美国减少黄金储备有缓冲作用，并为美国转嫁其通货膨胀开辟了新途径，对美国有利。当然，境外美元的存在，逃避了美国政府的法令管制，对减缓美元危机不利。但美国当局权衡之下，还是采取纵容放任的态度。

### （三）欧洲货币市场的特点

欧洲货币市场集结了大量境外美元与境外欧洲货币。大的跨国公司、企业从这个市场借取其所需要的资金，外国的中央银行与政府机构也从这个市场进行资金融通，以调节本国金融市场。如前所述，这个市场业务量之大，信贷金额增长速度之快，均超越了传统的各大国际金融市场。这个市场发展速度与信贷规模如此之大，是与它本身具有的特点分不开的，这些特点主要有以下几点。

1. 管制较松

这个市场的货币当局，对银行及金融机构从事境外货币的吸存贷放，一般管制都很松。例如，一国政府机构或企业筹集资金，在美国纽约市场发行美元债券或借款等，美国有关当局对此审查相当严厉，一般中小国家或企业很难获得资金；而它们在欧洲货币市场发行美元债券或借款，审查手续则较简单，不如美国市场严格，比较容易获得批准。因此，一些发展中国家政府或企业常常在此借取资金，苏联、东欧国家也在此借取资金，以应其经济发展的需要。

2. 存贷款利差低于传统国际金融市场

这个市场存贷款利差一般在 0.25% 至 0.5% 之间，大大低于传统市场，借此增强其竞争地位，招揽顾客。

3. 调拨方便

这个市场，特别是以英国伦敦为中心的境外货币市场，银行机构林立，业务经验丰富，融资类型多样，电信联系发达，银行网遍布世界各地，资金调拨非常方便。由这个市场取得资金融通后，极容易调换成各种所需货币，可以在最短的时间内将资金调拨到世界各地。

4. 税费负担少

这个市场税赋较轻，银行机构各种服务费平均较低，从而降低了融资者的成本负担。

5. 可选货币多样

这个市场所提供的资金不限于市场所在国货币，而几乎包括所有主要可自由兑换货币，从而为借款人选择借取的货币提供了方便条件。

6. 资金来源广泛

这个市场打破了资金供应者仅限于市场所在国的传统界限，从而使非市场所在国的资金拥有者也能在该市场进行资金贷放。与此同时，借款人也不受国籍限制。

此外，这个市场的形成不以所在地强大的经济实力和巨额的资金积累为基础，只要市场所在国家或地区政治稳定、地理方便、通信发达、服务周到，并实行较为突出的优惠政策，就有可能发展为新型的国际金融市场。

## 二、欧洲货币市场与离岸金融中心(Offshore Centre)

欧洲货币市场形成后范围不断扩大，它的分布地区已不限于欧洲，很快扩展到亚洲、北美洲和拉丁美洲。欧洲货币市场最大的金融中心是伦敦，加勒比海地区的巴哈马、欧洲地区卢森堡的业务量略逊于伦敦，其他各大金融中心也分散地经营其境外货币的业务。

欧洲货币市场与离岸金融中心同为经营境外货币市场，前者是境外货币市场的总称或概括，后者则是具体经营境外货币业务的一定地理区域，吸收并接受境外货币的储存，然后再向需求者贷放。根据业务对象、营运特点、境外货币的来源和贷放重点的不同，离岸金融中心分为以下四种类型。

### （一）功能中心（Functional Centre）

功能中心主要指集中诸多外资银行和金融机构，从事具体存储、贷放、投资和融资业务的区域或城市，它又分两种。

1. 集中性中心（Intergrated Centre）

集中性中心是内外融资业务混在一起的一种形式，金融市场对居民和非居民开放。伦敦和香港金融中心属于此类。

2. 分离性中心（Segregated Centre）

分离性中心是限制外资银行和金融机构与居民往来的一种内外分离的形式，即只准非居民参与离岸金融业务。典型代表是新加坡和纽约的“国际银行设施”（International Banking Facilities）。

### （二）名义中心（Paper Centre）

这种离岸金融中心多集中在中美洲各地，如开曼群岛、拿骚和百慕大等，成为国际银行和金融机构理想的“逃税乐土”。这些中心不经营具体融资业务，只从事借贷投资等业务的转账或注册等事务手续，所以也把这种中心称为簿记中心（Booking Centre）。

### （三）基金中心（Funding Centre）

基金中心主要吸收国际游资，然后贷放给本地区的资金需求者，以新加坡为中心的亚洲美元市场则属此种中心。它的资金来自世界各地，而贷放对象主要是东盟成员或邻近的亚太地区国家。

### （四）收放中心（Collectional Centre）

与基金中心的功能相反，收放中心主要筹集本地区多余的境外货币，然后贷放给世界各地的资金需求者。

亚洲新兴的离岸金融中心巴林，主要吸收中东石油出口国的巨额石油美元，然后贷放给世界各地的资金需求者，同时它也通过设立在当地的外资银行与金融机构积极参与国际市场的各项金融业务。

## 三、欧洲债券市场

欧洲货币市场主要由短期资金借贷市场、中长期资金借贷市场和欧洲债券市场构成。前两个市场将以商业银行短期贷款和中长期贷款为例进行介绍。此处只介绍欧洲债券市场。欧洲债券筹资者在国际金融市场上发行的以发行市场所在国以外的货币所标示的债券。欧洲债券市场（Euro-Bond Market）就是从事欧洲债券发行与交易的市场。

### （一）欧洲债券的发行与特点

与其他国际金融市场债券发行的做法一样，一般债券发行的单位先与欧洲债券市场的银行集团进行联系，洽商条件，达成协议，由一家或数家银行为首，十几家或数十家银行出面代为发行。债券上市后，这些银行首先购进大部分，然后再转至二级市场或调到其国内市场出售。一些银行、企业、保险公司、福利基金组织及团体或个人等，为了投资牟利或周转保值，成为欧洲债券的主要购买者。

欧洲债券市场的主要特点是管制较松，审查不严，如发行债券无须官方批准，债券不记名等。此外，欧洲债券市场发行费用低，债券发行不缴注册费，债券持有人不缴利息税等特点也促进了欧洲债券市场的飞速发展。

欧洲债券的利率高于银行存款的利率，一般为固定利率，但在欧洲债券市场浮动利率债券也不断增加。债券的利率水平视不同时期、不同货币单位、不同发行单位而异。

### （二）欧洲债券市场与中长期借贷市场

欧洲债券与中长期信贷虽然都是利用欧洲货币市场资金，但各有特点。

（1）债权人不同。债券发行后，通过发行银行集团的认购转卖，金融组织、保险公司和私人成为债券持有人，即债权人；而中长期贷款的债权人则为贷款银行。

（2）债券有行市，持有人可随时转让，腾出占压的资金，流动性强；而中长期贷款一般不能转让。

（3）债券发行单位如因故延期还款，在债券未到期前可再发行一种更换续债的债券，如持有人愿更换时，给予一定优惠，如不换也可。这比中长期贷款到期后重新展期的条件更有利。

（4）通过债券发行筹集到的资金，其使用方向与目的一般不会受到干涉与限制；而利用中长期贷款筹集到的资金，由于贷款银行比较集中，对借款人资金的使用方向比较关注，资金使用要符合原定的方向。

## 四、欧洲货币市场的管制

欧洲货币市场本身存在着导致国际金融市场动荡不安、加剧西方国家通货膨胀、破坏西方国家国内金融政策的推行等消极因素。因此，从20世纪60年代后期开始，西方各国要求管理欧洲货币市场的呼声日益高涨。但是，除各国中央银行采取了一般手段，将其持有的美元不再投入欧洲货币市场，在一定程度上减少其资金来源，抑制其规模外，并未取得实质性进展。直到1981年12月3日，美国“国际银行设施”(International Banking Facilities，IBF）建立，才迈出重要一步。“国际银行设施”不是一个实体性的独立银行体系，而是在美国境内的美国银行或外国银行开立的经营欧洲货币和欧洲美元的账户，此体系的资产独立，与总行的账户分开。“国际银行设施”准许上述银行吸收非居民（即在美国地区以外的个人、银行和公司）以及美国国外公司、银行的存款，同时准许贷款给非居民；但贷款须用于国际业务。创设“国际银行设施”的意义在于吸引巨额资本流入美国，改善国际收支状况，同时，吸回巨额境外美元，以便就近管制，从而加强美国金融资本经营境外货币业务的竞争力。

专栏

## 离岸人民币市场产品和机制创新不断涌现①

近年来，离岸人民币市场内生动能进一步增强，离岸人民币市场平稳健康发展。

离岸人民币市场流动性逐步提高。2022年7月，中国人民银行与香港金管局将货币互换协议升级为常备互换安排，为离岸人民币市场提供更加稳定、长期限的流动性支持。支持香港金管局、新加坡金管局常态化使用人民币互换资金，充实离岸人民币市场流动性。离岸人民币市场交易更加活跃。截至2022年末，主要离岸市场人民币存款余额为1.5万亿元，处于历史高位。

离岸人民币市场参与主体更加丰富，产品体系逐步完善。国际清算银行（BIS）调查显示，近三年来人民币外汇交易在全球市场的份额由4.3%增长至7%，排名由第八位上升至第五位，成为市场份额上升速度最快的货币，显示离岸主体更多使用人民币进行汇兑和风险管理。2023年2月，中国证监会发布规定支持境内企业境外发行股票上市使用人民币分红派息，香港交易所推出“港币—人民币双柜台模式”，为发行人和投资者提供港币和人民币计价股票选择。内地与香港利率互换市场互联互通合作业务正式开通，全球投资者获准进入在岸衍生品市场对冲利率风险。广东省政府、海南省政府、深圳市政府在中国香港和中国澳门发行离岸人民币地方政府债，丰富了离岸人民币市场信用级人民币金融产品。中银香港建立人民币央票回购做市机制，为境外投资者提供人民币流动性支持工具。

---

① 资料来源：节选自《2023年人民币国际化报告》，中国人民银行官网 www.pbc.gov.cn，阅读时间2023年9月1日。

# 第三节 欧洲货币市场商业银行贷款

## 一、按时间划分商业银行贷款的类型

欧洲货币市场的商业银行贷款，如按时间划分，可分为短期贷款与中长期贷款。中长期贷款是我国利用外资的渠道之一，也是本章的重点。

### （一）短期贷款

短期贷款的期限最短的为1夜（所谓隔夜贷款），最长的不超过1年，一般以1天、7天、30天、60天、90天为多。一些企业、银行和私人，在资本循环与周转过程中，短期内出现多余资金，通过市场贷放给那些短期资金的需要者。这些短期贷款常常在交往有素的银行间、银行与企业间进行，有时只凭电话约定，靠双方信用，一般不签协议，手续非常简便。短期借贷的利率由双方具体商定，一般低于各国国内商业银行对大客户的放款利率。借入单位的资信情况对借入额度、期限、利率均有影响。存放款利率一般相差0.25%～0.5%。欧洲货币市场商业银行的短期贷款利息一般须先付，即在借款人借款时就由贷款银行将利息从贷款总额中扣除，然后将扣除了利息后的余额付给借款人；在贷款到期时，借款人则应按贷款额偿还。

例如，某公司向某欧洲银行借款100 000美元，期限为3个月，年利率为12%，则该贷款银行先从贷款额中扣除利息

$$100\ 000\times\frac{12}{100}\times\frac{3}{12}=3\ 000\text{（美元）}$$

然后将扣除利息后的余额付给借款人

$$100\ 000-3\ 000=97\ 000\text{（美元）}$$

贷款到期，借款人应偿还100 000美元。

对借款人来讲，利息先付，要比利息后付的成本负担重。

由以上的介绍可知，银行短期资金借贷有如下特点。

1. 期限短

期限最长不超过1年，1天、7天、30天、90天期的最为普遍。

2. 起点高

每笔短期借贷金额的起点为25万美元和50万美元，但一般为100万美元；借贷金额高达1 000万美元，甚至1亿美元等也时有所见。由于起点较高，参加该市场者多为大银行和企业机构。

3. 条件灵活，选择性强

凡是借款期限、币种、金额和交割地点等均可由借贷双方协调确定，不拘一格，灵活方便；加以资金充足，借贷双方均有较大的选择余地。

4. 存贷利差小

欧洲货币市场存款利率一般略高于国内市场，而贷款利率一般略低于国内市场，因而存贷款的利差较小，两者之间一般相差 0.25% ～0.5% 。

5. 无需签订协议

短期借贷通常发生于交往有素的银行与企业或银行与银行之间，彼此了解，信贷条件相沿成习，双方均明悉各种条件的内涵与法律责任，无需签订书面贷款协议；一般通过电信联系，双方即可确定贷款金额与主要贷款条件。

### （二） 中长期贷款

中长期贷款是期限在 1 年以上的贷款。第二次世界大战前将 1～5 年期限的贷款称为中期贷款；5 年以上的称为长期贷款。第二次世界大战后，习惯上将 1 年以上、10 年左右的贷款统称为中长期贷款，一般不再严格划分中期与长期的界限。当前，在欧洲货币市场对工商企业的中长期贷款期限最长为 6～7 年，对政府机构的最长期限为 12 年。

中长期贷款一般有四个特点。

1. 要签订协议

短期贷款，银行与借款人之间常常通过电信联系，就能确定贷款条件、利率水平、归还期限等，一般无需签订书面协议；而中长期贷款，由于期限较长，贷款金额较大，一般均签订书面的贷款协议。

2. 联合贷放

联合贷放就是一笔贷款往往由数家甚至二三十家银行提供，也叫银团贷款（Consortium Loan）或辛迪加贷款（Syndicate Loan）。采取联合贷放的原因，一是中长期贷款金额较大，一家银行无力提供；二是可以分散风险，万一贷款到期不能收回，由诸多银行分担损失。在欧洲货币市场上银团贷款的形式有两种：一种是直接银团贷款，另一种是间接银团贷款。直接银团贷款下，银团内各贷款银行直接向借款人贷款，贷款工作由各贷款银行在贷款协议中指定代理行（Agent Bank）统一管理；间接银团贷款下，由牵头银行（Lead Bank）向借款人贷款，然后由该行再将参加贷款权（Participation in the Loan）分别转售给其他银行（参加贷款银行），贷款工作由牵头银行负责管理。

3. 政府担保

中长期贷款如果没有物质担保，一般均由政府有关部门对贷款协议的履行与贷款的偿还进行担保。

4. 浮动利率

由于贷款期限较长，如在贷款期内将利率定死，对借贷双方都是不利的。如采取固定利率方式，贷款协议签订时利率较低，在贷款期间，市场利率高涨，但协议已将利率定死，贷款银行不能要求再行提高利率，这时贷款银行较为吃亏；反之，贷款协议签订时利率较高，以后市场利率下降，因协议中将利率定死，借款人不得要求贷款银行降低利率，这时贷款人较为吃亏。如为浮动利率，则在贷款期内允许借贷双方视市场利率的实际情况，对原定利率进行调整，一般贷款协议规定每半年或 3 个月调整一次利率。

## 二、中长期贷款协议的贷款条件

中长期贷款协议的主要贷款条件有利息及费用负担、利息期、贷款期限、贷款偿还方式、提前偿还、贷款货币等条款，现简要分析说明如下。

### （一）利息及费用负担

利息及费用负担中主要包括利率计收、附加利率、管理费、代理费、杂费、承担费等。

1. 利率（Interest Rate）

中长期贷款收取的利息，一般按“伦敦商业银行间优惠放款利率”也称“伦敦银行间同业拆放利率”（London Inter Bank Offered Rate，LIBOR）① 来收取。如果在香港市场借取美元，则按 HIBOR 即香港同业拆放利率来计算；如在新加坡市场借取美元，则按 SIBOR 即新加坡同业拆放利率来计算。

20 世纪 80 年代后，从欧洲货币市场借取欧洲美元也可按美国纽约市场优惠放款利率（Primary Rate）来计收。究竟采取何种利率，由借款人和贷款人协商确定。也有些贷款协议中确定贷款金额的一半用 LIBOR，另一半用 Primary Rate。

2. 附加利率（Margin 或 Spread）

LIBOR 为短期利率，所以借取中长期贷款要在 LIBOR 基础之上，附加一个利率。附加利率的习惯做法是随着贷款期限的延长，附加利率的幅度逐渐提高。如贷款期限为 7 年，头两三年的附加利率为 0.312 5%，中间两三年的附加利率为 0.5%，最后两三年的附加利率为 0.625%。

3. 管理费（Management Fees）

管理费的性质近似手续费，根据贷款金额，按一定费率收取，费率一般为 0.25%～0.5%。

管理费的支付办法有三种形式：（1）贷款协议一经签订即进行支付；（2）第一次提用贷款时支付；（3）根据每次提用贷款的金额按比例进行支付。显然，对借款人来讲，第三种支付方式最为有利，对贷款银行来讲，第一种支付方式最为有利。究竟采取何种方式，双方要通过谈判协商决定。

4. 代理费（Agent Fees）

代理费是指在银团贷款中借款人对银团代理行或牵头银行所支付的费用。因为代理行或牵头银行要与借款人及参加贷款的银行进行日常的联系交往，从而发生电传费、电报费、办公费等的支出，这些费用均包括在代理费中。代理费的高低视贷款金额的多寡、组织贷款事务的繁简而定。1 亿美元的贷款，每年收费最高可达 5 万～6 万美元。

5. 杂费（Out of Pocket Expenses）

贷款协议签订前所发生的一切费用均为杂费。如贷款银行与借款人联系的车马费、宴请费、文件缮打费以及律师费，等等。这些费用由牵头银行提出账单由借款人一次付

---

① LOBOR 即伦敦银行同业拆借利率已于 2022 年 1 月 1 日起逐步停用。LIBOR 退出后，被选定的新基准利率多为无风险基准利率，由各经济体独立发布。

清。收费标准无统一规定，如为 1 亿美元贷款，杂费多则 10 万美元，少则 4 万～5 万美元。

6. 承担费（Commitment Fees）

承担费是指贷款协议签订后，对未提用的贷款余额所支付的费用。承担费根据未提用贷款余额，按一定费率计收，承担费率一般为年率的 0. 25%～0. 5%。

承担费的支付办法大致有以下几种情况。

在整个贷款期内，规定一个承担期，借款人应在承担期内用完贷款额；如承担期内未用完，则应缴纳承担费。过期未用的贷款额则自行注销。例如，有一笔 5 年期的贷款，规定承担期为半年。在承担期内，借款人应支用而未支用的贷款要支付承担费，已支用的贷款则开始支付利息。有的贷款规定从签订贷款协议之日起就开始收取承担费，有的贷款则规定从签订贷款协议之日一个月以后（或两个月以后）才开始收取承担费。在前一种情况下，实际上借款人只有在签订贷款协议的当天即将全部贷款提取完毕，才能避免支付承担费，这在实际经济生活中难以做到。在后一种情况下，借款人获得了一两个月的缓冲时间，如能在这段时间里支用全部贷款，就无需支付承担费；只有在规定的一两个月后仍未支用的那部分贷款，才需支付承担费。由此可见，后一种情况对借款人较为有利。收取承担费的做法，客观上促使借款人在签订贷款协议后积极地、尽快地动用贷款，有助于加速资金周转。承担费按未支用金额和实际未支用天数计算，每季、每半年支付一次。其计算公式如下：

$$承担费=\frac{未使用贷款额\times未使用的实际天数\times承担费年率}{360（或 365）}$$

例如，有一笔为期 5 年的 5 000 万美元贷款，于 2015 年 5 月 10 日签订贷款协议，确定承担期为半年（到 2015 年 11 月 10 日截止），并规定从签订贷款协议日 1 个月后（即 2015 年 6 月 10 日起）开始支付承担费，承担费费率为 0. 25%。该借款人实际支用贷款情况如下：5 月 12 日支用了 1 000 万美元；6 月 5 日支用了2 000 万美元；7 月 12 日支用了 500 万美元；8 月 9 日支用了 700 万美元。到 11 月 10 日仍有 800 万美元未动用，自动注销。该借款人应支付的承担费情况如下：

5 月 12 日支用的 1 000 万美元和 6 月 5 日支用的 2 000 万美元，两笔共计 3 000 万美元，均在无需支付承担费的期限内，故不付承担费，但均须从实际支用日起支付利息。

6 月 10 日至 7 月 11 日止共 32 天，尚有 2 000 万美元贷款未加动用，应支付的承担费为：

$$20\ 000\ 000\times0.25\%\times\frac{32}{360}=4\ 444.44（美元）$$

7 月 12 日至 8 月 8 日止共 28 天，尚有 1 500 万美元贷款未加动用，应支付的承担费为：

$$15\ 000\ 000\times0.25\%\times\frac{28}{360}=2\ 916.67（美元）$$

8 月 9 日至 11 月 9 日止共 93 天，尚有 800 万美元贷款未动用，应支付的承担费为：

$$8\ 000\ 000 \times 0.25\% \times \frac{93}{360} = 5\ 166.67\text{（美元）}$$

从 11 月 10 日起，贷款未动用部分为 800 万美元，自动注销，借款人不得再行支取。该借款人累计支付的承担费共为：

$$4\ 444.44 + 2\ 916.67 + 5\ 166.67 = 12\ 527.78\text{（美元）}$$

如上所述，除利息以外，各种费用负担折成年率大概有 1.25%～1.5%。中长期的银团贷款一般均需支付这些费用。需要指出的是，国际金融市场有一种所谓双边贷款，即借款人举债金额较少，并只从一家银行借款，如果借款后立即提取，则借款人除按利率及附加利率支付利息外，其他费用就无需支付了。有时双边贷款下的贷款银行也向借款人收取管理费，借款人可适当压低管理费费率。

### （二）利息期（Interest Period）

利息期有两方面含义：一是确定利率的日期，二是利率适用的期限（如半年调整一次，或 3 个月调整一次）。

### （三）贷款期限（Period of Loan）

贷款期限指连借带还的期限，一般由宽限期（Grace Period）与偿付期（Repayment Period）组成。宽限期指借款人只提取贷款，不用偿还贷款的期限；宽限期一过则到了偿付期，借款人要开始偿还贷款。宽限期虽然不偿还贷款，但要支付利息。如果贷款的期限为 7 年，一般宽限期为 3 年，偿付期为 4 年。一般来讲，宽限期越长对借款人越有利，有较充分的回旋余地，因为他可以充分利用外借资金从事经营生产，获利后再偿还贷款。

### （四）贷款的偿还方式

中长期银行信贷的本金偿还方式有以下三种。

1. 到期一次偿还

到期一次偿还方式适用于贷款金额相对不大、贷款期限较短的中长期贷款。例如，某借款人借用了一笔 3 000 万美元 3 年期的贷款，分批使用。贷款利息从每次实际使用贷款之日起算，每半年（或每 3 个月）付息一次；本金则从签订贷款协议之日起算，3 年期满时一次还清。

2. 分次等额偿还

这种方式适用于贷款金额大、贷款期限长的贷款。如前所述，在宽限期内，借款人无需还本，只是每半年按实际贷款额付息一次。宽限期满后开始还本，每半年还本并付息一次，每次还本金额相等。例如，某借款人获得一笔 2 亿美元的 8 年期中长期贷款，规定宽限期为 3 年，借款人在宽限期内只付息，不还本；宽限期满后开始分次还本，即从第 3 年末开始到第 8 年贷款期满时止分 11 次等额偿还贷款本金，每半年归还贷款 1 818 万多美元，到第 8 年期满时，借款人还清贷款本息。

3. 逐年分次等额偿还

这种方法与第二种方式类似，但无宽限期。例如，某借款人获得一笔1亿美元的4年期中长期贷款，从第1年起，每年偿还贷款本金2 500万美元，并每半年支付1次利息，到第4年期满时，借款人还清贷款本息。

在贷款到期时一次偿还贷款本金的情况下，名义贷款期限与实际贷款期限相一致；而在贷款期内分次等额偿还贷款本金的情况下，名义贷款期限和实际贷款期限就出现了不一致，实际贷款期限要比名义贷款期限短。如前述第二种偿还方式下的8年期贷款，第3年末开始多次偿还贷款本金，其名义贷款期限虽为8年，但实际贷款期限仅为5.5年。在前述第三种偿还方式下的贷款，其名义贷款期限与实际贷款期限相差更远。

实际贷款期限的计算公式如下：

$$\text{实际贷款期(年)限}=a+\frac{n-a}{2}$$

此处，$n$为名义贷款期限，$a$为宽限期。

上例即为

$$3+\frac{8-3}{2}=5.5\text{ 年}$$

对借款人来说，在上述三种偿还方式中，以到期一次偿还最为有利。因为：第一，实际贷款期限与名义贷款期限相一致，占用时间较长；第二，到期才偿还贷款本金，偿债负担不重。第二种方式尚可接受，因为实际贷款期限虽比名义贷款期限短，但有几年宽限期，在几年内可不还本，偿债负担相对有所缓和。第三种方式则很不利，因为实际贷款期限仅为名义贷款期限的一半，且须从第一年起就开始还本，偿债负担较重。

（五）提前偿还

一般来说，一国借款人从外国贷款银行获得中长期银行信贷，在贷款所用货币的汇率、利率不变，而且借款人又确有长期资金需要的情况下，贷款期限越长，则对借款人越有利；甚至在贷款到期时能得到展期，对借款人就更为有利。

但在有些情况下，借款人提前偿还贷款本金，反而较为有利。例如，在下列三种情况下，提前归还贷款就较为有利。

（1）贷款所用货币的汇率开始上涨，并有进一步上浮的趋势；或汇率一次上浮的幅度较大。此时，借款人如仍按原定期限归还贷款，则将蒙受由于汇率上涨造成的巨大损失。在本身自有外汇较多时，或是借款人另有筹措资金的途径，则提前偿还贷款可以减少汇率波动上的损失。

（2）在贷款采用浮动利率的条件下，利率开始上涨，并有继续上涨的趋势；或利率一次上涨幅度较大。此时，借款人如仍按原定期限归还贷款，则将负担较重的利息，在本身自有外汇较为充足时，或是借款人能筹措到利息较为优惠的新贷款时，提前归还贷款可减轻利息负担。

（3）在贷款采用固定利率的条件下，当国际金融市场上利率下降时，借款人可以筹措利率较低的新贷款，提前偿还原来利率较高的旧贷款，以减轻利息负担。

因此，借款人与外国贷款银行签订贷款协议时，应争取将提前偿还贷款的条款列入协议。这样，借款人在时机有利时就能主动提前偿还贷款，而无需向外国贷款银行额外支付任何追加费用。

（六）贷款货币

在贷款协议中要确定贷款货币，这是一个非常重要的问题，对此，后面章节将单独论述。

## 三、中长期贷款协议的法律条件

中长期银团贷款中的重要法律条件有借款人对事实的说明与保证条款、约定事项及违约事件，现分析说明如下。

（一）说明与保证条款（Representation & Warranties）

在贷款协议中须列明：借款人对其承担的借款义务的合法权限、借款人的财务与商务状况，并向贷款人保证其所做说明的真实性。

说明与保证条款的作用有二：一是便于贷款人了解借款人的情况，作为发放贷款的依据；二是如果借款人说明失实，贷款人可根据协议或有关法律，采取适当救济方法，维护自己的利益。

（二）约定事项（Covenants）

约定事项就是借款人向贷款人约定应做什么，不应做什么，或保证对某些事实所做的说明是真实的、可靠的。约定事项根据借贷双方的地位来确定。

约定事项中最主要的条款有三：消极保证条款、比例平等条款和财务约定事项。

1. 消极保证条款（Negative Pledge）

消极保证条款最简单的意思，就是借款人保证他将不做该条款所规定的事项。在贷款协议中对消极保证条款所做的文字表述是："在偿还贷款以前，借款人不得在他的财产或收入上设定任何抵押权、担保权、质权、留置权或其他担保物权，也不得允许这些担保物权继续存在。"因为银团贷款一般由政府担保，是没有物质担保的。这一条款的作用在于使银团贷款这样无担保权益的债权人的请求偿还贷款的权利不致从属于那些享有担保权益的债权人的权利。

但是，消极保证条款也有例外情况。贷款协议这样规定："债务人如对本协议外的债权人设定担保权益，也应对本债务协议设定同等、同性质的担保权益。"这就是说，如果借款人在本贷款协议外又从别处举债了，并且是以动产或不动产作抵押而借得的，这时贷款人应当拿出同比例、同性质的动产或不动产给本贷款协议的债权人作抵押。如果是这样的话，借款人就不算违反"消极保证条款"。消极保证例外条款的确定，其作用在于保证无担保权益债权人受清偿的地位，不落后于有物质担保权益的债权人。

2. 比例平等条款（Pari Passu Covenant）

这一条款约定的作用在于，如果借款人破产，可保证无担保权益的各个债权人都有按比例平等得到清偿的权利。在贷款协议中的文字表述是："本贷款协议是借款人的直接的、无担保权益的、一般的、无条件的债务，在这些债务之间以及在借款人的其他无担保权益债务之间，其清偿的次序应按比例平等原则平等地排列。"

3. 关于财务方面的约定事项

贷款协议规定借款人应定期报告其财务状况，并应保持其财务状况的规定标准，如有违反，贷款人可宣告贷款提前到期，要求借款人提前归还其贷款。

（三）违约事件（Events of Default）

在贷款协议中列举违约事件，借款人如有违反，贷款人可根据贷款协议或法律规定采取任何救济方法来维护其合法利益。

违约事件主要有两种类型。

1. 违反贷款协议本身的约定

如不履行约定义务，不按期还本付息，或对事实说明与保证不正确等。如发生这种情况，贷款银行有权采取加速到期措施，即停止继续发放贷款，追索已发放贷款的本息。

2. 先兆性违约事件

即有违约的征兆，最后违约只是一个时间问题。交叉违约（Cross Default），在贷款协议中常被列为主要的先兆性违约事件。交叉违约条款的文字表述是："凡借款人对其他债务有违约行为，或其他债务被宣告加速到期，或可以被宣告加速到期，则本贷款协议亦将被视为被违反。"

交叉违约的主要意思是：如果一个借款人对本次以外的债务契约或协议违约了，被债权人停止了贷款，并追索本息；虽然对本债务协议没有违约，但由于上述情况发生，可以被看作对本次债务协议违约，本贷款协议的债权人有权停止继续发放贷款，追索本息。交叉违约所以是先兆性的违约，因为借款人对本次贷款以外的契约违约，一般是本身财务状况不佳，不能偿还本息，不能履约，这就是继续违约的兆头。如果本贷款协议的债权人坐视其他债权人将借款人的财产清算完毕，则本贷款协议的执行就没有保证了，因为借款人的财产已被别的债权人清算，借款人无力偿还本贷款协议的本息。因此，如借款人发生对其他债务协议违约，则本债务协议的贷款银行为防止其受清偿地位的被损害，宣布或认定借款人对本贷款协议违约，同时向借款人追索欠款与本息，以防贷款银行受到损失。

## 四、贷款货币的选择（或确定）

一个借款人要从国际商业银行借款，应借取什么货币呢？有哪些原则应当考虑呢？

第一，借取的货币要与使用方向相衔接。

例如，如果借款是为了从日本进口某项机械设备，则最好从商业银行借日元，以防止从商业银行借了美元，再到日本以日元计价来购买机械设备。如果美元贬值，借款人将遭受汇价波动的损失。

第二，借取的货币要与其购买设备后所生产产品的主要销售市场相衔接。

因为借款的偿还，主要依靠购买设备后所生产产品的销售收入。如上例所述，如果借的是日元，从日本购买设备，所生产产品也主要在日本销售，这样销售后的日元收入正好偿付日元借款，可避免汇价风险；如果借款是日元，而购买设备后生产的产品主要销往美国或中国香港，将来以销货收入的美元或港元偿付借款，这样就会存在较大的汇价风险。

第三，借款的货币最好选择软币，即具有下浮趋势的货币，但是利率较高。

这个原则与进口计价货币选择的道理一样，因借软币，将来偿还贷款就能取得汇价下浮的利益，但是软币利率较高，利息负担重。

第四，借款的货币最好不要选择硬币，即具有上浮趋势的货币。

因硬币升值，将来偿还贷款时，借款人就要吃亏。但是，硬币的利率低，利息负担较轻。

第五，如果在借款期内硬币上浮的幅度小于硬币与软币的利率差，则借取硬币也是有利的；否则，就借软币。

上述这些原则应综合考查计算。为便于理解，举一案例，重点说明第五原则，同时也加深对第四原则与第三原则的理解。在此基础之上再介绍一个选择贷款货币的计算公式。

例如，某公司欲从欧洲货币市场借款，借款期限为 3 年，当时瑞士法郎的利率为 3.75%，美元的利率为 11%，两种货币的利差为 7.25%，美元与瑞士法郎的汇率为 1 美元 = 1.63 瑞士法郎。当时一权威机构预测：3 年以内，瑞士法郎增值幅度不会超过 7.25%（即软币与硬币的利率差）。某公司决定借入硬币瑞士法郎，结果该公司没有吃亏，反而有利。

硬币升值幅度小于软币与硬币的利率差，借硬币也是有利的。根据上述案例，粗略推算如下：

（1）某公司借入 5 000 万瑞士法郎，3 年的本利和为：

$$50\ 000\ 000\times\left(1+\frac{3.75}{100}\times 3\right)=55\ 625\ 000\text{（瑞士法郎）}$$

（2）某公司将借入的 5 000 万瑞士法郎，按 1 美元 : 1.63 瑞士法郎的比率折成美元，存入美国有关银行，3 年套取较高的美元利息收入，这样 5 000 万瑞士法郎折成美元后 3 年的本利和为：

$$(50\ 000\ 000\div 1.63)\times\left(1+\frac{11}{100}\times 3\right)=40\ 791\ 000\text{（美元）}$$

（3）在瑞士法郎不上浮的情况下，该公司把 3 年存美元的本利和折成瑞士法郎，用以偿还原借款 5 000 万瑞士法郎及 3 年的利息，这样可赚取：

$$(40\ 791\ 000\times 1.63)-55\ 625\ 000=10\ 864\ 000\text{（瑞士法郎）}$$

（4）如果瑞士法郎 3 年后上浮 1%，则美元与瑞士法郎的比率为 1 美元 : 1.61 瑞士法郎，该公司把 3 年存美元的本利和折成瑞士法郎，用以偿还原借款 5 000 万瑞士法郎及 3 年的利息后可以赚取：

$$(40\ 791\ 000\times1.61)-55\ 625\ 000=10\ 046\ 000(\text{瑞士法郎})$$

（5）如果瑞士法郎 3 年后上浮 7%，则美元与瑞士法郎的比率为 1 美元：1.51 瑞士法郎，该公司把 3 年存美元的本利和折成瑞士法郎，用以偿还原借款 5 000 万瑞士法郎及 3 年的利息，这样还可赚取：

$$(40\ 791\ 000\times1.51)-55\ 625\ 000=5\ 969\ 000(\text{瑞士法郎})$$

可见，利率差额为 7.25%，而瑞士法郎汇率上浮 7%，瑞士法郎上浮的幅度小于利率差（7%<7.25%），该公司借用硬币还是有利可图的。

再次强调，上述的推算过程是非常粗略而不精细的，只用以说明第五原则。

在借款期内，借款货币的利率已经固定的情况下，借取硬币或软币的选择原则，也可根据下述公式①计算：

$$\text{软币贬值率}=1-\frac{1+\text{硬币的利率}}{1+\text{软币的利率}}$$

如果预计的软币贬值幅度大于根据公式计算出的软币贬值率，则借软币对借款人有利；如果预计的软币贬值幅度小于根据公式计算出的软币贬值率，则借硬币对借款人有利。

根据上述案例，美元的利率为 11%，瑞士法郎的利率为 3.75%，利用这个计算公式，考虑到汇率研究机构的预测情况，可以做出借款货币选择的决策。

$$\begin{aligned}\text{美元贬值率}&=1-\frac{1+\text{瑞士法郎利率}}{1+\text{美元利率}}\\&=1-\frac{1+3.75\%}{1+11\%}=1-\frac{1.037\ 5}{1.11}\\&=1-0.9347=0.0653=6.53\%\end{aligned}$$

这就是说，如果权威机构预测在借款期内美元对瑞士法郎的贬值幅度大于 6.53%，则该公司借美元有利；如果预测美元贬值幅度小于 6.53%，则该公司借瑞士法郎有利。

# 第四节 衍生金融工具市场

## 一、衍生金融工具市场概述

### （一）衍生金融工具市场产生的背景

20 世纪 70 年代，世界性通货膨胀的发展与浮动汇率制度的推行，使利率和汇率波动的风险增加，为适应利率与汇率多变的经济形势，规避利率与汇率风险，在传统的国

① 公式的推导过程见附于本章后的参考资料。

际金融市场与欧洲货币市场之外，1972 年美国芝加哥商品交易所设立了国际货币市场，首创外汇期货（Foreign Exchange Futures）交易；1973 年推出外汇期权（Currency Option）交易；1975 年又相继推出美国政府公债期货和商业票据期货（Commercial Bill Futures）交易；1982 年 2 月，美国密苏里州堪萨斯农产品交易所又率先推出股票指数期货（Stock Index Futures）交易；在此期间，纽约、芝加哥期货交易所以及西方其他国家也均陆续推出同类期货和期权（Option）交易。随着金融界与企业界规避利率风险与汇率风险意识的加强，这些具有防险或投机作用的金融产品的品种不断扩展，交易的范围不断扩大，交易的金额急剧上升。这种在现实金融产品基础之上所衍生的以金融产品合约为交易对象的衍生金融工具市场在国际金融市场中占有重要地位。

### （二）衍生金融工具与衍生金融工具市场的概念和特征

衍生金融工具（Derivative Financial Instrument）又称派生金融工具，是指在基础金融资产（Underlying Financial Assets）或原生金融资产（Initiative Financial Assets）（如外汇、股票、债券等金融资产）交易基础上所派生出来的金融期货（Financial Futures）、金融期权（Financial Option）、利率期货（Interest Rate Futures）、利率期权（Interest Rate Option）、股票指数期货（权）以及互换（Swap）业务的合约，这些合约统称衍生金融工具。衍生金融工具价值取决于其赖以存在的基础金融资产价格及其变化。

衍生金融工具市场就是衍生金融工具的交易场所，也即以衍生金融工具作为交易对象的市场。与以基础金融资产作为交易对象的金融市场相比较，衍生金融工具市场具有以下特征。

（1）衍生金融工具市场将原生金融资产的买卖变为期货合约，将买卖某种金融资产履约或不履约的选择权，变为可进行交易的商品。因此，衍生金融工具市场交易的对象是合约，而非合约所载明的标的物。

（2）衍生金融工具市场进行交易的各衍生金融工具的价格，受其产生基础的原生金融资产现货市场价格的制约，如股票指数的变化影响着股票价格指数期货的价格。因为衍生金融工具市场是在原生金融资产现货市场基础上派生出来的市场。

（3）衍生金融工具市场的运作机制具有高财务杠杆（High Financial Lever）性质特点，即交易者只需交付一定比率的保证金或保险费进入市场，而交易的合约价值数十倍于保证金或保险费。进入市场的交易者借此“以少博多”，用较低的成本进行汇率与利率风险的管理，由于汇率与利率波动频繁，也为投机者获取投机利润提供了方便条件。

### （三）衍生金融工具市场的类型和特点

从总体上讲，以衍生金融工具作为交易对象的市场有两种类型：一为有形市场，也即在有形的交易所内进行的场内交易；二为无形市场，也即在有关银行或金融机构进行的柜台业务（Over the Counter，O. T. C）。一般而言，利率期货、利率期权、外汇期货、外汇期权、股票指数期货、股票指数期权均在有形市场进行交易；而部分外汇期权、互换业务、远期利率协议、利率上下限协议以及票据发行便利（Notes Issuing Facility）等在场外市场的柜台业务来进行交易。

在交易所内进行衍生金融工具交易的有形市场具有以下特点。

（1）在有形场所集中进行交易。只有交易所成员才能进入交易所进行交易，非交易所成员必须委托具有成员身份的经纪人（公司），才能购买或出售金融期货或期权合同。

（2）金融期货或期权合约价格是通过公开叫买叫卖（Public Outcry）的竞价过程而确定的。

（3）金融期货或期权合约均按标准化原则确定：成交单位、价格、交割期限、交割地点均有统一的标准化的规定，按规定的原则买卖，不得逾越，也不能灵活掌握，加以变更。

（4）金融期货或期权交易的结算，都通过交易所设定的清算所进行。

（5）所有交易的成交者，均须向交易所支付一定比例的保证金。

（6）交割率很低。绝大多数合约的交易者，在合约到期日前，“以卖冲买”或“以买冲卖”进行反方向交易，冲算了结。

而在无形市场通过银行或金融机构进行的衍生金融工具交易，则与有形市场的特点相反，一般无须通过经纪人；合约无标准化规定，合约的买方或卖方对有关条件可以自由议定，灵活掌握。合约价格或费用收取不公开叫买叫卖，由交易双方协商确定，并且一般合约一方无须向合约另一方的银行或金融机构交纳保证金等。

## 二、基本衍生金融工具

如上所述，衍生金融工具市场即对衍生金融工具进行交易的场所，交易对象即衍生金融工具。从总体上看，金融期货与金融期权为最基本的衍生金融工具；而利率互换、远期利率协议（Forward Rate Agreement）、货币互换、利率上限（Interest Caps）和利率下限（Interest Rate Floor）以及票据发行便利则可视为主要衍生金融工具。本部分先对最基本的衍生金融工具的类型、概念、特点及其机制作用加以分析，下一部分再对主要衍生金融工具加以分析。

### （一）金融期货及其表现形式

金融期货是指交易双方在将来某一特定时间按双方商定的价格，买卖特定金融资产的合约。在衍生金融工具市场上，一般买卖的金融期货合约主要有外汇期货（Foreign Exchange Futures）、利率期货和股票价格指数期货等形式，现分别叙述分析如下。

1. 外汇期货

（1）外汇期货的概念与内容

外汇期货也称货币期货（Currency Futures），是在有形的交易市场，通过结算所（Clearing House）的下属成员清算公司（Clearing Firm）或经纪人，根据成交单位、交割时间标准化的原则，按固定价格购买与出卖远期外汇的一种交易。

货币期货合同到期时，外汇购置者（或出卖者）可以根据合同要求进行交割，也可以做出一个与合同方向相反的合同来冲销（Offset）原合同的权利义务。签订货币期货合同，顾客要向清算公司或经纪人交付定额保证金。在货币期货合同有效期内，随买

（卖）外币期货汇价的每天涨落，与原定汇价相比，顾客可能发生盈亏，如有盈余，顾客可从清算公司提走，如有亏损，要弥补，以保持保证金的约定金额。

（2）外汇期货的特点

外汇期货与远期外汇交易极其相似，它们相同的地方是：① 都是通过合同形式，把购买或出卖外汇的汇率固定下来；② 都是一定时期以后交割，而不是即时交割；③ 购买与出卖外汇所追求的目的相同，都是为了保值或投机。

但是，外汇期货与远期外汇交易又有许多不同点，通过比较可以了解其大致做法。它们之间的不同点如表 6-1 所示。

**表 6-1　外汇期货与远期外汇的比较**

| 不同点 | 外汇期货 | 远期外汇 |
| --- | --- | --- |
| 买卖双方的合同与责任关系不同 | 买方或卖方各与期货市场的结算所签有期货合同（Futures Contract），买方或卖方与结算所具有合同责任关系，但买卖双方无直接合同责任关系 | 买卖双方签有远期合同（Forward Contract），买卖双方（顾客和银行）具有合同责任关系 |
| 买卖远期外汇有无统一的标准化规定不同 | 外汇期货市场对买卖货币期货的成交单位、价格、交割期限、交割地点均有统一的、标准化的规定，按规定的原则买卖，不得逾越，也不能灵活掌握 | 买卖远期外汇的成交单位、价格、交割期限、交割地点均无统一规定，买卖双方可自由议定 |
| 是否收取手续费不同 | 每一标准合同，结算收取一定的手续费 | 银行一般不收手续费 |
| 实现交易的场所与方式不同 | 在具体市场中成交，市场上公开叫喊为实现交易的主要方式 | 无具体市场，通过银行的柜台业务进行，电传、电话为实现交易的主要方式 |
| 报价内容不同 | 买方或卖方只报出一种价格，买方只报买价，卖方只报卖价 | 买方或卖方报出两种价格，既报出买价，又报出卖价 |
| 是否直接成交与收取佣金不同 | 通过经纪人，收取佣金 | 一般不通过经纪人，不收取佣金 |
| 是否最后交割不同 | 一般不最后交割，而按“以卖冲买”或“以买冲卖”的原则冲销合同 | 大多数最后交割 |

（3）外汇期货的运用

在衍生金融工具市场买进或卖出外汇期货合约的目的有两个：一为保值或称套期保值，二为投机。

① 套期保值（Hedging）

套期保值也称对冲交易或对冲操作，是指买进或卖出与现货市场上卖出或买进币种相同、金额相当但交易方向相反的期货合同，以期在未来某一时间通过卖出或买进期货合同，补偿现货市场价格变动所带来的风险。它有两种形式。

第一，买进套期保值（Buying Hedging），也称多头套期保值（Long Hedging）或买进对冲（Buying Offset）。它是指在现货市场处于空头地位（Short Position）的人（如进口商等债务人）先在期货市场买入期货以锁定外汇的价格，当这种期货价格上涨时，再将其卖出，以补偿现货市场价格变动的风险，达到保值的目的。

例如，某英国公司 1 月份进口 15 万美元的进口商品，6 月底支付货款，当时即期汇率为 1 英镑 = 1.5 美元，该公司担心 6 月底支付进口货款时，美元升值，欲买美元期货以期保值，当时以英镑买美元期货价格也是 1 英镑 = 1.5 美元，每个标准合同金额为 3.75 万美元，该公司买了 4 个标准合同 15 万美元的外汇期货（4×3.75 = 15），其成本为 10 万英镑。6 月底该公司支付进口货款时，美元现货升值，英镑与美元比价为 1 英镑 = 1.45 美元。支付 15 万美元进口货款在现货市场要花英镑成本 10.3448 万英镑（15÷1.45 = 10.3448），而不是 10 万英镑，与 1 月份现货市场汇价相比要多花 3 448 英镑。但是，在现货市场的亏损，可以在期货市场加以抵补，即在 6 月份该公司按以卖冲买的原则，将 4 个标准合同 15 万美元的外汇期货按当时的汇价 1 英镑 = 1.45 美元卖掉，共得 10.3448 万英镑，在期货市场上赚取 3 448 英镑。不考虑保证金与支付经纪人的佣金，该公司在现货市场的损失，正好以期货市场的盈利加以抵补。所以在现货市场有应付账款的单位或债务人，在期货市场购买一与原交易方向相反、币种相同、金额相当的期货合同，能够达到减缓汇率风险、锁定成本的保值作用。

第二，卖出套期保值（Selling Hedging），也称空头套期保值（Short Position）或卖出对冲（Selling Offset）。它是指在现货市场上处于多头地位（Long Position）的人（如出口商等债权人）先买入后卖出期货的交易方式。

例如，某英国出口商于 1 月份出口一批商品，6 个月后将收进 15 万美元出口货款，当时即期汇率为 1 英镑 = 1.5 美元，该公司担心 6 月份美元贬值，为达到保值目的，该公司叙做一笔币种相同、金额相当的美元外汇期货的反方向交易。该公司与交易所达成协议，以 1 英镑 = 1.5 美元的比价，卖出美元外汇期货合同 4 个，每一标准合同金额为 3.75 万美元，共出卖 15 万美元外汇期货。到 6 月份在现货市场上美元贬值，美元与英镑比价为 1 英镑 = 1.65 美元，该公司在现货市场卖出 15 万美元的出口货款后只得 9.091 万英镑（15÷1.65 = 9.091），与 1 月份汇价相比，蒙受了汇率风险，也即少收了 0.909 万英镑。但是，由于他采取了出售美元期汇合同来保值，在 6 月份根据以买冲卖原则，按当时 1 英镑 = 1.65 美元的比价，购买 15 万美元期货合同，所需成本 9.091 万英镑，以此冲掉原来的出卖合同，获汇率差价 0.9091 万英镑的利益。不考虑保证金和手续费，该公司以期货市场 0.909 万英镑的盈利，抵补了现货市场 0.909 万英镑的损失，达到了减缓风险、锁定成本的保值目的。

通过案例分析可以看出，利用外汇期货对现货进行币种相同、金额相当的反方向资金流动能够起到保值作用的原因在于：① 由于制约期货价格与现货价格的因素基本相同，故其升降的趋势是一致的，能够用在一个市场上的利得抵补另一个市场上的亏损。② 期货到期时，期货“远期”因素消失，期货价格与现货价格趋同，从而可以以现货来交割期货合同。

② 投机（Speculation）

投机即指不以现货为基础的单纯买空或卖空（Bull and Bear Drive），预期外汇期货价格上涨先买后卖，预期外汇期货价格下降则先卖后买的交易行为。

（4）套期保值与掉期

从一定意义上讲，以掉期法来防止外汇风险可视为套期保值，因为掉期和套期保值都是采取两种交易连在一起来做，利用反方向资金流动达到保值的目的。但二者之间也有区别：① 典型掉期业务反方向资金流动利用的是远期外汇；而套期保值的反方向资金流动利用的是货币期货。② 掉期业务反方向资金流动的数额和其对应交易的数额一定相同；而套期保值所利用反方向资金流动的数额和其对应交易的数额不一定相同，可能大致接近，由于期货合同标准化的原因，几个标准化合同加在一起的金额，可能略高于或略低于原对应金额。③ 掉期采取反方向资金流动的时间与对应业务同时进行；而套期保值在订立购买或出卖货币期货的时间，与对应业务发生的时间有时有一定的时差。

2. 利率期货

（1）利率期货的概念

利率期货是指买卖双方按照事先约定的价格在期货交易所买进或卖出某种价格的有息资产，而在未来一定时期内进行交割的一种金融业务。

（2）利率期货的种类与交易惯例

利率期货种类繁多，通常分为短期利率期货和中长期利率期货两种。前者包括欧洲美元存单期货、短期国库券期货及可转让存单期货等；后者主要包括中长期国债期货和债券指数期货等。

在利率期货交易中，各种利率期货的合同金额、报价、价格波动幅度、合同交割月份、交割方式等都有一定的规定。利率期货合同的报价采用贴现方式算出，即根据市场利率或债券的年收益率与 100 之差（称为指数）得出。如市场利率或债券收益率为年率 8%，则报价为 92 元；利率或收益率上升为 10%，则报价为 90 元，反之，利率或收益率降低到 7%，则报价为 93 元。利率或收益率的高低与报价成反比。利率期货价格变动是以点（Point）为最小基数，1 点等于 0.01%，利率变动 1% 就是 100 点。如美国国库券期货合同，其最小的价格波动幅度就是 1 点，即 0.01%，每份金额为 100 万美元的 3 个月期国库券期货合同的 1 点等于 25 美元，美国中长期国库券交易单位为 10 万美元面值，以点（1 000 美元）和 1/32 点（31.25 美元）报价，其最小变动单位为 1/32 点，其停板额为上一交易日结算价的上下 3 个点（±3 点，即每张合约±3 000 美元）。利率期货合同交割月份为 3 月、6 月、9 月、12 月。

3. 利率期货的运用

如上所述，以现货市场作为基础，运用利率期货交易达到保值的目的即为套期保值。与运用外汇期货进行套期保值一样，运用利率期货同样可以进行多头套期保值和空头套期保值。

（1）多头套期保值

利率期货的多头套期保值是指保值者通过利率期货市场上的多头交易来规避现货市场上利率下降的风险。

例如，一美国证券投资者于1月份决定，欲在半年后在现货市场购买100万美元、年利率为8%、半年期的国库券，该投资者预期利率将要下降，为固定收益（8%）防止国库券价格上升，他就在期货市场与交易所签订购买1个标准合同100万美元、年利率为8%、期限为半年的利率期货合同，价格为96万美元$\left(100-100\times\frac{8}{100}\times\frac{180}{360}=96\right)$。半年后的6月份，由于利率下降至6%，该投资者在现货市场购买一个标准合同的半年期国库券的价格要比1月份购买多支出1万美元$\left[\left(100-100\times\frac{6}{100}\times\frac{180}{360}\right)-\left(100-100\times\frac{8}{100}\times\frac{180}{360}\right)=1\right]$。但是，该投资者在期货市场，依据以卖冲买的原则，将原合同卖掉，卖出价格为97万美元$\left(100-100\times\frac{6}{100}\times\frac{180}{360}=97\right)$。不考虑保证金和手续费，该投资者在期货市场赚取1万美元，恰能抵补其在现货市场多支付的1万美元，达到固定收益与保值的目的。

此外，与上述案例的道理与运作机制相同，国际金融市场上的浮动利率贷款者也可通过多头套期保值来规避未来市场利率下降的风险；以固定利率为条件的借款者也可通过多头套期保值来控制目标利率风险。

（2）空头套期保值

空头套期保值是指套期保值者通过利率期货市场上的空头交易来规避现货市场上利率上涨的风险。如固定收益的证券持有者预期未来利率上涨，为防范证券价格下跌的风险，常在期货市场做空头交易，以达到保值目的。

例如，1月份美国某证券投资者在现货市场以94万美元的价格$\left(100-100\times\frac{12}{100}\times\frac{180}{360}=94\right)$购得100万美元、年息为12%的半年期国库券。该投资者预期利率将要上涨，届时投资于现货市场国库券的价格将要下降，为达到保值目的，他与期货交易所签订一出卖一个标准合同100万美元、年息12%、半年期的国库券利率期货合同，价格为94万美元。到6月底，市场利率上涨到15%，该证券投资商在现货市场上的100万美元国库券只能卖得92.5万美元$\left(100-100\times\frac{15}{100}\times\frac{180}{360}=92.5\right)$，与原来购买时价格相比，亏损1.5万美元。但他在期货市场上，根据以买冲卖的原则，以92.5万美元的价格买入100万美元半年期国库券利率期货，冲抵1月份出卖的94万美元的利率期货合同，不考虑保证金和手续费等，该投资商在期货市场上盈利1.5万美元，正好抵补其在现货市场的亏损，起到保值与固定收益的作用。

此外，与上述案例的道理和运作机制相同，国际金融市场上的浮动利率的借款人，也可通过空头套期保值来规避利率上涨、借款成本增加的风险。

如果不以现货市场作为基础，仅在期货市场做多头或空头交易者则为投机，其道理与利用外汇期货做投机相同，在此不重复。

4. 股票价格指数期货

（1）股票价格指数期货的概念

股票价格指数期货是以约定的股票价格指数作为交易标的的一种期货合约，它利用股票价格指数的升降来代表期货合约价值的涨跌。

在国际金融市场有较大影响的股票指数期货有纽约证券交易所（NYSE）综合指数期货、标准普尔500指数期货（S&P Stock Index Futures）、金融时报伦敦股票交易所100种股票指数期货（F-T SE Index Futures）、日经225股指期货（Nikkei 225 Average Index Futures）以及香港期货交易所1986年推出的恒生指数期货等。

（2）股票价格指数期货交易的特点

① 股指期货的基础资产并非某种特定金融资产，而是没有实物基础的股票价格指数，因而期货合约价格以指数点（Point）的若干倍来计算。指数每升降1个“点”，合约价格也升降一定的确定金额。如标准普尔500指数期货每“点”为500美元，因而合约价格就是500美元与股价指数的乘积；恒生指数期货每“点”为50港元；日经225股指期货为每“点”10 000日元。

② 股指期货交割时不是转移股票所有权，而是采取现金差额结算。例如，股指期货成交股票价格指数为85.00，而冲算时股票价格指数为86.51。其合约价格变动为500×（86.51-85.00）= 755。做多头买进的收取755美元，做空头卖出的则支付755美元。

③ 股指期货交易具有极强的杠杆作用，因为股票买卖需向证券交易所交纳50%左右的保证金，而股指期货交易只需交付保证金10%左右，因此它成为以小博大、牟取高额利润的最有力的投机手段。

④ 股指期货可以防范证券交易的系统风险（Systematic Risk），即股市整体的涨落风险，也可防范非系统风险（Unsystematic Risk），即特定行业或企业股票价格急剧升降的风险。

⑤ 与其他金融期货一样，股指期货也以3月、6月、9月、12月为交割月份。

（3）股票价格指数的运用

与其他金融期货一样，这种衍生金融工具可用以套期保值或投机。

① 多头套期保值。在现货市场购买股票的投资者，为规避股价上涨而增加购买或投资成本，在期货市场买入股指期货，即做多头，以期货市场的多头盈利来防范现货市场投资成本增加的风险。

② 空头套期保值。股票持有者多为防范和减少现货市场股价下跌造成的损失，在期货市场卖出股指期货，即做空头，从而使期货市场的收益抵补现货市场股价下跌所造成的损失。

## （二）金融期权的概念及其表现形式

### 1. 金融期权的概念和类型

金融期权（Financial Option）是指买卖某种金融产品选择的权利，即金融期权买方向期权卖方支付一定费用后，获得在合约的有效期内按合约规定的协定价格（Strike Price），向卖方购买或出卖合约规定数量的金融产品，或放弃合约的履行。

由上述概念可以看出，金融期权对买方来说是一种权利，而不是义务，即不负有必须买进或卖出的义务，在金融期权合约有效期内，他可以行使或放弃这种买进或卖出权利的执行，而期权卖方由于收取了一定的费用，在合约有效期内则负有由买方所选择的交割履约的义务和责任。

从不同的角度来划分，金融期权有不同的类型，现分述如下。

（1）按执行期权的时间来划分，有欧式期权（European Style Option）和美式期权（American Style Option）。前者指期权的买方（或卖方）只能在期权合约到期日的上午9时或11时，向对方宣布，决定执行或不执行购买（或出卖）期权合约。后者指期权的买方（或卖方）可在期权合约到期日前的任何一天上午9时或11时，向对方宣布，决定执行或不执行期权合约。美式期权较欧式期权更为灵活，故保险费也高。

（2）按期权交易场所来划分，有场内交易与场外交易。前者指在有形的交易所内进行的期权交易；交易合约采取标准化原则，如到期日、名义本金、交割地点、协定价格、保证金制度、头寸限额等均由交易所来确定。后者指在银行或金融机构通过柜台所进行的期权交易；交易合约买卖双方可以协商，根据客户需要，合约条件或内容可做特别规定。当前，场外市场期权交易合约的内容，也有走向标准化的趋势。

（3）按期权交易的性质来划分，有看涨期权（Call Option）与看跌期权（Put Option）。看涨期权也称买进期权（Buying Option）或多头期权（Long Position Option），指预计某种金融产品将会涨价，而向对方支付一定保险费后，在合约有效期内，他有选择执行合约或放弃执行合约的权利。看跌期权也称卖出期权（Selling Option）或空头期权（Short Position Option），指预计某种金融产品将会跌价，而向对方支付一定保险费后，在合约有效期内，他有选择执行合约或放弃执行合约的权利。

（4）按规避风险的目的来划分，有外汇期权（Foreign Exchange Option）和利率期权（Interest Rate Option）。前者也称货币期权（Currency Option），指为规避外汇汇率变动风险而做的货币期权和货币期货期权交易；后者指为规避利率波动风险而做的利率期权交易，如债券期权和长期国库券期权等。

### 2. 金融期权的主要形式

如上所述，金融期货是最基本的衍生金融工具，是各种形式金融期货交易的总称。金融期权则是另一最基本的衍生金融工具，是各种具体金融期权形式的总称，具体的金融期权形式有外汇期权、利率期权、股票期权和股票价格指数期权等。

（1）外汇期权

① 外汇期权的概念

外汇期权指远期外汇的购买者向出卖者支付一定金额的保险费后，在双方签订合约的有效期内，买方有权按协定价格要求卖方履行合约，或放弃合约的执行。

② 外汇期权的交易要点

A. 交易单位（或金额）一定。通常每份英镑合同 12 500 英镑，每份瑞士法郎合同 62 500 瑞士法郎，每份日元合同 6 250 000 日元，每份加拿大元合同 50 000 加元等。

B. 协定汇率以美元标出。如上所述，协定汇率是外汇期权合约中规定交易双方将来行使期权买卖外汇的交割汇率。

C. 保证金。期权买方要求履约时，期权卖方有按协议汇率进行交割的义务，为确保期权合约的履行，期权卖方必须在签订合同时缴付保证金，保证金存于清算所保证金账户，随市场汇率的涨跌追加缺额或退还余额。

D. 保险费。保险费在签订合约时由期权买方支付给期权卖方，不管买方是否执行合同，保险费均不退还给买方。

E. 交割月份。外汇期权的交割月份也为每年的 3 月、6 月、9 月和 12 月。

③ 影响外汇期权保险费高低的因素

外汇期权购买者支付保险费费率高低受下列因素的制约。

A. 期权的类型。由于欧式期权购买者决定是否行使权利的时间规定严格，故费率相对低；而美式期权决定行使权利的时间灵活，卖方处于被动地位，故费率相对高。

B. 市场现行汇价水平（Prevailing Exchange Rate）。一般期权货币现行汇率越高，保险费也越高；反之，则越低。

C. 期权的协定汇价。期权的协定汇价相当于计算升（贴）水后的实际远期汇率，即以一种货币购买（或出卖）一种远期货币，届时可执行合同也可放弃合同执行的两种货币比价。如果协定汇价高，则买入期权的保险费低，卖出期权的保险费高；如果协定汇价低，则买入期权的保险费高，卖出期权的保险费低。

D. 期权的时间值（Time Value）或有效期（Time Remaining until Expiration of Option）。期权合同的时间越长，保险费越高；反之，则越低。

E. 预期波幅（Expected Volatility）。一般讲，汇率较稳定的货币期权保险费低；而汇率波动大的货币期权的保险费高。

F. 利率波动（Interest Rate Movement）。货币利率的变动和两种货币的利率差也是影响保险费大小的因素，标价货币的利率高，保险费也高；反之，则低。

G. 期权的供求关系。买者多或供者少，保险费就高；反之，则低。

④ 外汇期权的运用

与上述衍生金融工具相同，外汇期权可用于保值与投机。具有远期外汇支出的进口商可用买进外汇期权以固定成本，减缓风险；具有远期外汇收入的出口商可用卖出期权，达到同样的目的。兹举一防止进口付汇风险的案例，以加深对这一衍生金融工具机制作用的理解。

例如，中国香港某进口商于 6 月底与美国某公司签订一货值为 50 万美元的进口合同，9 月底支付进口货款。进口商为防止 9 月份美元汇价上涨，决定利用外汇期权来规避汇率风险，锁定进口成本。假定，签订买进期权合约时，美元对港元的即期汇率为 1 美元 = 7.7800 港元，该进口商购买 10 份美元期权合约，每份合约为 5 万美元，协定汇率为 1 美元 = 7.7600 港元，保险费费率为 1%。到 9 月底，该进口商可能面临三种情况。

第一，当时市场即期汇率为 1 美元 = 7.8900 港元，与签订期权合约时相比，美元升值。该进口商决定履行买进期权合约，按规定的协定汇率买进美元，不考虑保险费所花成本［7.7600×500 000 = 3 880 000（港元）］。

如果该进口商不签订买进美元期权合约，为完成进口货款的支付，要花 394.5 万港元（7.8900×500 000 = 3 945 000）。由于签订了买进美元期权合约，则可节省进口成本 6.5 万港元（3 945 000－3 880 000 = 65 000）。

第二，如果当时市场即期汇率为 1 美元 = 7.7600 港元，则该进口商除为锁定进口成本所花的保险费外，既未亏损也未盈利。

第三，如果当时市场即期汇率为 1 美元 = 7.6500 港元，则该进口商可在外汇市场直接购买美元，所花成本为 382.5 万港元（7.6500×500 000 = 3 825 000）。如不计保险费的支出，则该进口商比履行合同可减少 5.5 万港元［（7.7600－7.6500）×500 000 = 55 000］。可见，外汇期权合约有执行或不执行合约的选择权，虽需支付一定的保险费，但在外汇汇率变化无常、捉摸不定的情况下，与签订远期外汇合同相比仍具有一定的优越性。

至于有远期外汇收入的出口商，则可利用卖出外汇期权达到锁定成本、进行保值的目的，其道理与运作机制和上述案例相同。

⑤ 外汇期权、远期外汇与外汇期货的比较

从前面有关案例的学习和分析中可以看出，作为规避外汇风险手段的远期外汇、外汇期货与外汇期权有共同之处，但前两种形式对交易者来说有一个最大的不足之处，即在避免汇率波动风险的同时，也丧失了从有利的汇率波动中牟利的机会；而利用外汇期权既能避免汇率波动可能带来的损失，又可保留从有利的汇率波动中牟利的机会。因为在远期外汇合同签订后，即使合同到期前出现了有利的汇率变动，也必须按预定的远期汇率履行合同，实行交割，从而丧失本可能得到的汇率差价的利益。外汇期货合同签订后，尽管可以在有利的汇率变动时，在期货合同到期前做反方向的交易冲销，但进行外汇期货交易必须缴纳保证金，并根据清算价计算每日盈亏，必要时还需追加保证金，有时其亏损程度甚至会超过最初缴纳的保证金，所以期货交易无法限定损失量。外汇期权则可根据市场行情变化，自由决定是否行使多头购买或空头出卖的权利；市场汇率有利时，行使期权可获利；市场汇率无利时，则可放弃期权，其损失只限于保险费。这一优越性，远期外汇交易与外汇期货交易都是不能同它相比拟的。

（2）利率期权

① 利率期权的概念

利率期权是指买方向卖方支付一定的期权费后，获得在某一时间按照协定价格买入或卖出一定数量的债权凭证或利率期货合约的选择权。

② 利率期权的种类

A. 现货期权是以某种固定收入证券作为基础资产的期权合约。最具流动性的现货期权是美国芝加哥期权交易所的长期国债期权。

B. 利率期货期权是在利率期货合约的基础上产生的，指期权买方支付一定期权费后，有权在有效期内以协定价格买入或卖出一定数量的利率期货合约的权利。

③ 利率期权的运用

利用期权防范利率风险的原理基本与利率期货相同，但比其更为灵活，即具有选择权。具体运用是这样的：当投资者预期利率下降时，可购买利率期权，以固定其投资收益；而那些准备在将来卖出固定收益证券的投资者和准备固定未来借款成本的借款人，预期利率上涨，则卖出利率期权。

（3）股票期权

股票期权是指股票交易的买方在向卖方支付一定的保险费后，获得在规定时间内按约定的协定价格购买或出售一定数量的股票的权利。

与其他期权相同，股票期权也分买入期权（看涨期权）与卖出期权（看跌期权），运用于套期保值或投机。例如，预期股票价格将上涨的投资者，可按较低的协定价格买入股票，待市场价格上涨时售出，从中获利。若市场价格下跌，该投资者则可放弃合约的执行，损失仅为期权保险费。若预期股票价格将下跌的投资者，则可行使卖出期权，然后再以下跌的市场价格购进，从中获利。

（4）股票价格指数期权

股票价格指数期权是指期权买方向卖方支付一定期权费后，在期权合约的有效期内按双方规定的协定价格买入或卖出一定数量股票价格指数合约的选择期权。

股价指数期权的合约价格是以股价指数乘以一个固定数额为单位，如在美国的股指期权交易中，每份期权合约价格等于 100 美元乘以即期的市场股价指数，而且协定价格也以股价指数的 100 倍来表示。股价指数期权均以现金进行交割。

同股价指数期货交易一样，股价指数期权也运用于套期保值与投机。

### （三）金融期权与金融期货交易的主要区别

综上所述，可以看出，期权交易与期货交易虽均可作为套期保值或投机的手段，但二者的运作机制与有关要求却有重大的差别，主要表现在以下五个方面。

1. 风险与收益不同

在期权交易中，买卖双方的风险与收益是不对称的，对期权买方而言，收益无限，风险有限，风险仅限其所支付的保险费范围之内；对期权卖方而言，情况相反，风险无限，收益有限，收益只限于收取的保险费范围之内。在期货交易中，买卖双方的风险与收益均无限制。

2. 权利与义务不同

在期权交易中，只有卖方承担履行合约的义务，买方拥有履约或不履约的选择权，不负履约义务。在期货交易中，买卖双方均承担履约义务，不得毁约或违约。

3. 价格波动界限不同

期权价格变动与现货价格相关，但其变动范围介于协定价格与现货价格之间。而期货价格变化则直接受现货价格变动影响，无界定的范围。

4. 保证金缴纳的规定不同

期权交易中，仅卖方支付保证金，而买方只支付保险费以购买期权。而在期货交易中，买卖双方均须支付保证金，以防违约和其他风险。

5. 结算办法不同

期权交易有三种结算方法：一是反方向买卖，其中包括转卖或购回；二是买方行使权利，也即卖方履行义务；三是买方放弃权利的行使。而期货交易则只有反方向买卖和最终结算（即买卖双方都履行义务）这两种办法。

## 三、主要衍生金融工具——互换与票据发行便利

主要衍生金融工具具体包括利率互换、远期利率协议、货币互换、利率上限和利率下限协议以及票据发行便利等，现将其概念、操作程序、运作机制介绍分析如下。

### （一）利率互换

1. 利率互换的概念

利率互换是指交易双方在一定期间内以一定的本金作为计算基础，按事先商定的方法交换各自的利息支付义务，以降低融资成本，规避利率风险或投机套利。

2. 利率互换的运用案例

A 公司信用等级为 AAA，B 公司信用等级为 BBB；A 公司可在市场以 14% 固定利率或 12% 浮动利率的条件借到资金，B 公司可以 17% 固定利率或 13% 的浮动利率的条件借到资金。现 A 公司筹借到以固定利率 14% 计息的贷款，B 公司筹借到以浮动利率 13% 计息的贷款，为取得优势互补达到融资成本的降低、利率风险的减少，A 公司与 B 公司商定：B 公司除承担 A 公司贷款利息的 3% 外，还支付 A 公司的固定利率的利息；A 公司支付 B 公司浮动利率的利息。这样利率互换的结果是：

A 公司实际负担的利率为：14% − 3% = 11%（浮动利率）

B 公司实际负担的利率为：13% + 3% = 16%

如此一来，A 公司和 B 公司均达到了融资成本降低的目的。

此外，利率互换的类型还有以下几种：（1）同种货币的浮动利率贷款与浮动利率贷款的互换；（2）不同币种浮动利率贷款与浮动利率贷款的互换；（3）不同币种的固定利率贷款之间的互换；（4）不同币种的固定利率贷款与浮动利率贷款的互换等。

### （二）远期利率协议

1. 远期利率协议的概念与作用

远期利率协议（Forward Rate Agreement）在衍生金融工具家族中属于较新的品种，始于伦敦欧洲货币市场。它是指交易双方在未来的结算日，针对某一特定名义本金，参照贴现原则，就协议利率（Strike Rate）与参考利率（Reference Rate）差额进行支付的远期合约。协议利率是买方所支付的固定利率，而参考利率则是卖方所支付的市场利率（通常按 LIBOR 计算）。当市场利率高于协议利率时，由卖方支付给买方利差；反之，则由买方支付给卖方利差。

远期利率协议是防范将来利率波动的一种预先固定远期利率的金融工具，买方是为防止利率上升风险，希望签订该协议时就将未来借款利率加以确定；而卖方则为防止利率下跌风险而使自身资产收益遭受损失。

2. 远期利率协议交易的一般原则

远期利率协议的报价与货币市场拆放利率报价相似，但远期利率协议报价中一定要确定远期期限。例如：（3×6，8%）表示期限为3个月后起息的6个月期的远期利率协议，协议利率为8%。在实践中，协议利率与参考利率差额的支付是在起息日（也即远期利率协议期限的第1天，而不是到期日，也不是签约日），该差额是根据贴现原则计算支付的。

协议利率与参考利率差额的计算公式如下：

$$A=\frac{(L-F)\ D\times P}{B\times 100+L\times D}$$

其中，A为买方（或卖方）交付协议利率与参考利率差之金额；L为远期利率协议中确定的参考利率（以百分点标示），通常为LIBOR；F为远期利率协议中确定的协议利率（以百分点标示）；D为远期利率协议确定的期限；P为远期利率协议中的本金；B为1年的天数（按360天计）。

当协议起始第1天，如LIBOR高于协议利率，则A为正数，卖方将向买方支付A的金额；如LIBOR低于协议利率，则A为负数，买方将向卖方支付A的金额。如上所述，A的金额支付按贴现原则先行支付。

3. 远期利率协议的运用与案例

某公司为满足生产需要，3个月后需借入1 000万美元3个月期的短期资金。该公司预期市场利率将会上涨，为避免利息负担加重、筹资成本增加，而买进1份3个月对3个月的远期利率协议，参考利率为3个月的LIBOR，协议利率为8%。

到起息日那天，市场利率确实上涨，3个月LIBOR为9%，这时远期利率协议中规定的协议利率与3个月LIBOR之间的利差，将由卖方支付给该公司，根据上述公式计算的具体支付金额应为

$$A=\frac{(9-8)\ \times 90\times 10\ 000\ 000}{360\times 100+9\times 90}=24\ 449.88\text{（美元）}$$

该公司实际筹集资金额为

$$10\ 000\ 000-24\ 449.88=9\ 975\ 550.12\text{（美元）}$$

该公司的借款，3个月到期时应付利息为

$$9\ 975\ 550.12\times 9\%\times\frac{90}{360}=224\ 449.88\text{（美元）}$$

该公司支付的本利和为

$$9\ 975\ 550.12+224\ 449.88=1\ 020\ 000\text{（美元）}$$

最后，该公司实际承担的利率仍然为

$$\frac{200\ 000}{10\ 000\ 000}\times\frac{360}{90}=8\%$$

如果到起息日，3 个月 LIBOR 为 7%，市场利率与预期相反而下降，这时远期利率协议中规定的协议利率与 3 个月 LIBOR 之间的利差，将由该公司（买方）支付给卖方，代入上式计算出支付额为 24 570.02 美元。

这样，该公司实际筹集资金额为

$$10\ 000\ 000+24\ 570.02=10\ 024\ 570.02\text{（美元）}$$

该公司的借款，3 个月到期时应付利息为

$$10\ 024\ 570.02\times7\%\times\frac{90}{360}=175\ 429.98\text{（美元）}$$

该公司支付的本利和为

$$10\ 024\ 570.02+175\ 429.98=10\ 200\ 000\text{（美元）}$$

最后该公司实际承担的利率仍为

$$\frac{200\ 000}{10\ 000\ 000}\times\frac{360}{90}\times100\%=8\%$$

综上分析，可以看出，某公司购买了远期利率协议后，不论利率变化是升是降，均可达到固定利率与成本的目的。当然，将来市场利率变动幅度的大小，对于远期利率协议的保值程度是有影响的。

### （三）货币互换

1. 货币互换的概念

货币互换（Currency Swaps）是指交易双方按固定汇率在期初交换两种不同货币的本金，并按预约日期进行利息和本金的分期互换；双方可以议定，期初不交换本金，到期日也可不交换本金。

2. 货币互换的一般交易步骤

（1）确定和交换本金，以便按不同的货币金额定期支付利息。本金的互换可以是名义上的互换，也可以是实际转手。

（2）利息的互换。双方按货币互换合约规定的各自固定利率，以未偿债务本金为基础支付利息。

（3）本金的再次互换。互换交易双方在到期日换回原先确定和互换的本金。

3. 货币互换的运用与案例

货币互换具有降低筹资成本、减缓汇率与利率风险、调整资产负债的货币结构以及绕过市场障碍间接进入某些条件较为优惠的市场等积极作用，现举一案例说明如下。

某英国公司由于美元利率较低而发行一笔 10 年期的美元债券，为防范以美元还本付息的汇率风险，该公司通过银行互换中介，与另一需将英镑债务调换成美元债务的美国某公司做货币互换交易，到期时再换回本金。这笔英镑与美元的互换交易的具体程序如下。

（1）某英国公司按即期汇率以美元换取某美国公司的英镑资金，两个公司各自获得本币资金，实际等于各自借了一笔本币债务，可避免届时汇率变动遭受外汇风险。

（2）货币互换交易期间，某英国公司向银行支付固定利率的英镑利息，同时从银行收取相应固定利率的美元利息；银行则向某美国公司支付固定利率的英镑利息，同时收取固定利率的美元利息。

（3）在交易到期日，某英国公司以英镑本金从银行换回美元本金，还给美国的美元债券投资者，美国公司则以美元从银行换回英镑本金。

在这种货币互换交易过程中，交易双方实际进行两次本金互换，一次是即期互换，另一次是远期互换。

### （四）利率上限和利率下限

1. 利率上限

利率上限是指买卖双方就未来某一时期商定一个固定利率作为利率上限，如果协议规定的市场利率（通常为 LIBOR）超过上限利率，则由卖方将市场利率与上限利率的差额支付给买方，但买方在协议签订时，必须支付卖方一定的费用。

具有浮动利率负债的债务人，或具有固定利率存款的债权人，为防止利率风险，固定债务（权）的支出（或收入），常使用这一工具，以规避风险，核算成本。

2. 利率下限

利率下限是指买卖双方就未来某一时期商定一个固定利率下限，如果协议规定的市场利率（一般为 LIBOR）低于利率下限，则由卖方将市场利率与下限利率的差额支付给买方，但买方在协议签订时，必须支付卖方一定的费用。

购买利率上限是为了防止利率可能上升的风险，而购买利率下限则是为了防止利率可能下跌而产生的损失，其道理与作用和利率上限相同。

3. 利率上下限

利率上下限（Interest Rate Collar）是指买入一个利率上限的同时，卖出一个利率下限，将利率上限与利率下限加以交易组合。

通过出售利率下限，可以获得一定的费用，从而降低购买利率上限的成本，购买利率上下限，可以使借款人的利率限定在一定的幅度之内。

### （五）票据发行便利

1. 票据发行便利（Notes Issuing Facility）的概念

票据发行便利或称票据融资、循环承购融资（Revolving Underwriting Facility）①，是指票据发行人通过选定的分销机构，循环地发行短期（7 天以上、3 个月、6 个月或 9 个月）债票（票据），如分销机构不能卖出所有债票，则承购人购买其所余债票，或向发行人提供备用信贷（Stand-by Credit），承购人的承购义务是中期的（一般为 5～7 年），发行人的债票发行是短期的、循环的。

2. 票据发行便利的主要特点和内容

（1）通过短期票据的滚动发行，使发行人达到中长期融资的目的。由于票据期限

---

① 相当于美国的商业票据融资，在欧洲货币市场则为欧洲债票融资（Euronotes Facilty）或欧洲商业票据安排（Eurocommercial Paper Programme）。

在 1 年以下，所以票据的利率也较低。通过发行新债票偿还旧的已到期债票。万一新债票发行不出，则由承购人承购，或提供贷款，也可达到长期融资的目的。

（2）发行人虽然可长期使用资金，但支付利息则按短期计算，故而融资成本相对低。

（3）银行发行的票据以大额存单（Certificate of Deposite）形式出现，企业发行的票据以本票（Promissory Note）形式出现。

（4）一般采取私募（Private Issue）方式发行，债票发行后不公开上市流通。

（5）手续较繁琐，关系人也较多。除作为筹资的发行人外，还牵涉到安排人（Arranger）、承购人（Underwriter）、债票分销机构、融资代理人（Facility Agent）以及出票与支付代理人（Issuing and Paying Agent）等，较运用其他衍生工具的关系人多。

3. 票据发行便利对发行人的好处

（1）融资成本低，费用相对低廉。

（2）不受标准化合同的约束，发行金额、发行次数、基础利率均由发行人决定。

（3）偿还办法灵活多样，可做多方面选择。

正因为票据发行便利有诸多好处与特点，所以“十国俱乐部”（Club Ten）在众多以衍生金融工具出现的金融创新中，将金融期货、金融期权与票据发行便利，特别是欧洲票据发行便利列为金融创新的三大代表，本节分析表述的体系即按这种思路安排的。

## 参考资料

### 利用外资对货币汇率与利率的选择

向外借入资金，由于各国货币的汇率与利率多变，选择哪一国的货币合算，值得我们探讨。

例如，借入 1 亿日元（年息 8.5%），一年还本付息为 1 亿日元×(1+8.5%) = 1.085 亿日元。如以 1 美元=208 日元折算，1 亿日元合 48.80 万美元，一年还本息 1.085 亿日元，合 52.16 万美元。

如果不借日元借美元，借 48.08 万美元（相当于 1 亿日元），年息 16%，一年还本付息 48.08 万美元×（1+16%）= 55.77 万美元。

由于美元利率高，因而还本付息时，借美元要比借日元多付 55.77−52.16 = 3.61 万美元，当然是借日元合算。

可是美元对日元来说，汇率下降，如 20 世纪 70 年代，美元 10 年贬值了约 42%，即美元的年贬值率为 5.3%，算式如下：

设年贬值率为 X%，

$$(1-X\%)^{10}=1-42\%$$

$$\log(1-X\%)^{10}=\log(1-42\%)$$
$$10\log(1-X\%)=\log(1-42\%)$$
$$\log(1-X\%)=\frac{1}{10}\log(1-42\%)=\frac{1}{10}\log 0.58$$
$$=-0.0237=1.9763^{(1-0.0237)}$$
$$1-X\%=0.9469$$
$$X\%=1-0.9469=0.0531=5.31\%$$

按上述两国货币利率平均差距不变，究竟美元的年贬值率该为多少，借美元与借日元才各不吃亏，美元贬值率在多少以上借美元合算，美元贬值率在多少以下借日元合算？

设日元年利率为 Y%，美元年利率为 A%，美元年贬值率为 D%，1 美元 = E 日元，共借 M 日元。

那么，借日元还日元的本利和为 M（1+Y%）日元，

借日元还美元的本利和为$\frac{1}{E}M(1+Y\%)$美元，

借美元还美元的本利和为$\frac{M}{E}(1+A\%)$美元。

如果美元年贬值率为 D%，则 1 美元合 E（1−D%）日元，即

$$1\text{日元}=\frac{1}{E(1-D\%)}\text{美元。}$$

美元年贬值率为 D%，则借日元还美元的本利和为

$$\frac{1}{E(1-D\%)}\cdot M(1+Y\%)\text{美元。}$$

因此，当

$$\frac{M}{N}(1+A\%)\text{美元}=\frac{1}{E(1-D\%)}\cdot M(1+Y\%)\text{美元}$$

时，借美元与借日元各不吃亏（借日元折合成已贬值的美元的本利和，比未贬值前的美元更少，以贬值所得补偿利息损失。高的利息损失与贬值所得相等，则不吃亏。）。

$$(1+A\%)=\frac{(1+Y\%)}{(1-D\%)};(1-D\%)=\frac{(1+Y\%)}{(1-A\%)}$$
$$D\%=1-\frac{(1+Y\%)}{(1-A\%)}$$

从上述公式可得出，借日元年息 8.5%，同借美元年息 16%，美元年贬值率为

$$D\%=1-\frac{1+8.5\%}{1+16\%}=1-\frac{1.085}{1.16}$$

$$=1-0.9353=0.0647=6.47\%$$

时，则借美元与借日元各不吃亏。

如果美元年贬值率超过 6.47%，则借美元合算；如果未达到 6.47%，则借日元合算。

$$软币贬值率=1-\frac{1+硬币年利率}{1+软币年利率}$$

$$或甲国货币年贬值率=1-\frac{1+乙国货币年利率}{1+甲国货币年利率}$$

如借甲国货币（或软币）的年贬值率超过

$$1-\frac{1+乙国货币(或硬币)年利率}{1+甲国货币(或软币)年利率}$$

时，则借甲国货币合算；低于时，则借乙国货币（或硬币）合算。

## 本章习题

**简答题**

1. 简述国际金融市场的作用。
2. 分析欧洲货币市场产生及其发展的主要原因。
3. 比较货币期货和远期外汇业务的相同点和不同点。
4. 简述发展成为离岸金融中心需具备的条件。
5. 分析欧洲货币市场的主要特点。

# 第七章　对外贸易信贷

## 本章摘要

进出口商在商品采购、打包、仓储、出运的每个阶段，以及在签约制单、申请开证、承兑、议付的每个业务流程中都能从不同渠道得到资金融通，从而减少自有资金的投入，加速物流，降低成本。对外贸易短期信贷从不同角度划分，有不同的类型，保付代理是20世纪新兴起的一种对外贸易短期融资业务，具有鲜明的特点，在我国具有潜在的发展优势。

为促进本国机械设备的出口，发达国家及一些新兴市场国家通常设有办理出口信贷业务的银行和机构，对本国出口商和外国进口商（或其银行）发放出口信贷。本章主要对出口信贷的主要融资形式——卖方信贷、买方信贷和福费廷的贷款条件、原则、做法及业务流程进行介绍分析。

本章主要问题是卖方信贷、买方信贷和福费廷的贷款原则条件及其作用；核心问题是在工程项目与机械设备进出口贸易融资中如何用好买方信贷。

**关键词：** 打包放款　　保付代理　　卖方信贷　　买方信贷　　福费廷

学完本章，你需要掌握：

- 对进口商的信贷与对出口商的信贷的主要类型
- 保理业务的流程和特点
- 卖方信贷、买方信贷、福费廷的业务流程、融资原则与条件
- 我国出口卖方信贷、出口买方信贷的贷款条件与内涵

## 第一节　对外贸易短期信贷的主要形式

信贷是借贷资本运动和资金融通的一种形式。从事对外贸易的进出口商，在商品的采购、打包、仓储、出运的每个阶段，以及在与商品进出口相关的制单、签订合同、申请开证、承兑、议付等每一贸易环节中，都能从不同的渠道得到资金融通的便利，加速其商品流通，减少其资金占压，促进进出口贸易的完成。这种与进出口贸易资金融通有关的对外贸易信贷形式繁多，名目各异，很难一一列举，但根据发放信贷资金对象（授信人）的不同与接受信贷资金对象（受信人）的不同，对外贸易信贷大致有以下几种形式。

## 一、商业信用和银行信用

根据提供信贷对象的不同，对外贸易信贷可分为商业信用和银行信用。

### （一）商业信用（Commercial Credit）

在进口商与出口商之间互相提供的信贷属于对外贸易商业信用。例如，当进口商在收到货物单据后的相当时间才支付货款，这就是出口商对进口商提供了商业信用；当进口商在收到货物单据以前就付出全部或一部分货款，这就是进口商对出口商提供了商业信用。

### （二）银行信用（Bank Credit）

如果进口商与出口商中一方信贷资金的获得是由银行或其他金融机构提供的，就构成对外贸易银行信用。例如，对出口商提供以准备出口或发往国外的货物为保证的贷款，银行贴现出口商向进口商签发的汇票，或凭出口商对进口商的债权给予贷款，均属对外贸易银行信用。

必须指出，对外贸易信贷虽可以划分为商业信用与银行信用，但二者又联系密切，不可截然分割。一方面，银行对出口商提供信用加强了出口商对进口商提供信用的能力，这样，银行信用就与商业信用交织在一起；另一方面，银行对进口商也提供银行信用。对进口商和出口商提供信用的银行不限于本国银行，外国银行也可对进口商和出口商提供信用。

## 二、对出口商的信贷和对进口商的信贷

根据对外贸易信贷接受对象的不同，又可分为对出口商的信贷和对进口商的信贷。

### （一）对出口商的信贷

对出口商的信贷有：进口商对出口商的预付款（Advance）、经纪人（Broker）对出口商的信贷和银行对出口商的信贷。

1. 进口商对出口商的预付款

进口商在收到货物之前，就支付一定金额给出口商，是对出口商的预付货款。进口商对出口商预付的货款，将来出口商以供货的方式偿还。预付有两种情况：一种是作为进口商执行合同的保证，通常称为定金（Down Payment）；一种是进口商对出口商提供信贷。在对外贸易中，预付款究竟属于前者还是后者，要看预付金额与货款总金额的比例关系、预付时间的长短和出口商的情况而定。

如果预付款的期限很短，占交易金额的比重不大，那么这种预付就是保证性质的预付。出口商要求进口商预付，是因为担心在供货期内货价下落，进口商拒绝执行合同，要求进口商预付，以之为执行合同的保证。保证性质的预付款，其金额一般相当于货价可能下落的额度。如果预付款期限较长、金额较大，这种预付是进口商对出口商提供的信贷。

提供信贷性质的预付款，通常是经济发达国家在发展中国家收购农产品或其他初级产品时所采用的。进口商提供这样的信贷，其目的在于以最有利的条件收购其所急需的

产品，借以获得高额利润。

发展中国家在从发达国家进口装备时，一般也要预付货款。发达国家担心发展中国家的进口商不能履约，常要求预付部分货款，以防止其可能遇到的风险。

订购装备品常用的付款方式有：发出订单时，支付货款的1/3；凭发货单据支付1/3；货物到岸，买方接受货物，支付余下部分。美国和英国在出口机器时，广泛采用这种办法。此外，比较常用的办法是买方按照设备各部件制成先后情况付款。

不能把在发展中国家收购初级产品的预付和在发达国家订购机器设备的预付等同看待，两种预付具有根本不同的性质。发达国家在发展中国家收购初级产品时，出口商卖出货物是因他急需货款，被迫接受较为苛刻的条件；而发达国家出售机器装备的出口商，大都是财力雄厚的大公司，它们一则希望进口商执行合同，二则不愿全部使用自己的资本或利用银行信贷来生产装备品，才要求进口商预付货款。发达国家从发展中国家进口农产品的预付款，要收取高额利息；但是发展中国家从发达国家进口装备时的预付款是无息的，并且如无预付，即提高货价。

发达国家从发展中国家进口农产品的预付款，通常由出口商出具期票作为预付款的担保；而发展中国家进口机器装备的预付款，一般由对方银行出具履约保函，以防预付款交付后对方不履行合同的风险。

2. 经纪人对出口商的信贷

经纪人在某些发达国家的某些原料和粮食的对外贸易方面起着很大的作用。英国的经纪人组织特别发达，在签订木材、毛皮这类商品的对外贸易合同时，总有经纪人参与。英国和其他国家的经纪人对向他们供应粮食和其他初级产品的外国出口商提供信贷，以压低收购价格，获取高额利润。这些经纪人多半为大公司组织，与银行垄断组织有着密切的关系，受到银行垄断组织的支持，取得低息贷款。因此，经纪人不但从贸易上取得利润，而且也从信贷资金的提供上获取收益。英国经纪人及其有关银行，利用向外国出口商提供贷款的方式，加强伦敦市场的地位，使英国工业垄断组织能按有利条件取得初级产品和粮食的供应。

经纪人通常以下列方式对出口商提供信贷。

（1）无抵押采购商品贷款。经纪人通常在与出口商签订合同时，便对出口商发放无抵押采购商品贷款。合同规定，在一定时期内出口商必须通过经纪人经销一定的商品。这种贷款常以出口商签发的期票为担保，贷款金额约等于交售给经纪人货价的25%～50%，偿还这种贷款的方法是将这种贷款转为商品抵押贷款。不过，有时这种贷款按规定期限偿还，并不与供货的时间相同。

（2）货物单据抵押贷款。除去无抵押品贷款外，经纪人还办理货物单据抵押贷款，无抵押贷款就以此项贷款来抵付。经纪人所提供的货物单据抵押贷款，按货物所在地的不同可分为出口商国内货物抵押贷款、在途货物抵押贷款、运抵经纪人所在国家的货物抵押贷款或运抵某预定出售地的第三国货物抵押贷款。

（3）承兑出口商汇票。有时经纪人的资本有限，使用承兑出口商汇票的方式来提供信贷，出口商持承兑的汇票向银行贴现。经纪人办理承兑，收取手续费。

经纪人通过提供信贷，以加强对出口商的联系与控制。因为这种信贷诱使出口商必须通过经纪人出售货物，甚至在他们有可能将货物直接卖给进口商的情况下，也要通过经纪人出售。

3. 银行对出口商的信贷

当地银行和国外银行都可以对出口商提供信贷。出口商可以在其出口业务的各个阶段，从银行取得信贷，获得其所需要的资金供应。

银行对有关工业垄断组织提供无抵押品贷款（Unsecured Loans），用以生产出口商品，特别是出口商获得外国订单时，银行都办理这种贷款。英国和美国曾以透支（Over Draft）方式办理这种贷款，法国和德国曾以特种账户（Special Account）方式办理。

出口商为了进行采购并积累预定出口商品储备，可以用国内货物作抵押从银行取得贷款。由于贷款银行多半是出口商的往来银行，因此，这种贷款一般以透支方式进行。出口商品抵押贷款的金额，一般都按货物市价的一定比例（50%～70%）贷出，如果货价下跌，银行便要求出口商偿还部分贷款，以维持符合抵押贷款与原货价的比例；否则也可另外提供商品保证。货价的计算，在交易所以交易所牌价为准，在交易所无牌价者，由经纪人或银行代为估价。

银行对本国出口商的资金融通还有一种做法叫打包放款（Packing Credit）。打包放款也叫装船前信贷，它是指银行对出口商在接受国外订货到货物装运前这段时间所需流动资金的一种贷款。银行向出口商发放打包放款的依据即出口商收到的国外订货凭证，这种凭证主要是进口商开来的信用证、得到认可的出口成交合同和订单或表明最终开出信用证的证明。打包放款从形式上看属于抵押贷款。实际上，其抵押对象是尚在打包中，而没有达到可以装运出口程度的货物。出口商向银行洽借打包放款，须填打包放款书，规定贷款用途，并根据出口商的资信状况和实际需要确定贷款金额和期限。出口打包放款的期限通常为3～6个月。银行提供打包放款时，不是一次支付，一般由银行给出口商在往来账户外另开户头，由出口商陆续支用。在出口商完成出口装运，并向银行交付装运单据后，贷款银行即将出口打包放款改为下述的出口押汇，从出口押汇款项中扣除打包放款的本息。

供货商发运给出口商货物后，委托银行向出口商代收货款，如果出口商由于货物尚未销出，无法支付货款，可以凭信托收据（Trust Receipt）先行提货装运出口。这时，银行凭信托收据对出口商发放贷款。

凭信托收据取得货物，仅限于与银行关系密切的出口商，因为出口商凭信托收据取得的货物，如果出口商卖出货物并将货物交给进口商，银行便无法行使其质押权。银行把这种放款看成是介乎有抵押与无抵押之间的一种放款。

出口商将货物装运出口，可以向银行申请在途货物抵押贷款，以此贷款偿还国内出口货物抵押贷款。在途抵押贷款，以提单为抵押品，提单是处置货物的单据，是对银行最可靠的担保品。银行在办理在途货物抵押贷款时，一般都凭装船提单发放，对待运提单多半不愿接受。

出口商取得提单抵押放款时，通常将出口商签发的汇票同时交给银行。如果出口商以现金交易方式卖出该批货物，那么出口商签发即期汇票；如系赊售，则签发定期汇票。在第一种情况下，汇票随附货物单据，这个汇票并可作为对银行的补充担保品，万一进口商拒不赎取单据，银行除对货物有质押权外，还可以向出口商行使追索权，要求出口商支付汇票。在第二种情况下，出口商签发的是定期汇票，当进口商承兑汇票后，单据便移交进口商，银行手头仅保留进口商承兑的汇票。因此，货物单据就是一种暂时的担保品，实际上银行提供的是汇票抵押贷款。

上述银行以出口商提交的单据和汇票为抵押品，如银行根据汇票金额和收款日期，扣除邮程和一定日期的利息后，而给予出口商融资并加以结汇的业务，即称出口押汇。银行叙做信用证项下的出口押汇的保证，就是出口单据寄往开证行，经其审核无误后所付的货款。因此，银行只凭单证相符的单据叙做出口押汇，其实质是银行对出口商保留追索权的一种贷款。

### （二）对进口商的信贷

对进口商的信贷有出口商对进口商提供的信贷和银行对进口商提供的信贷。

1. 出口商对进口商提供的信贷

出口商常以赊售方式销售商品，以加强商品的竞争力，争夺销售市场。出口商对进口商提供的信贷通常称为公司信贷（Corporation Credit）。

公司信贷分为开立账户信贷（Open Book Account Credit）与票据信贷（Bill Credit）。

（1）开立账户信贷是在出口商和进口商订立协议的基础上提供的，当出口商将出口商品发运后，将进口商应付货款借记进口商账户，而进口商则将这笔货款贷记出口商账户，进口商在规定的期限内支付货款。在对外贸易中开立账户信贷并不流行，多用在出售小型装备品方面。

（2）票据信贷是进口商凭银行提交的单据承兑出口商的汇票，或是出口商将单据直接寄交进口商，后者于一定期间支付出口商的汇票。汇票期限的长短，依商品性质、买方资信以及汇票能否在银行贴现而定。美国出口商对外国进口商提供信贷的期限在90天至120天之间。

2. 银行对进口商提供的信贷

银行对进口商提供的信贷有承兑信用和放款两种形式。

（1）承兑信用（Acceptance Credit）。出口商有时不完全相信进口商的支付能力，为了保障凭票付款，出口商往往提出汇票由银行承兑的条件。在这种情况下，进口商应取得银行方面承兑出口商汇票的同意。出口商就不必向合同关系人——进口商提示汇票，而是向进口商的银行提示汇票。由于银行同意承兑汇票，它就必须在汇票规定的期限内兑付汇票，进口商则于付款日前将款项交付承兑银行，以便后者兑付出口商开出的汇票。银行承兑是银行对对外贸易融通资金的主要方式之一，它对进口业务有着重要的作用。

承兑信用按下列方式进行。

第一，进口商在洽谈进口贸易的同时，与银行议定请其承兑出口商汇票。

第二，出口商对银行开出汇票，背书后连同单据交自己往来银行，请求议付，收回货款。

第三，议付银行将汇票、单据寄交其代理行转进口商银行，后者凭货物单据承兑汇票。

第四，出口商银行的代理行将承兑汇票留在该行或在市场上贴现。

第五，汇票到期时，进口商对承兑银行付款，后者支付承兑汇票。

办理承兑的银行不一定是进口商本国的银行，第三国银行也可以承兑出口商开出的汇票。例如，法国进口商以银行承兑的方式从埃及进口棉花，根据埃及出口商的要求，法国进口商可以请求本国银行转请英国的银行承兑埃及出口商开出的汇票，法国银行在汇票到期时将进口商应付的款项汇至英国银行。欧洲大陆各国银行称这种信用为承兑—偿还信用（Reimbursement of Acceptance Credit）。

出口商有时不愿接受银行承兑信用，而要求进口商用现金支付。在这种情况下，进口商也可以利用银行信用。进口商同银行商妥，向银行签发汇票，由银行承兑，进口商以银行承兑汇票在市场贴现，以贴现所得款项支付给出口商，这种业务称为再融通（Refinance）。

（2）放款。银行对进口商的放款方式主要有三种。

第一，透支。在进口信贷业务方面，西方国家的银行对其关系密切的工商企业提供透支信用。根据契约，银行允许工商企业向银行签发超过其往来账户余额一定金额的支票。

第二，商品抵押放款。通常的方式是银行应进口商的委托，开立以出口商为受益人的凭货运单据付出现款的信用证。出口商提交货运单据，成为开证银行代付货款的保证。

第三，进口押汇。进口商以其进口的商品作为抵押，从银行取得融资的业务即为进口押汇。

进口押汇是具有抵押性质的融资方式。当进口货物尚在运送途中，银行的贷款往往以货运单据作为抵押，有时也要求进口商提供补充的抵押物。当货物运抵进口地而进口商仍未支付货款时，进口货物本身就成为银行的抵押品，这时，运输商或进口商需作为银行的代理人，凭必要的单据进行报关提货，并根据银行的指示，以银行名义将货物存仓。然后，在进口商签署了总质权书的条件下，银行则凭进口商签具的、以银行为抬头的信托收据（Trustee Receipt）出具提货单，授权货栈，把货物转交给借款的进口商，一般信托收据上必须订明货物出售后的全部货款在规定的日期内交付银行。银行对进口商是否叙做进口押汇，主要通过考察进口商的资信及商誉情况而定。

## 第二节　保付代理业务

### 一、保付代理业务的概念和历史

在英国、美国、法国、意大利、日本等国的对外贸易短期融资业务中，盛行一种保付代理业务（Factoring）。保付代理业务可译为“应收账款收买业务”“承购应收账款业务”“出口销售保管”和“应收账款管理服务”等，目前译名渐趋统一，统称保付代理，简称“保理”。应用于国际的保理业务则称为国际保理（International Factoring）。

保理业务是指出口商以商业信用形式出卖商品（或提供服务），在货物装船后（或服务提供完毕后）立即将发票、汇票、提单等有关单据，卖断给承购应收账款的财务公司或专门组织（下称保理商），收进全部或一部分货款，从而取得资金融通的业务。

保理商买进出口商的票据，承购了出口商的债权后，通过一定的渠道向进口商催还欠款，如遭拒付，不能向出口商行使追索权。保理商与出口商的关系在形式上是票据买卖、债权承购与转让的关系，而不是一种单纯的借款关系。

保付代理业务在欧美等国已有较长的历史。工业革命后，英国纺织工业发展迅速，它们的纺织品多以寄售（Consignment）方式向海外出口。利用这一方式虽可扩大纺织品的出口规模，但出口商的资金却有所占压。当时英国已存在的原始的保付代理业务，解决了这一矛盾。因为在纺织品出运后，出口商多将有关单据售予保理商，及时收取现金，继续并扩大纺织品的再生产。

到 19 世纪，欧洲国家大规模地向美国出售纺织品，上述业务在欧洲大陆又获得进一步发展。

20 世纪初，美国在出口贸易融资中也开展保付代理业务，随着美国经济的发展，贸易量的扩大，保付代理业务也逐年增大。

第二次世界大战后，由于国际贸易的迅速发展，一些国家专门经营保付代理业务的组织在国外设立了分支机构，并在国际范围内建立了联合组织，加强同业之间的联系，促进了保理业务的进一步发展，提高了这一组织在国际结算领域中的地位与作用。这些组织不仅对纺织品、食品、一般日用品的出口应收账款给予资金融通，而且也对电子产品、家具、机械产品的出口账款给予资金融通，并提供有关服务。

1972 年，日本大藏省批准建立了日本第一家保付代理商，1973 年又成立了第二家保付代理商。同年，新加坡也成立了保付代理机构，发展承购应收账款业务，以适应本国对外经济贸易发展战略的需要。

可以预计，随着国际贸易的发展，将有更多的企业部门卷入国际分工，保付代理业务必将进一步发展。

## 二、保付代理业务流程和内容

### （一）保付代理业务的流程与要点

保付代理业务的流程如图 7-1 所示。

流程各环节的要点包括以下方面。

（1）贸易洽谈。出口商以赊销方式向进口商出卖商品，贸易洽谈时不一定说明通过保理收取货款。

（2）提出申请。出口商向出口保理商提出申请，申请内容应真实具体，如进口商（债务人）的名称、地址、法人代表，所在国家及地区，商品名称、数量、赊销金额、期限及全年累计赊销金额，交易中有无佣金、回扣、暗扣等均应如实说明。如有隐瞒，将来发生问题，保理商不承担信用风险担保责任，并可追索。

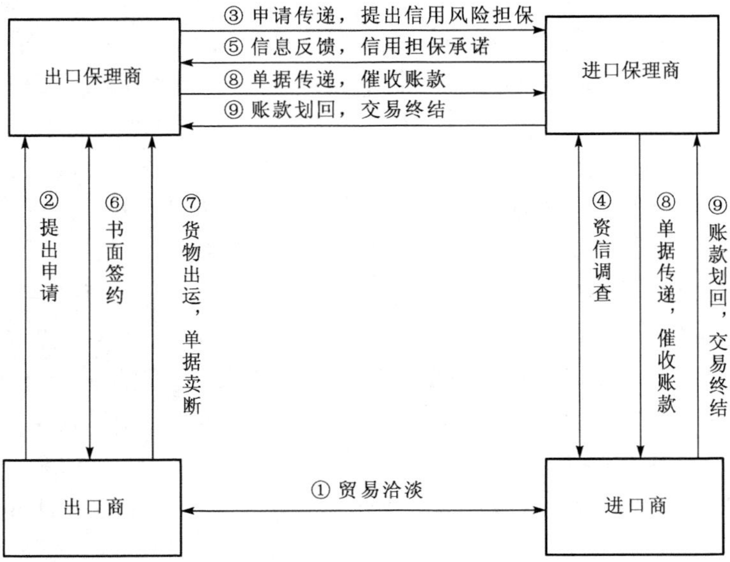


**图 7-1 保付代理业务的流程图**

（3）申请传递，提出信用风险担保。出口保理商向进口保理商传递申请，并要求进口保理商对出口商向进口商提供的信用风险进行担保。

（4）资信调查。进口保理商对进口商的资信进行调查，如交易情况与进口商资信情况相称，进口保理商则接受申请，否则加以拒绝。调查结果必须 14 天内进行答复，如 14 天内不能答复，要向出口保理商说明原因，或要求出口商进一步补充有关信息材料。

（5）信息反馈，信用担保承诺。作为债务人的进口商如符合条件，进口保理商愿承诺信用风险，则发出书面承诺，或电告后书面确认。明确每笔交易最高赊销金额与全年累计赊销金额，在此金额内进口保理商承担信用风险。进口保理商信用风险担保生效的前提是：第一，出口商提交债权转让的凭证（发票或汇票上签注债权转让文字）；第二，出口商交付全套出口单据。

（6）书面签约。出口商与出口保理商签订书面保理协议，可根据出口商与进口商单笔交易合同签订一个协议，也可根据一定时期内出口商与该进口商的多笔交易签订一个总协议。

（7）货物出运，单据卖断。出口商出运货物后，将附有“债权转让给进口保理商”字样的签字盖章后的发票（或汇票）及全套单据卖断给出口保理商，后者根据票据金额扣除从该日至票据到期日的利息后，给予出口商全部或一部分资金融通。

（8）单据传递，催收账款。出口保理商将第（7）项有关单据传递给进口保理商，根据票据的付款日期向进口商（也即债务人）催收账款。

（9）账款划回，交易终结。进口保理商收到进口商所付货款后，将资金划拨给出口保理商，保理交易终结。如果票据到期日，进口商破产、倒闭或无理拒付，进口保理商仍应承担支付义务，若进口保理商拖延支付，则应承担延期支付的利息。如果进口商对货款支付存有争议，出口保理商应于发票到期日的90天内收到该项争议通知，在180天内争议得到协商解决，进口保理商根据协商解决办法进行货款支付。如争议通过法院裁决，根据裁决结果，3年内进口保理商仍须承担支付义务。

（二）保付代理业务的内容与特点

1. 保理商承担了信贷风险（Coverage of Credit Risks）

出口商将单据卖断给保理商，这就是说如果海外进口商拒付货款或不按期付款等，保理商不能向出口商行使追索权，全部风险由其承担。这是保付代理业务的最主要的特点和内容。

保理商有专门部门，有条件对进口商资信情况进行调查，并在此基础上决定是否承购出口商的票据。只要得到该组织的确认，出口商就可以赊销方式出售商品，并能避免货款收不到的风险。

2. 保理商承担资信调查、托收、催收账款，甚至代办会计处理手续

出卖应收债权的出口商多为中小企业，由于它们对国际市场了解不深，保理商不仅代理它们对进口商进行资信调查，并且承担托收货款的任务；有时它们还要求出口商交出与进口商进行交易磋商的全套记录，以了解进口商的负债状况及偿还能力。一些具有季节性出口业务的企业，每年出口时间相对集中，它们为减少人员开支，还委托保理商代其办理会计处理手续等。所以，保付代理业务是一种广泛的、综合的服务，不同于议付业务，也不同于贴现业务。这是保付代理业务的另一个主要内容与特点。

保理商具有一定的国际影响与声誉，并对进口商进行了深入的调查；在托收业务中，一般进口商都如期支付货款，以保持其社会地位与声誉。

3. 预支货款（Advance Funds）

典型的保付代理业务是出口商在出卖单据后，都立即收到现款，得到资金融通。这是保付代理业务的第三个主要内容与特点。但是，如果出口商资金雄厚，有时也可在票据到期后再向保理商索要货款；有时保理商也在票据到期日以前，先向出口商支付80%的出口货款，其余20%货款待进口商付款后再予支付。

（三）保付代理业务的类型

1. 从出口商出卖单据是否可立即得到现金的角度来划分

（1）到期保付代理业务（Maturity Factoring）。这是最原始的保付代理业务，即出口商将出口有关单据出卖给保理商，该组织确认并同意票据到期时无追索权地向出口商支付票据金额，而不是在出卖单据的当时向出口商立即支付现金。

（2）预支（Advance）或标准（Standard）保付代理业务。出口商装运货物取得单据后，立即将其单据卖给保理商，以便取得现金。

2. 从是否公开保理商的名称来划分

（1）公开保理商名称，即在票据上写明货款付给某一保理商。

（2）不公开保理商名称，即按一般托收程序收款，不一定在票据上特别写明该票据是在保付代理业务下承办的，即不突出保理商的名称。

3. 从保理商与进出口商之间的关系来划分

（1）双保付代理业务，即出口商所在地的保理商与进口商所在地的保理商有契约

关系，它们分别对出口商的履约情况及进口商的资信情况进行了解，并加以保证，促进交易的完成与权利义务的兑现。

（2）直接进口保付代理业务，即进口商所在地保理商直接与出口商联系，并对其汇款，一般不通过出口商所在地的保理商转送单据，美国这种情况较多。

（3）直接出口保付代理业务，即出口商所在地的保理商直接与进口商联系，并对出口商融资，一般不通过进口商所在地的保理商转送单据。

4. 从保理商有无追索权来划分

（1）无追索权的保理业务，即通常所做的保理业务。

（2）有追索权的保理业务。根据国际保理公约规定，保理包括融资、保存账目、托收账款和坏账担保四项内容，只要承做其中两项业务即视为保理。据此，有追索权保理即保理商不承担坏账担保，而只承做融资、托收账款等其他业务。故遇有坏账，它能行使追索权。出口商与进口商交往有素，进口商资金雄厚、信用良好或进口商为政府机构，一般不会无理赖账，也无破产倒闭风险，出口商为减少保理费负担，常做有追索权的保理业务。

5. 从进出口商所处国家来划分

（1）国际保理，即进出口商分处不同国家（地区）的保理业务。

（2）国内保理，是进出口商处于同一国家的保理业务，也即国内买主与卖主分处两地的保理业务。目前，中国银行叙做的国内保理占其保理业务总量的30%～40%。

2009年以来，国内一些商业银行在上述保理基本业务的基础上开始尝试一些新的业务形式，如深圳发展银行开展的适用于转口贸易的出口双保理离在岸联动业务、进出口保理业务和融资租赁保理业务等。

（四）保付代理的费用

承购组织不仅向出口商提供资金，而且还提供一定的劳务，所以它们要向出口商索取一定的费用，该费用由以下两部分内容构成。

1. 保付代理手续费（Commission of Factoring）

保付代理手续费是保理商对出口商提供劳务而索取的酬金，包括以下方面。

（1）保理商提出的、向进口商提供赊销额度的建议是经周密调研的结果，对提供此项劳务，出口商要支付报酬。

（2）支付信贷风险评估工作的报酬。

（3）支付保存进出口商之间的交易磋商记录与会计处理而产生的费用。

保付代理手续费根据买卖单据的数额一般每月清算一次。手续费的多少一般取决于交易性质、金额及信贷、汇价风险的大小。目前手续费的费率一般为应收账款总额的1%左右。

2. 利息

保理商从收买单据向出口商付出现金到票据到期从海外收到货款，这一时期内的利息负担完全由出口商承付。利率根据预支金额的大小，参照当时市场利率水平而定，通常按LIBOR 3个月或6个月加一定的风险利率计收。

出口商如利用保付代理形式出卖商品，均将上述费用转移到出口货价中，其货价当然高于以现汇出卖的商品价。

## 三、保理商与商业银行的关系

有的国家为经营保付代理业务专门建立商行，有的国家则由财务公司经营该项业务。随着保付代理业务的开展，各国的保理组织建立了世界性的联合组织，如“国际保付代理联合组织”（Factor Chain International，FCI）等。通过这些组织，各国保付代理公司之间互换进口商的资信情报，掌握进口商的付款能力，以使货款收回达到最高比率。这些机构与大商业银行联系密切，资金充裕，业务多样灵活，因而得到出口商，特别是中小出口商的支持与欢迎。

保付代理商行或商业财务公司一般都是独立组织，具有独立的法人资格，但它们大多是由大商业银行出资或在其资助下建立的。如在美国的保理商，一般叫商业财务公司，其中有50%是由商业银行出资建立的。它们所经营的收购债权、买进票据的业务虽与商业银行所经营的贴现、票据抵押和议付业务在某些方面有相似之处，但加以比较就能发现两者之间存在如下区别。

第一，向出口商提供资金的基础不同。商业银行所经营的贴现、议付等票据业务，是在行使追索权的基础上向出口商提供资金；而保付代理业务则是在无追索权的基础上购进出口商的有关票据。

第二，考察资信的重点不同。商业银行经营的票据业务一般比较注意考察出口商的资信，以保证贷款的收回；而保付代理业务则比较注意考察海外进口商的资信情况。

第三，业务内容不同。商业银行经营票据业务的内容是贷款融资；而保付代理业务的内容则多样化，除上述各项业务外，有时甚至还代客户缮制单据，等等。

## 四、保付代理业务的作用

### （一）对出口商的好处

第一，保付代理业务代出口商对进口商的资信进行调查，为出口商决定是否向进口商提供商业信用以扩大商品销售提供信息和数据。它的作用是显著的。

由于保理商熟知海外市场情况，它们还经常向中小出口商提出建议，协助其打进国际市场，增强其竞争能力。

第二，出口商将货物装运完毕，可立即获得现金，满足营运需要，加速资金周转，促进利润增加。

第三，只要出口商的商品品质和交货条件符合合同规定，在保理商无追索权地购买其票据后，出口商就可以将信贷风险和汇价风险转嫁给保理组织。

第四，出口商如从银行贷款取得资金融通，则会增加其负债数字，提高企业的负债/资产比率，恶化资产负债表（Balance Sheet）的状况，对企业的资信不利，影响其有价证券上市。而出口商利用保付代理业务，货物装船、出卖票据后，立即收到现金，资产负债表中的负债不仅不会增加，反而使表中资产增加，改善负债/资产比率，有利于企业的有价证券上市与进一步融资。

### （二）对进口商的好处

第一，保理业务适用于以商业信用购买商品，进口商通过保理商进行支付结算。这样，进口商不需要向银行申请开立信用证（L/C），免去交付押金，从而减少资金积压，降低了进口成本。

第二，经常往来的买卖双方可根据交易合同规定，定期发货寄单；通过保理业务，买方可迅速得到进口物资，按约定条件支付货款。这样，可大大节省开证、催证等时间，简化了进口手续。

第三，在采用保理业务后，出口商将办理该项业务有关的费用转移到出口货价中，从而增加进口商的成本负担。但是，货价提高的金额一般仍低于因交付开证押金而蒙受的利息损失。

## 五、保付代理与信用保险

保付代理业务的主要特征之一是出口商将赊销后应收账款的信贷风险转移给保理组织；但是，保付代理业务不同于出口信用保险业务，在某种意义上说保理业务比出口信用保险对出口商更有利。

如果将这两种业务加以比较就会发现二者之间的区别。

首先，保理业务对出口商货款的最高保障金额为100%，即保理商承担出口货款100%的偿付义务；而出口信用保险的最高保障金额为出口货款的70%～90%。

其次，如进口商拒不付款或倒闭，保理业务的赔偿期限一般在90天内（从货款到期日计算）；而出口信用保险的赔偿期限一般为120～150天。

再次，保理限于赊销贸易范围；而出口信用保险除赊销外，信用证等业务范围也包括在内。

还有，保理不承担任何政治风险，如外汇限制、战争等无法控制的风险；而出口信用风险则包括政治风险内容。

最后，保付代理业务的内容综合多样，向客户提供的服务内容有以下方面：（1）进口商的资信调查和评估；（2）财务信用风险的担保；（3）财务管理和账款追收；（4）账目记录管理；（5）提供融资。而出口信用保险业务，只提供前两项服务内容，缺少后三项服务内容。

**专 栏**

### 中国出口信用保险公司简介①

中国出口信用保险公司是由国家出资设立、支持中国对外经济贸易发展与合作、具有独立法人地位的国有政策性保险公司，于2001年12月18日正式挂牌运营，服务网络覆盖全国。

中国信保通过为对外贸易和对外投资合作提供保险等服务，促进对外经济贸易发展，重点支持货物、技术和服务等出口，特别是高科技、附加值大的机电产品等资本性

① 资料来源：中国出口信用保险公司官网 www.sinosure.com.cn，阅读时间2023年9月28日。

货物出口，促进经济增长、就业与国际收支平衡。主要产品及服务包括：中长期出口信用保险、海外投资保险、短期出口信用保险、国内信用保险、与出口信用保险相关的信用担保和再保险、应收账款管理、商账追收、信息咨询等出口信用保险服务。

中国信保以“履行政策性职能，服务高水平开放”为己任，有效服务国家战略，精准支持企业发展，确保财务可持续，积极扩大出口信用保险覆盖面，在服务共建“一带一路”、全力促进外贸稳中提质、培育国际经济合作和竞争新优势、推动经济结构优化等方面发挥了不可替代的作用。

中国信保在信用风险管理领域深耕细作，成立了专门的国别风险研究中心和资信评估中心，资信数据库覆盖全球3.6亿家企业银行数据，拥有海内外资信信息渠道超过400家，资信调查业务覆盖全球所有国别、地区及主要行业。截至2022年末，中国信保累计支持的国内外贸易和投资规模超过7.06万亿美元，为超过28万家企业提供了信用保险及相关服务，累计向企业支付赔款193.77亿美元，累计带动近300家银行为出口企业提供保单融资支持超过4万亿元人民币。根据伯尔尼协会统计，2015年以来，中国信保业务总规模连续在全球官方出口信用保险机构中排名第一。

作为适应经济全球化和我国外经贸发展需要而成立的政策性金融机构，中国信保将紧紧围绕服务国家战略目标，以政策为导向，以客户为中心，把公司建设成为负责任、可信赖、具有全球影响力的政策性出口信用保险机构，为服务国家新一轮高水平对外开放作出新的更大贡献。

# 第三节　出口信贷

## 一、出口信贷概述

### （一）对外贸易中长期信贷的特点

对外贸易短期信贷期限一般均在1年以内，只能满足商品周转期较迅速、成交金额不大的资金需要。一些大型机械设备，周转期长，成交额大，进出口商则需期限较长的信贷支持。因此一些国家的商业银行和对外贸易银行常常向本国的出口商或国外的进口商发放期限在1～5年或5年以上的对外贸易中长期信贷，给予资金融通，以促进本国大型机械设备或成套项目的出口。与对外贸易短期信贷相比，对外贸易中长期信贷不仅向进出口商融资，而且还是争夺销售市场的武器。对外贸易中长期信贷这一性质在其具有的特点中得到充分反映。对外贸易中长期信贷具有以下特点。

1. 对外贸易中长期信贷的利率，一般低于相同条件资金贷放的市场利率，利差由国家补贴

大型机械设备制造业在一国的经济中占有重要地位，其产品价值高，交易金额大。在国内销售市场已经饱和的情况下，加强这些资本货物的出口，对一国的生产与就业影响甚大。为了加强本国机械设备的竞争能力，削弱竞争对手，一些国家的银行竞相以低于市场的利率对外国进口商或本国出口商提供中长期贷款，给予信贷支持，以扩大本国

资本货物的国外销路。银行提供低利率贷款与市场利率的差额则由国家财政补贴。

2. 对外贸易中长期信贷的发放与信贷保险结合

由于中长期对外贸易信贷偿还期限长、金额大，发放贷款的银行存在着较大的风险，为了减缓出口国家银行发放中长期信贷的后顾之忧，保证其贷款资金的安全，一些国家一般都设有国家信贷保险机构，对银行发放的中长期贷款给予保险或担保。如发生贷款不能收回的情况，信贷保险机构利用国家资金给予赔偿。对外贸易中长期信贷一般都与国家的信贷担保相结合，从而加强本国出口商在国外市场的竞争能力，促进资本货物的出口。

3. 国家成立专门发放出口信贷的机构，制定政策，管理与分配国际信贷资金，特别是中长期信贷资金

发达国家提供的对外贸易中长期信贷，直接由商业银行发放，如因金额巨大，商业银行资金不足时，则由国家专设的出口信贷机构予以支持。如英国曾规定商业银行提供的出口信贷资金超过其存款 18% 时，超过部分则由英国的出口信贷保证局予以支持。美国发放中长期对外贸易信贷的习惯做法常由商业银行与进出口银行共同负担。有的国家对一定类型的对外贸易中长期贷款，直接由出口信贷机构承担发放的责任。由国家专门设置的出口信贷机构，利用国家资金支持对外贸易中长期信贷，可弥补私人商业银行资金的不足，改善本国的出口信贷条件，加强本国出口商夺取国外销售市场的力量。这些出口信贷机构在经营出口信贷保险的同时，还根据国际商品市场与金融市场的变化，经常调整本国的出口信贷政策，以迎接其他竞争对手的挑战。

### （二）出口信贷的概念与内涵

对外贸易短期信贷与中长期信贷同属对外贸易信贷，前一融资方式兼顾出口与进口需要，在利率收取与信贷条件方面与本国金融市场上类似的贷款方式相比，没有突出的区别，也不受某些国际协定的约束；而后一融资方式则着重加强本国出口，利率收取与信贷条件和本国金融市场上类似贷款方式相比，有突出的区别，并在不同程度上受国际规定的约束。由于对外贸易中长期信贷追求的目的着重于扩大出口，所以国际上将对外贸易中长期信贷统称为出口信贷。

综上所述，可以看出，出口信贷是一种国际信贷方式，是国家为支持和扩大本国大型设备的出口，加强国际竞争能力，以对本国的出口给予利息贴补并提供信贷担保的方法，鼓励本国的银行对本国出口商或外国进口商（或其银行）提供利率较低的贷款，以解决本国出口商资金周转的困难，或满足国外进口商对本国出口商支付货款需要的一种融资方式。

## 二、出口信贷的主要融资形式

第二次世界大战前支持出口的信贷形式有四种：（1）直接向进口商或进口商的政府部门发放贷款，指定贷款应购买发放贷款的国家或企业的商品。（2）外贸银行或商业银行对出口商提供长期贷款，以支持出口商开拓与争夺销售市场。（3）在资本相对“过剩”的国家发行进口公司的股票和债券，或发行政府债券，以所得的资金办理进口。（4）商业银行或对外贸易银行对中长期票据进行贴现放款，定期（如半年）清偿

一次。这些出口信贷形式在第二次世界大战后仍沿袭采用。但对银行来说，在进出口商间更普遍推行的出口信贷的融资形式则有卖方信贷、买方信贷、福费廷（Forfaiting）、混合信用贷款等。

## （一）卖方信贷

在大型机械装备与成套设备贸易中，为便于出口商以延期付款方式出售设备，出口商所在地的银行对出口商提供的信贷就是卖方信贷。发放卖方信贷的程序与做法包括以下方面。

（1）出口商以延期付款或赊销方式向进口商出卖设备，出口商在与进口商洽谈贸易合同时，一般先向当地出口信用保险机构询保，确定投保中长期延期付款收汇险，落实费用负担，以便将有关保费打入成本，并为取得当地银行的出口信贷提供前提。

（2）进口商与出口商达成协议，签订贸易合同。一般支付做法是：进口商先缴付15%的现汇定金；出口商向进口商交运设备后，进口商再向出口商支付10%～15%的设备货款；其余设备价款在进口商验收保证期满后3～5年内分期向出口商支付。

（3）出口商为解决资金周转的困境向当地银行申请贷款，签订卖方信贷协议，并将其投保的保单转让给贷款银行。

（4）出口商签订的法律性文件有三个：与进口商的贸易合同；与保险机构的保险合同；与银行签订的卖方信贷协议。出口贸易合同中的定金比例、延期付款次数和金额以及最长的延付期，必须与卖方信贷协议有关条款协调一致。

（5）在贸易合同中，一般要求进口商出具不同付款期限的本票，或由出口商开具不同付款期限的汇票，并由进口商有关银行加保或承兑，贷款银行要求以此作为抵押担保。

（6）进口商随同利息分期向出口商支付以本票或汇票形式存在的货款后，出口商再用以偿还从银行取得的贷款。

有时，出口商所在地银行向出口商发放卖方信贷，还要求与出口商有关的企业对出口商按期偿还贷款进行担保，与银行签订担保合同。

出口商向银行借取卖方信贷，除按出口信贷利率支付利息外，还须支付信贷保险费、承担费和管理费等。这些费用均附加于出口成套设备的货价之中，但每项费用的具体金额进口商不得而知。所以延期付款的货价一般高于以现汇支付的货价，有时高出3%～4%，有的甚至高出8%～10%。

卖方信贷的程序如图7-2所示。

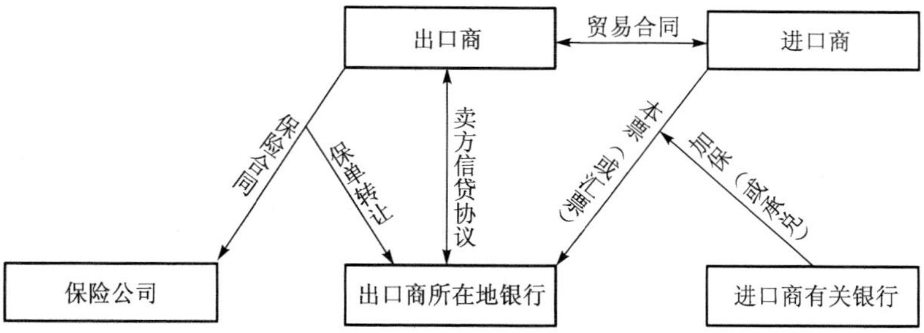


图7-2 卖方信贷程序图

我国进出口银行对我国境内（不包括港澳台地区）企业出口低技术含量和一般机电产品、成套和高技术含量产品、船舶以及农产品、文化产品等其他经批准的产品和服务所需资金提供出口卖方信贷业务。凡在我国工商行政管理部门登记注册，具有独立法人资格的境内企业或具备借款资格的事业法人，均可向进出口银行申请出口卖方信贷。采用资金集中管理模式的集团企业，确保在进出口银行不重复融资的前提下，并在借款合同中约定贷款用于集团企业子公司出口业务时，可向进出口银行申请出口卖方信贷。

### （二）买方信贷

在大型机械装备或成套设备贸易中，由出口商所在地银行贷款给外国进口商或进口商的银行，以给予融资便利，扩大本国设备的出口，这种贷款就叫买方信贷。

卖方信贷是出口商所在地银行贷款给出口商；而买方信贷则是由出口商所在地银行贷款给进口商或进口商银行。无论贷给前者或贷给后者均属买方信贷，但后一种买方信贷形式在出口信贷发放中占有很大比重。

1. 直接贷款给进口商的买方信贷

这种买方信贷的程序与做法如下。

（1）进口商与出口商达成协议，签订贸易合同，进口商先缴付相当于货价 15% 的现汇定金。

（2）进出口双方的贸易合同，经出口商所在地银行审查同意后，由出口商所在地银行与进口商签订贷款协议。

（3）出口商所在地银行向进口商提供贷款一般要求由进口商的有关银行提供还款担保。

（4）出口商所在地银行为防范贷款发放的政治和商业风险，根据国际惯例要求出口商为其贷款投保出口信用风险。出口商与保险公司签订保费协议，支付保费；保险公司与贷款银行签订担保协议，贷款银行作为保险赔付的受益人。

（5）进口商以其所借的款项，以现汇条件，通过账户划拨，向出口商支付货款。

（6）进口商对出口商所在地银行的欠款，按贷款协议的规定，分期偿付。

直接贷款给进口商的买方信贷程序如图 7-3 所示。

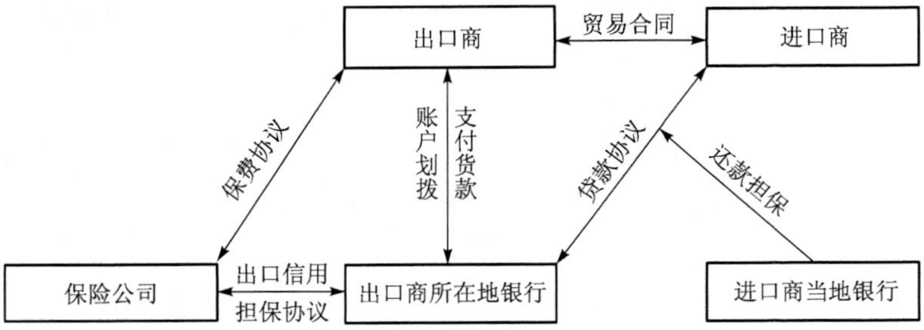


**图 7-3 直接贷款给进口商的买方信贷程序图**

2. 直接贷款给进口商银行的买方信贷

这种买方信贷的程序与做法如下。

（1）进口商与出口商达成协议，签订贸易合同，进口商先缴付 15% 的现汇定金。

（2）进出口双方的贸易合同经出口商所在地银行审查同意后，出口商所在地银行与进口商银行签订贷款协议。

（3）出口商所在地银行为防范贷款发放的政治与商业风险，根据国际惯例要求出口商为其贷款投保出口信用风险。出口商与保险公司签订保费协议，支付保费；保险公司与贷款银行签订担保协议，贷款银行作为保险赔付的受益人。

（4）进口商所在地银行以其借得的款项转贷给进口商，后者以现汇条件，通过账户划拨向出口商支付货款。

（5）进口商所在地银行根据贷款协议分期向出口商所在地银行偿还贷款。

（6）进口商与进口商所在地银行间债务，按转贷协议规定，在国内清偿结算。

上述两种形式的买方信贷协议中，均规定进口商（或其银行）要支付管理费与承担费等，与出口商将全部信贷费用笼统地打入货价的卖方信贷相比，更有利于进口商了解真实货价，核算设备成本。

直接贷款给进口商所在地银行的买方信贷程序如图 7-4 所示。

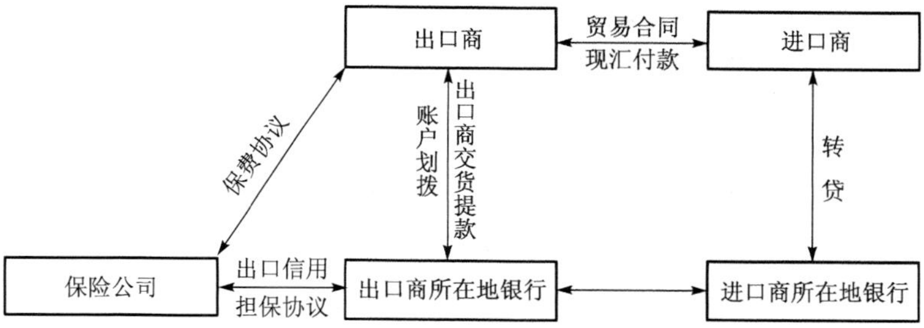


**图 7-4　直接贷款给进口商所在地银行的买方信贷程序图**

## （三）福费廷

第二次世界大战后，在资本货物与设备的对外贸易中，进出口商除利用买方信贷与卖方信贷融通资金外，一种新的中长期的融资方式——福费廷（Forfeiting）逐渐开始在西欧国家推行。所谓福费廷是指在出口贸易融资中，银行或其他金融机构无追索权地买入出口商的应收账款的一种融资服务。当前福费廷业务在世界范围内广泛开展，几乎所有的国际大银行都开办此项业务，并形成了一个较活跃的全球性的福费廷二级市场。

1．“福费廷”业务的主要内容

（1）出口商与进口商在洽谈设备、资本货物等贸易时，如欲使用“福费廷”，应事先和其所在地的银行或金融公司约定，以便做好各项信贷安排。

（2）出口商与进口商签订贸易合同，言明使用“福费廷”。出口商向进口商索取货款而签发的远期汇票，要取得进口商往来银行的担保，保证在进口商不能履行支付义务时，由其最后付款。进口商往来银行对远期汇票的担保形式有两种：① 在汇票票面上签章，保证到期付款，这叫 Aval（保证）；② 出具保函（Guarantee Letter）保证对汇票付款。

（3）进口商延期支付设备货款的偿付票据，可从下列两种形式中任选一种：由出口商向其签发远期汇票，经承兑后，退还出口商以便其贴现；由进口商开具本票

(Promissory Notes) 寄交出口商，以便其贴现。无论使用何种票据，均须取得进口商往来银行的担保。

(4) 担保银行要经出口商所在地银行的同意，如该银行认为担保行资信不高，进口商要另行更换担保行。担保行确定后，进出口商才签贸易合同。

(5) 出口商发运设备后，将全套货运单据通过银行的正常途径，寄送给进口商，以换取经进口商承兑的附有银行担保的承兑汇票（或本票）。单据的寄送办法按合同规定办理，可以凭信用证条款寄单，也可以跟单托收，但不论有证无证，一般以通过银行寄单为妥。

(6) 出口商取得经进口商承兑的、并经有关银行担保的远期汇票（或本票）后，按照与买进这项票据的银行（大金融公司）的原约定，依照放弃追索权的原则，办理该项票据的贴现手续，取得现款。

2. 出口贴现与福费廷的比较

出口贴现是出口商将未到期的远期票据在扣除一定的利息和费用后从贴现银行或机构获取贴现款的融资方式。出口贴现与福费廷相比，两者的主要区别体现在以下方面。

(1) 从融资期限来看，出口贴现通常只为 180 天以内的票据融资；但福费廷业务通常被认为是一种中长期的融资方式。

(2) 从是否有追索权来看，办理出口贴现业务的银行买入票据后，作为善意持票人除了有权向债务人索偿外，在债务人无力支付时，对贴现申请人即出口商享有追索权；但福费廷业务都是建立在无追索权基础之上的。

3. 福费廷与保理业务的区别

福费廷与保理业务虽然都是由银行向出口商提供的贸易融资业务，但二者之间还是存在着一些差异的。

(1) 从融资期限来看，保理业务通常提供的是融资期限不超过 180 天的短期贸易融资，最长一般不超过一年，而福费廷业务通常以中长期融资为主，融资期限最长可达 10 年。

(2) 从支持对象来看，保理通常以支持一般进出口商品为主，而福费廷业务多用来支持资本性货物的出口或大型对外工程承包。

(3) 从有无追索权来看，保理业务提供的融资既有追索权融资也有无追索权融资，但福费廷业务都是无追索权的融资。

(4) 从融资金额来看，保理业务提供的融资比例通常不超过 80%，而福费廷业务则可以获得全额的融资。

4. 福费廷业务对出口商与进口商的好处

(1) 对出口商的作用

第一，出口商能立刻取得现金，在不占用出口信用额度的基础上，改善了流动资金状况，完善了财务报表。

第二，规避了各类收汇风险。采用福费廷业务，出口商通过“卖断”应收账款规避了交易对手所在国的国家风险、支付风险以及商业风险等，同时办理福费廷业务时锁定了利率和汇率，规避了利率和汇率的风险。

第三，无追索权融资。出口商办理福费廷业务后，无需对进口商到期是否履行付款责任承担责任。

第四，采用福费廷业务，可以较好地利用本国出口信用机构提供的优惠政策。通常对大型成套设备等资本性货物的出口或大型境外承包工程的实施、出口商或承包商所在国政府的出口信用机构都提供优惠的政策性金融支持。

此外，对中国出口商来说，办理福费廷业务后，按有关外汇管理规定视同即期收汇，可当即获得银行出具的出口收汇核销专用联，提前办理外汇核销和出口退税。

（2）对进口商的作用

对进口商而言，可获得延期付款的便利，但利息与相关的费用负担均计算在货价之内，一般货价偏高。但利用福费廷业务手续较简便，应出口商办理福费廷业务时要求提供的担保简便，操作手续相对其他融资方式非常方便。

### （四）混合信用贷款

如前所述，在卖方信贷形式下，根据国际惯例规定进口商要向出口商支付设备货价一定比例的现汇定金；在买方信贷形式下进口商要支付设备货价15%的现汇定金，其余85%的设备货款由进口商从出口国银行取得贷款进行支付，但贷款不得用于当地费用支出。一些发达国家为扩大本国设备的出口，加强本国设备出口的竞争能力，在出口国银行发放卖方信贷或买方信贷的同时，出口国政府还从预算中提出一笔资金，作为政府贷款或给予部分赠款，连同卖方信贷或买方信贷一并发放，以满足出口商（如为卖方信贷）或进口商（如为买方信贷）支付当地费用与设备价款的需要。根据OECD的规定，这部分政府贷款均含有35%以上的赠予成分，所以收取的利率比一般出口信贷利率更低，这就更有利于促进该国设备的出口，并可加强与借款国的经济技术与财政合作关系。政府贷款或赠款占整个贷款金额的比率视当时政治经济情况及出口商或进口商的资信状况而有所不同，一般占贷款金额的30%～50%。这种为满足同一设备项目的融通资金需要，卖方信贷或买方信贷与政府贷款或赠款混合贷放的方式即为混合信贷。

### （五）三种主要出口信贷形式的比较

出口卖方信贷、出口买方信贷和出口福费廷都是促进我国机电仪器出口的信贷方式，对我国设备出口单位来讲，究竟选择哪种方式对它们更有利呢？这就有必要分析一下各种方式本身的特点及其利弊。

1. 出口卖方信贷

（1）有利方面

出口卖方信贷的贷款条件与做法对出口商的有利方面是：① 贷款利率固定，对出口商来讲无利率波动风险；② 贷款利率受有关部门贴补，低于市场利率；③ 由于出口商与本国发放信贷银行办理手续，情况易于掌握，手续相对简便。

（2）不利方面

对出口商的不利方面是：① 贷款条件比较严格；② 由于以延期付款方式出卖设备，故存在汇率波动风险；③ 由于存在较大金额的应收未收账款，恶化了资产负债表的状况，不利于出口商的有价证券上市；④ 贸易合同的设备货价与筹资成本混在一起，不利于贸易合同的商务谈判。

2. 出口买方信贷

（1）有利方面

出口买方信贷的贷款条件对出口商的有利方面表现在：① 设备贸易合同的付款条件为即期付款，有利于出口商资产负债表状况的改善，有利于出口商汇率波动风险的减缓；② 贷款合同与贸易合同分别签订，有利于出口单位核算设备货价成本，集中精力执行商务合同。

（2）不利方面

对出口商的不利方面是：① 出口商要投保出口信用险，保险费费率根据进口商（或银行）所在国家不同，费率高低也不同，从而增加了出口商的成本开支；② 贷款手续繁琐，牵涉到的当事人多，国际资金融通的法律问题也较复杂；③ 贸易合同能否顺利签订与执行对贷款合同的签订与执行的依赖程度较大。

3. 出口福费廷

（1）有利方面

出口福费廷的贷款条件对出口单位的有利方面是：① 票据及时卖断有利于出口商免除信贷风险与外汇风险；② 有利于出口商资产负债表状况的改善，以及有价证券上市；③ 融资银行买断票据的起点和出口商出口的商品无严格明确的规定，出口商有较大的灵活性，有利于出口市场的开拓。

（2）不利方面

对出口商的不利方面是：① 费用较高；② 交货时间与贸易合同签订时间相距较长，融资银行难以报出折现率，出口商难以进行准确的对外报价；③ 融资银行一般不愿接受 5 年以上远期票据的买断。

专 栏

## 中国进出口银行简介①

中国进出口银行（以下简称“进出口银行”）成立于 1994 年，是由国家出资设立、直属国务院领导、支持中国对外经济贸易投资发展与国际经济合作、具有独立法人地位的国有政策性银行。

进出口银行的经营宗旨是紧紧围绕服务国家战略，建立市场化运行、约束机制，建设定位明确、业务清晰、功能突出、资本充足、治理规范、内控严密、运营安全、服务良好、具备可持续发展能力的政策性银行。进出口银行支持领域主要包括外经贸发展和跨境投资，“一带一路”建设、国际产能和装备制造合作，科技、文化以及中小企业“走出去”和开放型经济建设等。

进出口银行依托国家信用支持，积极发挥在稳增长、调结构、支持外贸发展、实施

---

① 资料来源：《中国进出口银行 2022 年度报告》，中国进出口银行官网 www.eximbank.gov.cn，阅读时间 2023 年 9 月 28 日。

“走出去”战略等方面的重要作用，加大对重点领域和薄弱环节的支持力度，促进经济社会持续健康发展。坚持依法合规经营、审慎稳健发展，遵守国家法律法规、银行业金融机构审慎经营规则，强化资本约束，遵守市场秩序，实现长期可持续发展。

截至2022年末，进出口银行在国内设有32家营业性分支机构和香港代表处；在海外设有巴黎分行、东南非代表处、圣彼得堡代表处、西北非代表处、波兰代表处、智利代表处。

## 本章习题

### 一、名词解释

国际保理　出口信贷　卖方信贷　买方信贷　福费廷　混合信贷

### 二、简答题

1. 简述保理业务对出口商的积极作用。
2. 比较卖方信贷、买方信贷和福费廷业务的区别。
3. 比较保理业务和福费廷业务的区别。
4. 简述福费廷业务对进出口商的积极作用。

# 第八章　项目融资与BOT方式

## 本章摘要

项目融资或译为项目贷款，是20世纪80年代后随着国际能源开发建设而创建的一种国际融资形式。与出口信贷不同，与世界银行的与项目相结合的贷款也不同，其主要特点是：（1）项目单位的潜在经济收益是贷款发放的主要依据；（2）贷款担保多元化；（3）贷款资金来源多元化。研究项目融资的投资结构、担保结构、筹资结构及其与BOT（即建设—经营—转让）的关系，对企业投资资金的有效利用，落实“走出去”战略的要求，有着重要意义。

本章主要问题是项目融资的主要参与人及其职责、项目融资的筹资来源、项目融资与BOT；核心问题则是项目融资的担保类型及其具体形式。

**关键词：**项目融资　　间接担保　　BOT

学完本章，你需要掌握：

- 项目融资的特点、参与人的职责与作用
- 项目融资的具体担保形式
- 项目融资的筹资来源及其利弊
- 项目融资与BOT的关系

## 第一节　项目融资的概念、参与人及类型

### 一、项目融资的产生与概念

一国政府或一个部门为兴建工程项目，除可向世界银行申请贷款外，一般还可利用政府贷款、商业贷款等方式筹措资金。贷款人主要根据工程主办单位（Sponsor）的信誉和资产状况，辅之以有关单位（如中央银行）的担保而发放贷款。但是，随着国际上自然资源的大力开发，交通、运输工程的兴建扩展，所需资金的数额非常巨大，单靠工程主办单位的自身力量很难从国际资本市场筹得资金，同时单靠一种借款方式也很难满足项目本身的资金需要。大型工程项目的发展要求产生一种新的融资方式，这种融资方式的特点包括以下三个方面。

（1）贷款人不是凭主办单位的资产与信誉作为发放贷款的考虑原则，而是根据为营建某一工程项目而组成的承办单位（Project Entity）的资产状况及该项目完工后所创造出来的经济收益作为发放贷款的考虑原则，因为项目所创造的经济收益是偿还贷款的基础。传统的贷款方式是向主办单位发放贷款，而这种项目融资是向承办单位发放贷

款。两种方式的比较如图 8-1 所示。

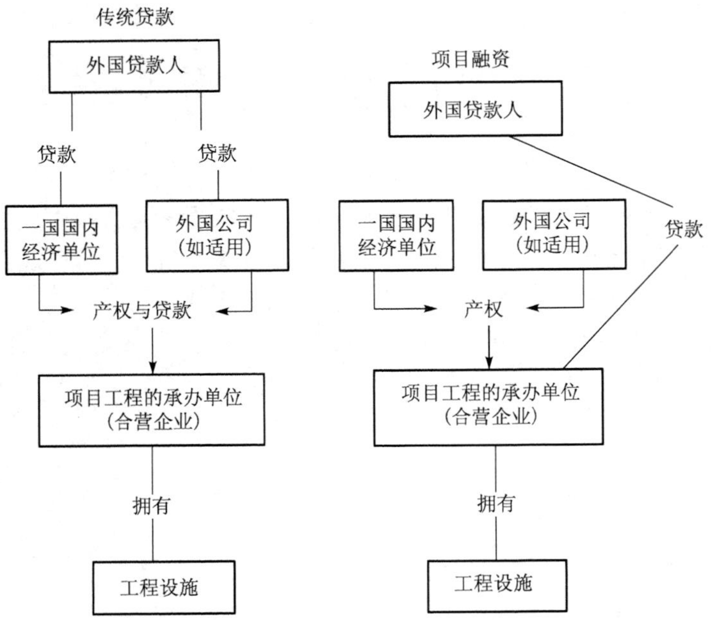


**图 8-1　传统贷款与项目融资运作的比较**

（2）不是一两个单位对该项贷款进行担保，而是与工程项目有利害关系的更多单位对贷款可能发生的风险进行担保，以保证该工程按计划完工、营运，有足够的资金偿还贷款。

（3）工程所需的资金来源多样化，除从商业银行与出口信贷体系取得贷款外，还可请求外国政府、国际组织给予援助，参与资金融通。

20 世纪 70 年代以后，这种新的融资模式——项目融资模式（Project Financing Model）在实践中产生了。它对促进具有较大国际影响的大型项目，像英国北海油田、美国阿拉斯加天然气输送管道、中国香港九龙海底隧道等的建成起着重大作用。

什么是项目融资呢？项目融资是为某一特定工程项目而发放的贷款，该贷款的主要担保是该工程项目的预期经济收益和其他参与人对工程停建、不能营运、收益不足以还债等风险所承担的义务；而主办单位的财力与信誉并不是贷款的主要担保对象。

## 二、项目融资的参与人

项目融资具有多方面的参与人，参与人的有关担保对贷款的取得和项目的完工起着关键作用。

### （一）主办单位

主办单位即项目的主管单位和部门，它从组织上负有督导该项目计划落实的责任。贷款虽非根据主办单位的保证而发放，但如发生意外的情况，导致项目所创造的收入不足以偿付债务时，主办单位在法律上负有拿出差额资金用以偿债的责任。所以，贷款人发放贷款时，对主办单位的资信情况也十分关注。

### （二）承办单位

承办单位也称项目单位，是为工程项目筹措资金并经营该工程而筹建的独立组织。承办单位有独资的，也有与外商合资的，其职责的重要性如前所述。与外商合资组成的项目单位，有的采取股权式合资经营，有的采取契约式合作经营，也有的采取合伙式组织形式。在不同的组织形式下，项目资产的拥有形式，项目产品的分配形式，项目管理的决策形式、债务责任，项目资金的流量控制，税务结构与会计处理原则等各不相同。主办单位或投资人应结合自身情况慎重决定项目单位的组织形式。

### （三）外国合伙人

承办单位选择一个资金雄厚、信用卓著、经营能力强的外国合伙人的好处在于：（1）可利用其入股的产权基金（Equity）；（2）他有可能对该项目另外提供贷款；（3）他可协助该工程项目从国外市场融通资金。外国合伙人的资信状况是贷款人提供贷款的重要考虑因素。

### （四）贷款人

根据工程项目的具体情况，国内外的信贷机构、各国政府和国际金融组织均可成为工程项目的贷款人。

### （五）设备供应人

项目设备的供应人在保证项目按时竣工中起着重要作用。贷款人关心运输机械设备、电力、原材料等供应商的资信与经营作风，这是他们考虑是否发放贷款的因素之一。争取以延期付款方式向供应商支付货款，是承办单位获得信贷资金的一条渠道。

### （六）工程产品的购买人或工程设施的用户

偿还项目贷款的资金来源主要依靠项目产品销售或设施供用户使用后的收入。因此，购买人（或用户）承担的购买产品（或使用设施）的合同义务，为贷款的偿还提供了可靠的保证。购买人（或设施用户）有时是一个，有时是几个，他们的资信状况是能否取得贷款的最重要因素。

### （七）工程师和承包公司

工程师和承包公司是工程技术成败的关键因素，他们的技术水平和声誉是能否取得贷款的因素之一。

### （八）外国政府官方保险机构

银行等私人信贷机构向工程项目提供贷款，常常以能否取得外国政府官方信贷保险机构的信贷保险为先决条件，这些机构也是项目贷款的主要参与人。知名的外国政府信贷保险机构有美国的海外私人投资公司、英国的出口信贷担保局、法国的对外贸易保险公司、德国的赫尔默斯信贷保险公司等。

### （九）托管人（Trustee）

在国际大型工程项目的资金筹措中，往往有托管人介入，其主要职责是直接保管从工程产品购买人（或设施用户）处所收取的款项，用以偿还对贷款人的欠款。托管人保证在贷款债务未清偿前，承办单位只能按规定的原则提取或动用该笔款项。

### 三、项目融资的主要类型

项目融资主要有以下两种类型。

#### （一）无追索权项目融资

无追索权项目融资是指贷款机构对项目的主办单位没有任何追索权，只能依靠项目所产生的收益作为还本付息的来源，并可在该项目的资产上设立担保权益，此外，项目主办单位不再提供任何信用担保。如果该项目中途停建或经营失败，其资产或收益不足以清偿全部贷款，贷款人也无权向主办单位追偿。这种类型的项目贷款对贷款人的风险很大，一般很少采用。

#### （二）有限追索权的项目融资

这是目前国际上普遍采用的一种项目贷款形式。在这种形式下，贷款人除依赖项目收益作为偿债来源，并可在项目单位的资产上设定担保物权外，还要求与项目完工有利害关系的第三方当事人提供各种担保。第三方当事人包括设备供应人、项目产品的买主或设施的用户、承包商等。当项目不能完工或经营失败，从而项目本身资产或收益不足以清偿债务时，贷款机构有权向上述各担保人追索。但各担保人对项目债务所负的责任，在特定时间内仅以各自所提供的担保金额或按有关协议所承担的义务为限。通常所说的项目贷款，均指这种限定时间与金额的有限追索权的项目贷款。

## 第二节 项目融资的担保

工程项目在完工前的营建阶段以及完工后的营运阶段存在着各种风险，如果这些风险不能消除，项目单位很难从贷款人处取得各种贷款，将各种风险加以整合，由与项目完工有利害关系的当事人分担可能发生的各种风险，从而构成完整的风险担保，是取得项目贷款的关键。只有通过各种担保形式，将贷款不能偿还的各种风险消除了，项目单位才能获得项目融资。工程项目融资中，要向贷款人提供的担保主要有五种类型，而具体的担保形式又多种多样，现逐一介绍分析如下。

### 一、直接担保

直接担保指担保人为项目单位（借款人）按期还本付息而向贷款人提供的直接保证，其具体形式有以下几种。

#### （一）责任担保

在项目贷款中常常由主办单位提供直接担保，一旦借款人（即项目单位）违约，则担保人承担连带责任。

#### （二）银行和其他金融机构的担保

担保人的主要义务是：如借款人未按期还本付息，则由担保人承担支付义务。担保书中其他内容大都是保护贷款人利益的保护性条款。

（三）购买协议

购买协议是主办单位与贷款人之间的协议，协议一般约定：如项目不能按期完工，从而影响项目贷款的偿还，则由主办单位买下所有贷款款项。

## 二、间接担保

间接担保指担保人为贷款本息的偿还而向贷款人提供的间接保证。间接保证的主要形式有以下四种。

（一）货物是否收取均须付款合同

1. 货物是否收取均须付款合同(Take or Pay Contract)的概念

买方（常为主办单位）和卖方（项目单位）达成协议，买方承担按期根据规定的价格向卖方支付最低数量项目产品货款金额的义务，而不问事实上买方是否收到合同项下的产品。

2. 货物是否收取均须付款合同的特点

（1）买方必须定期支付。

（2）买方的每次支付不得少于某一固定的最低金额，这一固定金额一般与项目单位分期偿还贷款的金额相关联。

（3）买方在合同项下的支付义务是无条件的和不可撤销的，即使买方未收到合同项下的产品，仍须履行支付义务。这就为项目单位分期偿还贷款奠定了金融基础。

3. 货物是否收取均须付款合同的性质

项目单位作为项目产品的卖方与买方签订的这项合同实质上为贷款人收回项目贷款提供了间接保证。

4. 货物是否收取均须付款合同的支付方式

根据贷款人的要求，买方的支付一般交予信托人，由信托人以买方交付的资金分期清偿项目贷款项下的本息。设置信托人的目的，在于避免买方将应付金额直接支付卖方，如卖方丧失清偿能力或破产，该笔付款无法为贷款人所得。

5. 货物是否收取均须付款合同对主办单位的好处

（1）如主办单位无力或不愿意提供直接担保，货物是否收取均须付款合同是国际银团可以接受的一种担保方式。

（2）主办单位作为买方，在货物是否收取均须付款合同项下的义务不直接反映在该单位的资产负债表上，不影响其资信及继续融资的能力。

（二）设施（或服务）是否使用均须付款合同

设施（或服务）是否使用均须付款合同（Through-Put Contract 或 Tolling Agreement）的概念是：无论项目设施的用户对项目设施的使用量是否达到合同预定的标准，都必须无条件地支付某一固定最低金额的使用费。设施（或服务）是否使用均须付款合同为基础设施项目提供了有保证的收入来源，从而为取得项目贷款奠定了基础。

### （三）取得货物付款合同（Take and Pay Contract）

取得货物付款合同与货物是否收取均须付款合同的共同点是：买方根据合同规定按固定价格定期支付某一最低数量的产品或劳务的价金；而不同点在于取得货物付款合同项下的支付义务是有条件的，即只有在项目产品交付或劳务实际提供的情况下，买方才有支付义务。

由于取得货物付款合同的有条件性，所以银团贷款不愿接受这种合同。但是，此种间接担保合同与强有力的项目经营人的其他保证，和项目经营人各种经营风险防范措施的落实，在一定情况下也可从贷款人处取得贷款。

### （四）按固定价格与数量供应原材料合同（Put or Pay Contract 或称 Supply or Pay Contract）

按固定价格与数量供应原材料合同是项目单位与原材料供应商之间签订的一种间接担保合同。合同规定：供应商在规定时间按约定的数量、规格并以固定的价格向项目单位提供原材料；如供应商未能按合同规定提供该项原材料，则由项目单位自行从其他渠道采购，但供应商承担由此而引起的价格损失。

按固定价格与数量供应原材料合同的签订，防止项目完工前或完工后原材料价格的波动增加项目成本，降低项目单位的经济效益，从而削弱项目单位向贷款人偿还贷款的基础。合同的签订与执行，也视为项目单位向贷款人提供的一种间接担保。

## 三、有限担保

有限担保（Limited Guarantee）指担保人在时间上、金额上，或同时在时间和金额上提供的有限担保。在项目贷款的担保中一般均为有限担保。

### （一）在金额上和时间上的有限担保

在项目贷款中，在金额上和时间上的有限担保主要可分为完工前费用超支的风险担保和完工后收益不足的风险担保。

1. 完工前费用超支风险及其担保形式

由于建造、通货膨胀、环境和技术方面产生的问题，或由于政府的新规定或币值波动，工程建造的实际费用超出原来的估计数字，如不解决超支资金的来源，工程项目会因资金缺乏导致半途而废，贷款的归还也要落空。

为了解除贷款人的后顾之忧，对可能发生超支所需的资金，必须通过预订合同的方式予以担保：（1）由发起人担保提供超支资金，并签订不规定限额的承担超支资金协定；（2）由贷款人提供一定数额的超支资金；（3）由国家银行提供一定金额的备用信贷；（4）由项目产品的购买者（或设施用户）提供资金；（5）由希望工程完工的政府机构提供资金。

上述担保提供费用超支资金的合同，限定在完工前的营造阶段，限定在超支的具体金额上，所以在时间上与金额上是有限的担保。

2. 完工后收益不足及其担保形式

如前所述，与其他贷款形式不同，项目贷款的最大特点是以项目产品（劳务提供）的收益作为贷款的担保，即由产品购买人（或设施用户）通过合同义务以购买产品（使用设施）所应支付的款项来偿付贷款。充分利用产品购买人（或设施用户）的信誉与资财实力以偿付贷款是项目贷款的最大优点。但是，在营运阶段，由于不可预见的原因，如出现工程停工或开工不足，则会导致项目停产或产量不足，无法按合同约定向产品购买人（或设施用户）提供产品和服务，后者当然不支付或少支付货款，从而使偿还贷款的资金来源中断或不足，贷款人蒙受损失。为防止因工程停止或开工不足而使贷款人蒙受上述风险，一般还要签订下述担保合同加以保证。

（1）货物取得与否均须付款合同。

（2）差额支付协议（Deficiency Payment Agreement）即由工程项目的东道国政府、中央银行或跨国公司参与对贷款偿付的担保。他们与承办单位签订差额支付协议，对工程所得的收益与债务偿还额之间的不足部分，承担支付义务。因为他们常与工程项目的完成有着共同的利害关系。差额支付协议当事人之间的关系如图 8-2 所示。

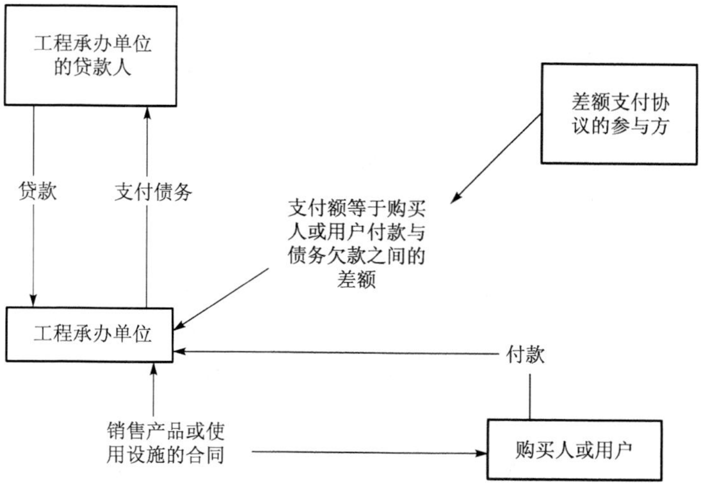


**图 8-2 差额支付协议当事人之间的关系图**

### （二）在时间上的有限担保

担保人把担保限定在一特定时间内。如限定按期完工担保（Completion Guarantee），完工后担保解除。为满足贷款人的要求，项目单位常把完工担保条件纳入承包商的承建合同中。

## 四、抵押担保

抵押担保是项目单位将设于东道国的项目设施及其他财产抵押给贷款人，以此作为担保。在项目贷款的实践中，有时贷款人还要求项目单位向其转让项目合同项下的权利和权益，如货物是否收取均须付款合同项下的收益、保险赔偿金的收益和承建合同项下的索赔收益等，以免与项目有关的收益为他人所得，从而为贷款人收回本息提供一定的保证。

### 五、默示担保

默示担保（Tacit Declaration Guarantee）即由项目主办单位或当地政府，根据贷款人或项目单位的要求而签发的一种表示对项目支持的信函，在我国也叫见证书（Letter of Witness）。

这种默示担保仅是一种道义承诺，无法律效力，是有些单位不愿对项目单位承担直接或间接担保责任而采取的一种变通办法。

默示担保的主要内容有：（1）发信人已知该项目交易情况；（2）发信人承诺并监督项目单位或项目单位的管理情况；（3）发信人支持该项目或项目单位。

如果默示担保的信函由项目所在地政府发出，这种信函虽无法律约束力，但有道义责任；国际银团认为当地政府既然认可批准该项目，就可避免日后当地政府放弃该项目的情况发生。

## 第三节　项目融资的筹资来源

可行性研究与规划的制定和各种项目担保合同的落实，为项目资金的筹措奠定了有力的基础。一个大的项目所需的资金是从何处获得的呢？兴建工程项目的资金来源有两条大的渠道：一为股本投资，二为举借贷款。股本投资是由工程项目的主办单位（或东道国政府）和外国合伙人（如采取合资经营方式）以现金（外汇或本币）或实物投入。主办单位和东道国政府常以承担可行性研究、初步工程、提供水的使用权、矿产开采特权或其他实质性资产作为实物投资；外国合伙人则以提供专利、先进技术、设备和专有技术等形式作为实物投资。工程项目取得资金来源的另一条主要渠道则为借款。在现代国际工程项目筹资中，借款所占的比重要大大高于股本投资。一个大的工程项目可以从哪些方面取得借款呢？各方面的借款优缺点又如何呢？下面我们将详细分析。

### 一、政府间双边贷款

政府间双边贷款是工程筹资的一个来源。政府贷款分为两种形式：一种为无偿赠予；另一种为低息长期贷款。

政府贷款的优点是：低息或无息，并且费用低。缺点是：（1）贷款的政治性强，受两国外交关系及贷款国预算与国内政策的影响大，一旦政治气候变化，贷款常会中断；（2）所得贷款或援助限于从发放贷款与援助的国家购买商品或劳务，承办单位不能利用投标竞争或就地生产，以降低工程成本。

## 二、出口信贷

从发达国家的出口信贷机构取得出口信贷也是工程项目筹资的主要来源。它的优点是：(1) 利率固定；(2) 利率水平低于市场利率；(3) 所得贷款可用于资本货物的购买；(4) 出口国竞争激烈，承办单位可选择一种最有利的出口信贷方案。

它的缺点是：(1) 货价与低利因素抵消后，因所得贷款限于在贷款国使用，购进设备的质量不一定是最好的，并且价格可能高于直接从第三国购买或招标的价格；(2) 出口信贷的利率不因借款货币软硬的不同而变化，增加了承办单位对币种变换因素的考虑；(3) 出口信贷通常为中期而非长期，并不能用于支付全部工程费用。

## 三、世界银行的贷款

这部分贷款是项目筹资的主要来源，用于项目有关的基础工程建设及其他项目内容。它的优点是：(1) 利率固定，低于市场利率，并根据工程项目的需要定出较为有利的宽限期与偿还办法；(2) 世界银行对工程项目所提供的贷款要在广泛的国际厂商中进行竞争性的招标，这样就可最大限度地压低项目建设成本，保证项目建设技术的先进性；(3) 该组织以资金支持的项目基础是扎实的，工程都能按计划完成；(4) 该组织提供资金支持的项目带有一定的技术援助成分。

它的缺点是：(1) 手续繁杂，项目从设计到投产所需时间较长；(2) 贷款资金的取得在较大程度上取决于该组织对项目的评价；(3) 该组织所坚持的项目实施条件，如项目收费标准与构成、项目的管理方法、项目的组织机构等，与东道国传统的做法可能不一致，东道国有时要被迫接受；(4) 该组织对工程项目发放的贷款，直接给予工程项目中标的外国厂商，借款国在取得贷款时，无法知道这一贷款对其本国货币或项目的核算货币所带来的影响，不易事先进行费用的核算比较。

## 四、世界银行与其他信贷机构的混合贷款

这种类型的贷款是从世界银行与私人资本市场共筹资金，取得混合贷款，供同一工程项目使用。它的优点是：(1) 世界银行为国际金融机构，商业银行和其他信贷机构参与筹资，其风险自然减少，否则私人银行不敢贸然向一工程项目贷款；(2) 由于有世界银行的参与，资金安全有保证，私人贷款的利率可望降低。它的缺点是：混合贷款谈判所需时间更长，手续更复杂。

## 五、联合国有关组织的捐赠与援助

联合国开发计划署（United Nations Developement Program）、联合国天然资源开发循环基金（United Nations Revolving Fund for Natural Resources Exploration）对工程项目提供用于可行性研究的资金，并提供技术援助。从这些来源取得资金既可用于可行性研究，也可用于工程准备工作，但是取得这种资金的手续比较复杂。

## 六、商业银行贷款

商业银行贷款是从国内和国外商业银行取得的工程项目的贷款。它的优点是：(1) 与上述各种贷款形式相比，从商业银行取得贷款易于谈判，手续简单，所需时间短；(2) 商业银行贷款无须经该国政府或国会批准，并可随时取现；(3) 使用商业银行贷款没有任何限制，可用于向第三国购买资本货物、商品、劳务，工程承办单位可以在国际上招标购买工程设备，降低工程成本；(4) 与上述贷款形式相比，商业银行的贷款协定条款，对工程施工与工程收益的使用限制较少；(5) 从商业银行贷款可以借取各种货币，便于事先估计货币风险，加强工程成本核算。

它的缺点是：(1) 贷款按市场利率收取，高于上述各种形式贷款的利率；(2) 多数采用浮动利率，难以精确计算工程成本；(3) 除收取利息外，还收取其他费用，如承担费、管理费、安排费、代理费、杂费等，并规定在该行保有最低存款额等，从而提高了总的借款费用；(4) 商业银行提供资金虽无一定限额，但有时出于对国际及借款国家总的政治风险的估计，也会限制其发放贷款的额度。

## 七、发行债券

在国外市场发行债券也是工程筹资的一种形式。发行债券利率固定、期限长，并且由于债券投资人分散、广泛，资金使用不受其控制。但是，受市场利率与供求关系的影响，债券发行是否能筹集到预计数额的资金，并无准确把握；而且发行债券的利率比世界银行的利率高，融资期限也较前者短。债券发行后还要设立专门机构，配备专门人员，对该债券在市场上的动态进行管理。

## 八、供应商提供的信贷

工程项目的大供应商所提供的金额较大的设备，允许承办单位以延期付款的方式支付货款，这实际上是向工程项目提供了资金。采用这种方式，供应商会抬高设备的货价，增大项目的成本，实质上是高价筹资。

可见，项目筹资的渠道较多，形式多样。根据工程结构的不同，主体工程、附属工程完工期限长短的不同，项目各组成部分对资金要求的特点不同，承办单位可以量体裁衣、对号入座，从上述各个渠道筹措资金，将不同来源的资金组成一个综合整体，以发挥资金的最大经济效益，降低项目的造价。由于筹资工作手续复杂、接触面广、专业性强，承办单位常委托财务代理人负责筹资和管理。

制定筹措资金规划谈判中，尚应考虑贷款的利率、其他费用负担、币种、汇率变化、贷款期限、偿付方法诸问题，从总体上考虑多元筹资方式的利害得失，并要做到贷款借入和偿还期限与工程本身建造和营运阶段的财务状况相一致，力争边完工、边投产、边收益、边还贷，相互衔接，彼此配合，达到贷款成本的最低化。

现将通过多元融资后，项目贷款各方面参与人的复杂关系和内在联系用图 8-3 表示。

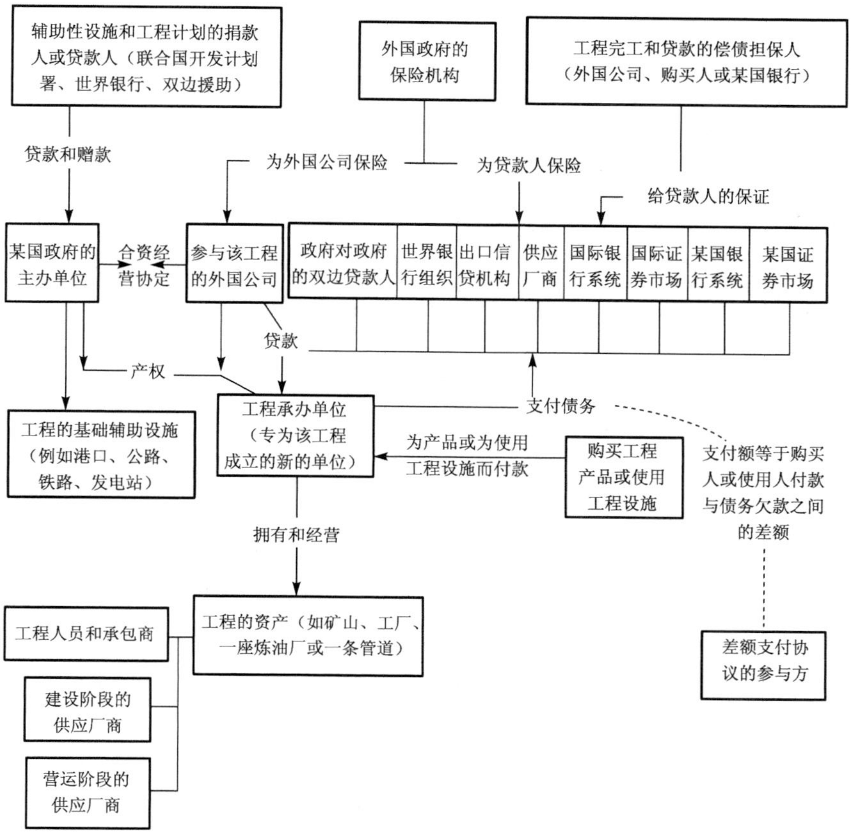


**图8-3　项目单位多元融资图**

# 第四节　项目融资的作用

## 一、项目贷款和“与项目相结合的贷款”的区别

综上所述，可以看出，本章所论述的项目融资与世界银行所发放的“与项目相结合的贷款”（Tied Loan）是不同的，其区别主要表现为以下三个方面。

（1）依据不同。发放项目贷款所依据的项目一定保证要有盈利，项目完成后其产品或设施有人买，或有人使用，收入多；而发放与项目相结合的贷款所依据的项目不一定有盈利，如世界银行向我国提供的两亿美元的教育贷款，项目本身无盈利收入。

（2）对象不同。项目贷款贷给为经营某项目而成立的承办单位；与项目相结合的贷款则一般贷给项目的主办单位。

（3）保证不同。项目贷款根据项目的经济效益可行性、项目有关方面的直接或间接的信誉以及通过它们的契约责任（Contract Obligation）来保证；与项目相结合的贷款则以借款人的直接信誉来保证，借款人可以通过它们今后项目投资的收益，也可以通过其他收入来源来偿还贷款。

## 二、项目融资的好处

利用多元融资的项目贷款对一国的好处包括以下方面。

（1）项目贷款不是以主办单位，如一国政府或某部门为考虑因素，而是以项目的预期收益作为主要考虑因素来发放。项目本身的收入是偿还贷款的资金来源；贷款是贷给为项目而组成的经济实体，也即承办单位。这个承办单位可能是地方机构组建的，也可能是与外国资本合营的。这样就会减轻一国政府的直接对外负债，提高对外融通资金的能力。

（2）将来偿还项目贷款的外汇，无须动用国家的财政资金或国家的外汇储备，而来源于产品承购（或设施用户）的公司。

（3）国家或政府只负完工保证的义务（也可由国内有关单位进行保证），一旦工程竣工，保证责任也就解除了。

（4）精确的可行性研究与规划是取得项目贷款的前提，各种计划都经过专家与高级技术人员的精密计算与核比对比较，从而保证项目的经济效益，降低项目的建设成本。

（5）承办单位一般可与外商合营，在共事中便于学习国外先进管理经验，便于培养与训练干部，提高企业的经营管理水平。

（6）工程贷款所取得的资金在运用过程中，有一部分可采取竞争性的招标方式，与延期付款和补偿贸易方式相比，可望降低设备的货价或工程的造价。

（7）项目贷款有助于一国合理地、多样化地利用外资。

## 三、项目融资的不利之处

使用项目融资对一国来讲也有一些不利之处，主要有以下几点。

（1）要向有关方面提供一国国民经济基本情况的各种数据。

（2）承办单位的成员及组成情况，要征得参加项目贷款有关方面的同意。

（3）各种保证要通过各方贷款人的审查。

（4）手续复杂，联系面广，从项目的初议、各种保证及贷款协议的签订，到最后借到资金着手兴建，往往需要几年的时间。

（5）贷款成本较高并且部分贷款的使用范围受到一定的限制。

# 第五节　项目融资模式

## 一、BOT 模式

20 世纪 80 年代中期以前，绝大多数国家基础设施投资全部由国库出资，由政府主办。然而，随着经济的发展，对基础设施建设的资金需要量越来越大，许多国家政府和公用事业部门筹建基础设施工程的债务负担与日俱增，并且对项目的设计、建造、经营管理等方面的物质力量已不能适应发展的需要。在这种背景下，某些基础设施项目开始转向民营，一种新型的基础设施项目兴建方式——BOT 方式于 20 世纪 80 年代中期迅速发展起来。

### （一）BOT 的概念及其发展

BOT 是对英文 Build-Operate-Transfer（建设—经营—转让）的缩写，指政府同私营部门（可以是外商或外国与本国或联合的财团）签订合同，授予其参与某些基础设施建设的特许权，由该私营部门独自或联合该政府组织项目公司或开发公司，负责筹资、设计、承建该项目。项目建成后由私营部门（或联合项目公司或开发公司）负责一定时间的运营管理，待其收回筹资的本息并获取一定利润后，再把整个项目无偿移交给政府部门。

早在 19 世纪末 20 世纪初，法国和世界其他地区就出现了“特许”的方式，著名的苏伊士运河就是由私人投资以特许的方式修建的。但这并非真正意义上的 BOT 方式。20 世纪 70 年代，在油气勘探和开采领域出现了为私人拥有的项目提供无追索权的项目贷款方式。20 世纪 70 年代末 80 年代初，一些国际承包公司和某些发展中国家开始探索通过无追索权贷款以特许的方式促进私人拥有和经营基础设施项目。这种国营项目民营化，政府给予财团以特许权的操作模式开始发展流行起来，并日趋系统规范，BOT 则成为这种操作模式的国际通用术语。

BOT 被用于发展收费公路、电站、铁路、隧道、废水处理和城市地铁等。20 世纪 80 年代以后，英国、菲律宾、泰国、马来西亚等国家和中国香港等地区的许多大型基础设施项目都是通过这种方式建成的。

### （二）BOT 的具体形式

根据世界银行《1994 年世界发展报告》报道，通常所说的 BOT 至少有三种具体形式，即 BOT（Build-Operate-Transfer，建设—经营—转让）、BOOT（Build-Own-Operate-Transfer，建设—拥有—经营—转让）以及 BOO（Build-Own-Operate，建设—拥有—经营）。此外还有 DBFO（Design-Build-Financing-Operate，设计—建造—融资—运营）。这里将各种形式的具体内涵简要介绍如下。

1. BOT

对 BOT 的内涵与做法，前已述及，不再重复。

2. BOOT

由私营部门融资建设基础设施项目，项目建成后在规定的期限内拥有所有权并进行经营，期满后将项目移交给政府部门。BOOT 和 BOT 的区别主要有：第一是所有权区别。以 BOT 方式建成项目后，私人只拥有所建成项目的经营权；但在 BOOT 方式下，私人在项目建成后的规定期限内既有经营权，也有所有权。第二是时间上的区别。采取 BOT 方式，从项目建成到移交给政府这一段时间一般比采取 BOOT 方式短。

3. BOO

BOO 指私营部门根据政府赋予的特许权，建设并经营某项基础设施，但是，并不在一定时期后将该项目移交给政府部门。

## （三）BOT 的典型结构及操作程序

### 1. BOT 的典型结构

BOT 的参与人主要包括政府、项目承办人（即被授予特许权的私营部门）、投资者、贷款人、保险和保证人、总承包商（承担项目的设计、建造）、经营开发商（承担项目建成后的营运与管理）。此外，项目的用户也会因投资、贷款或保证而成为 BOT 项目的参与人。各参与人之间的权利义务依各种合同、协议而确立。例如政府与项目承办人之间订立特许权协议，各债权人与项目公司之间有贷款协议等。

BOT 的全过程涉及项目的发起与确立，项目资金的筹措，项目设计、建造、运营管理等诸多方面和环节。BOT 结构总的原则是使项目众多的参与方的分工责任与风险分配明确合理，把风险分配给与该风险最为接近的一方。BOT 的典型结构可以用图 8-4 表示。

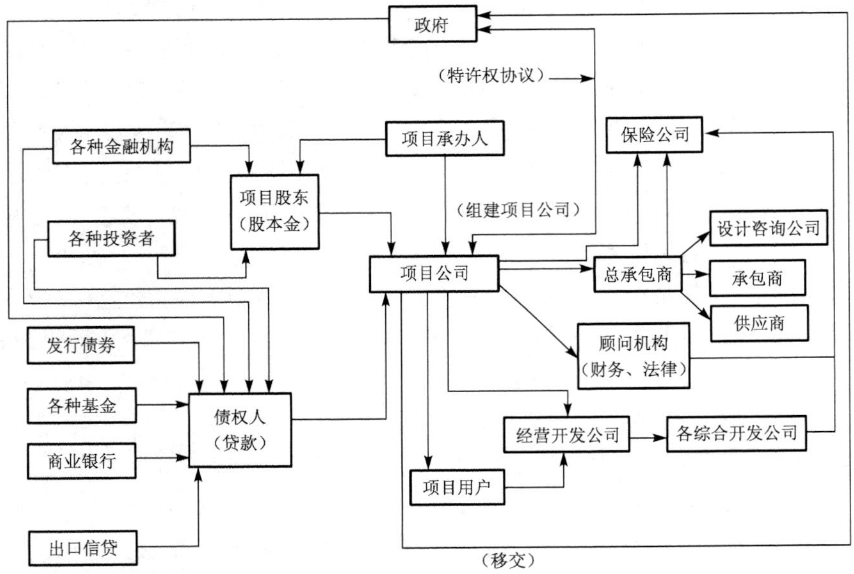


**图 8-4　BOT 项目典型结构框架图**

### 2. BOT 的典型操作程序

BOT 的全过程可分为三个阶段，即准备阶段、实施阶段与项目移交阶段。

准备阶段主要是选定 BOT 项目，通过资格预审与招标，选定项目承办人。项目承办人选择合作伙伴并取得他们的合作意向，提交项目融资与项目实施方案文件，项目参与各方草签合作合同，申请成立项目公司。政府依据项目发起人的申请，批准成立项目公司，并通过特许权协议，授予项目公司特许权。项目公司股东之间签订股东协议，项目公司与财团签订融资合同等主合同以后，项目公司另与 BOT 项目建设、运营等各参与方签订子合同，提出开工报告。

实施阶段包含 BOT 项目建设与运营阶段。在建设阶段中，项目公司通过顾问咨询机构，对项目组织设计与施工，安排进度计划与资金营运，控制工程质量与成本，监督工程承包商，并保证财团按计划投入资金，确保工程按预算、按时完工。在项目运营阶段，项目公司的主要任务是要求运营公司尽可能边建设边运营，争取早投入早收益，特别要注意外汇资产的风险管理及现金流量的安排，以保证按时还本付息，并最终使股东获得一定的利润。同时在营运过程中注意项目的维修与保养，以期项目最后顺利移交。

项目移交阶段是指特许期终止时，项目公司把项目移交政府。项目移交包括资产评估、利润分红、债务清偿、纠纷仲裁等，过程复杂。BOT 项目操作总程序可以用图 8-5 表示。

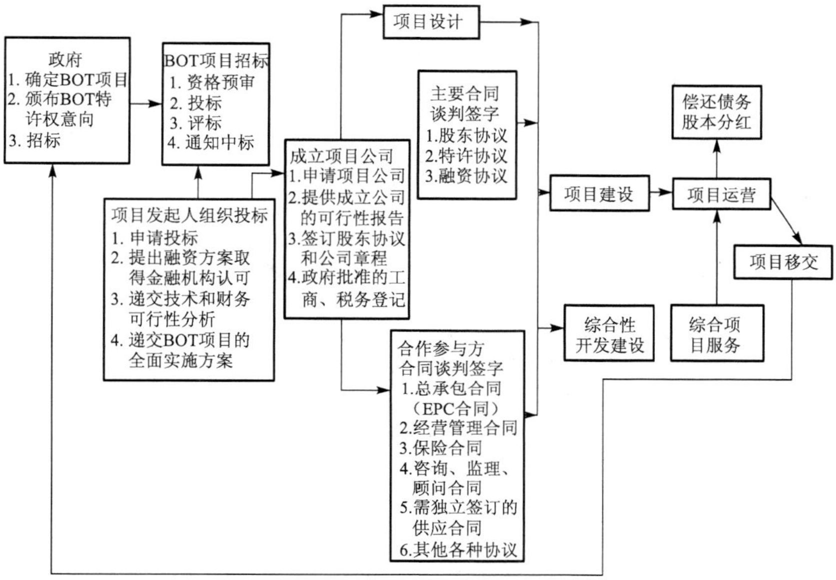


**图 8-5　BOT 项目典型总程序框架图**

## 二、PPP 融资模式

为了弥补 BOT 模式的不足，20 世纪 90 年代后出现了一种新的融资模式——PPP（Public—Private—Partnership）模式，即公共政府部门与私人部门合作模式。

### （一）PPP 融资模式的定义

PPP 模式，即公共私营合作制模式，是指政府、营利性企业和非营利性企业基于某个项目而形成的相互合作关系的一种项目投融资模式。通过这种模式，合作各方可以获得比预期单独行动更有利的结果。合作各方参与某个项目时，政府并不是把项目的责任全部转移给私人部门，而是由参与合作的各方共同承担责任和融资风险。它是公共基础设施建设中发展起来的一种优化的项目融资与实施模式，是一种以各参与方的“双赢”或“多赢”为合作理念的现代融资模式。

其典型的结构为：政府部门或地方政府通过政府采购形式与中标单位组成的特殊目的公司（Special Purpose Vehicle，简称 SPV）（特殊目的公司一般由中标的建筑公司、服务经营公司或对项目进行投资的第三方组成的股份有限公司构成）签订特许合同，由特殊目的公司负责项目的筹资、建设及经营。政府通常与提供贷款的金融机构达成一个直接协议，这个协议不是对项目进行担保的协议，而是一个向借贷机构承诺将按与特殊目的公司签订的合同支付有关费用的协定，这个协议使特殊目的公司能比较顺利地获得金融机构的贷款。采用这种融资形式的实质是：政府通过给予私营公司长期的特许经营权和收益权来换取基础设施加快建设及有效运营。PPP 融资模式基本框架如图 8-6 所示。

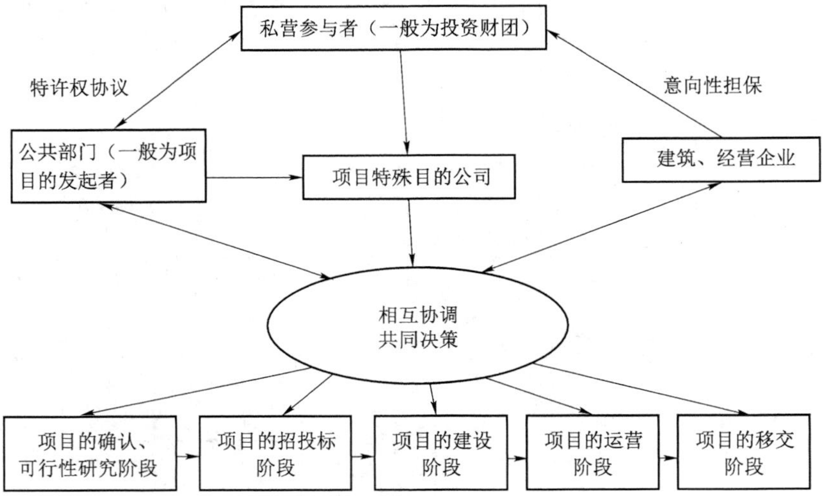


**图 8-6　PPP 融资模式结构框架图**

（二）PPP 融资模式的主要特点

与前述 BOT 模式相比，PPP 融资模式的主要特点和优点如下：

第一，PPP 模式可以吸引更多社会资本参与到基础设施投资中来。采取 PPP 模式，政府的公共部门与民营企业以特许权协议为基础进行全程的合作，双方共同对项目运行的整个周期负责。政府可以给予私人投资者相应的政策扶持作为补偿，如税收优惠、贷款担保、给予民营企业沿线土地优先开发权等，通过实施这些政策可提高社会资本投资到诸如城市轨道交通项目的积极性。

第二 PPP 模式在减轻政府初期建设投资负担和风险的前提下，提高项目设施服务质量。PPP 融资模式可以使参与公共基础设施项目融资的私营企业在项目前期就参与进来，有利于利用私营部门的先进技术和管理经验。同时，政府部门和私营部门可以取长补短，发挥政府公共机构和私营机构各自的优势，达成互利的长期目标，可以以较低的成本为公众提供高质量的基础设施服务。

## 三、ABS 融资模式

（一）ABS 融资模式的定义

所谓 ABS 是英文 Asset Backed Securitization 的缩写，是以项目所属的资产为支撑的证券化融资方式，即以项目所拥有的资产为基础，以项目资产可以带来的预期收益为保证，通过在资本市场发行证券来募集资金的一种项目融资方式。

ABS 资产证券化是国际资本市场上流行的一种项目融资方式，已在许多国家的大型项目中采用。其具体运作过程是：确定证券化资产，组建资产池；设立特殊目的载体（SPV）；原始权益人将资产真实出售给 SPV；SPV 对资产预期收入进行信用增级；信用评级公司对拟发行证券进行信用评级；SPV 获得证券发行收入并支付给原始权益人；SPV 通过项目资产的现金流入清偿证券的本息。运作过程如图 8-7 所示。

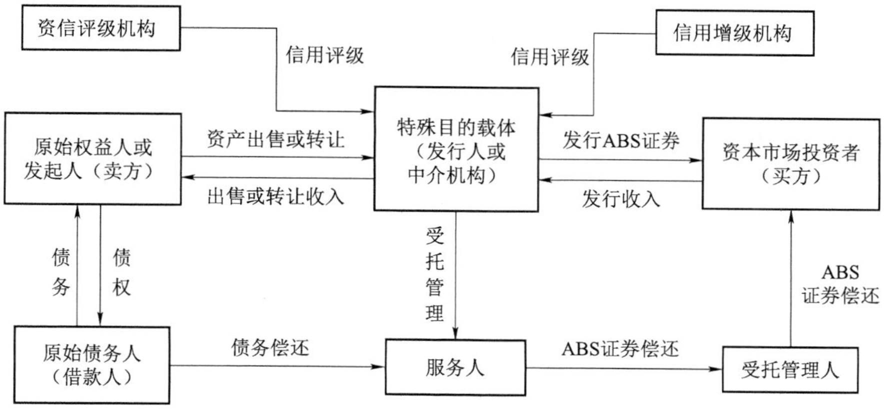


**图 8-7　ABS 运作示意图**

### （二）ABS 融资模式的优点

第一，ABS 融资模式有助于降低融资成本。ABS 的最大优势是通过在国际市场上发行债券筹集资金，且由于采取了利用 SPV 增加信用等级等措施，债券利率一般较低，从而降低了筹资成本。

第二，ABS 融资实现了表外融资。ABS 融资模式是通过 SPV 发行高档债券筹集资金，这种负债不反映在原始权益人自身的资产负债表上，从而避免了原始权益人信用等级不高的限制。

第三，ABS 融资有助于分散风险。ABS 融资模式隔断了项目原始权益人自身的风险，使其清偿债券本息的资金仅与项目资产的未来现金收入有关。加之，在国际市场上发行债券是由众多的投资者购买，从而分散了投资风险。

## 本章习题

**简答题**

1. 简述下列每组名词间的主要异同点。

（1）Take or Pay Contract 与 Take and Pay Contract

（2）BOT 与 BOOT

2. 除主办单位与贷款人外，指出项目贷款的其他关系人及其主要作用。

3. 简述项目贷款的主要作用。

4. PPP 融资模式的主要特点是什么？

5. ABS 融资模式的运行机制是什么？

# 第九章　国际资本流动与债务危机及货币危机

**本章摘要**

本章首先介绍国际资本流动的概念、类型与特点，阐述国际投机资本流动的特点及影响，在此基础上分析与国际资本流动密切相关的债务危机和货币危机发生的原因、机制和理论解释。

**关键词**：资本流动　　债务危机　　货币危机

学完本章，你需要掌握：

- 国际资本流动的主要类型
- 国际投机资本的特点
- 债务危机的定义及主要原因
- 货币危机的发生机制及三代货币危机理论的主要内容

## 第一节　国际资本流动

### 一、国际资本流动的概念及类型

#### （一）国际资本流动的概念

国际资本流动（International Capital Flows）是指资本在不同国家和地区间的转移，由于资本可以表现为商品、技术和货币资金等不同形态，因此，国际资本流动的载体可以是商品、技术或货币资金。从统计数据上看，国际资本流动主要体现在相关国家或地区国际收支平衡表的资本与金融账户中，但当资本的载体是商品和技术时，还会出现在经常账户中。

早期的国际资本流动主要表现为商品和技术形式，主要服务、服从于国际贸易和国际直接投资。随着经济全球化和金融市场一体化的持续发展，表现为货币资金形式的国际资本流动规模越来越大，极大地改变了国际资本流动的格局。

#### （二）国际资本流动的类型

国际资本流动可以按照不同的标准进行分类，比较常用的是以资本流动的时间长短分为长期资本流动与短期资本流动，还可以根据资本流动与实体经济的关系分为直接服务于实体经济的国际资本流动与相对独立于实体经济的金融资本流动。

1. 长期资本流动与短期资本流动

（1）长期资本流动

长期资本流动是指使用期限在一年以上或者未规定使用期限的国际资本流动。传统长期资本流动主要包括三种类型，即国际直接投资、国际长期证券投资和国际长期贷款。随着高科技企业的发展，私募股权投资形式的长期资本流动也越来越活跃，成为国际资本流动的重要形式。

A：国际直接投资（International Direct Investment，FDI）：是指一个国家的企业或个人对另一国企业部门进行的投资。直接投资既可以通过取得现有企业的全部或部分股权来进行，也可直接投资建立新企业。按照国际货币基金组织的定义，通过国际直接投资而形成的直接投资企业是“直接投资者进行投资的公司型或非公司型企业，直接投资者是其他经济体的居民，拥有（公司型企业）的10%或10%以上的流通股或投票权或拥有（非公司型企业）相应的股权或投票权。”其特点是投资者能够控制企业的有关设施，并参与企业的管理决策。

直接投资往往和生产要素的跨境流动联系在一起，这些生产要素包括生产设备、技术和专利、管理人员等，因而国际直接投资是改变实际资源分配的真实资本流动。

国际直接投资一般有五种方式：在国外创办新企业，包括创办独资企业、设立跨国公司分支机构及子公司；与东道国或其他国家共同投资，合作建立合营企业；投资者直接收购现有的外国企业；购买外国企业股票，达到一定比例以上；以投资者在国外企业投资所获利润作为资本，对该企业进行再投资。

B：国际长期证券投资（International Portfolio Investment）：也称为间接投资，是指通过在国际债券市场上购买外国政府、机构或企业发行的中长期债券，或在国际股票市场上购买外国公司股票而进行投资。证券投资与购买股票方式进行的直接投资的主要区别在于，证券投资者一般无意参与企业的生产经营决策，对企业没有实际有效的控制权，投资目的仅在于获得股息、红利及有关证券升值带来的资本增值。

C：私募股权投资基金（Private Equity，PE）的跨境投资：私募股权投资基金即PE是介于国际直接投资和国际证券投资之间的一种新型国际投资方式。它最早产生于20世纪80年代的欧美国家，其投资对象主要是非上市公司。所谓“私募”股权，是相对于上市公司的“公众”股权而言的。这种基金主要是通过非公开方式集合少数投资者的资金设立，销售与赎回也都是基金管理人私下与投资者协商进行。近年来，私募股权投资基金的跨境投资发展迅速，已成为长期国际资本流动的重要形式。

国际私募股权投资基金有各种投资偏好和风格，有的主要投资于初创企业，此时的PE经常被称为风险投资（Venture Capital）；有的偏好投资已设立一段时间、进入高速成长阶段的企业。无论投资处于何种生命周期的企业，投资目标都是获得企业上市或企业发展所带来的丰厚回报。

与直接投资相比，私募股权投资基金主要有两点不同：一是私募股权投资基金的投资周期较短，一般不会超过10年；二是私募股权投资基金一般只负责公司的长期发展战略，往往不直接参与公司的具体管理和运营。

D：中长期国际贷款（International Loans）：是指一国政府、国际金融组织或国际银行等对非居民（包括外国政府、银行、企业等）发放的期限为一年以上的贷款。主要包括政府贷款、国际金融机构贷款、国际银行贷款等。

（2）短期资本流动

短期资本流动指使用期限在一年或一年以内（包括即期支付）的资本流动。它主要包括如下五类。

A：短期贸易融资。这是由国际贸易引起的短期货币资金在国家间的融通和结算，是最为传统的国际资本流动形式。短期国际贸易融资方式主要有信用证打包贷款、出口押汇、票据贴现、信用证授信额度、进口押汇、保付代理等。

B：国际银行资金调拨。为开展国际业务，国际银行间会经常发生跨境资金调拨、资金拆借等，它们或发生在不同银行之间，或发生于同一家银行在不同国家设置的分、子机构之间。伴随着跨国银行的兴起，由银行资金调拨引发的短期国际资本流动发展迅速。

C：保值性资本流动。是指资本的拥有者为了避免遭受损失而将资金从某一个经济体撤离所导致的国际资金转移。保值性资本流动的原因主要有东道国国内政治和社会动荡、基本经济面恶化、法律法规发生重大变化等，这些因素引发了资本的恐慌，从而导致资本从相关国家和市场流出，以期保值。

D：投机性资本流动。是指投机者在不采取抵补策略的前提下，基于汇率、金融资产或商品价格走势的预期，为获取高额投机收益而进行的国际金融交易。由于金融开放与金融创新，国际投机资本流动规模日益庞大，频率越来越高，对国际金融稳定造成了重大影响。

E：套利性资本流动。即利用不同国家或不同市场上汇率、利率的差异或不同期限金融资产的价格差异，以抵补策略同时进行买卖交易，以牟取其中价差所引起的短期国际资本流动。

2. 从属于实体经济的国际资本流动与金融性货币资金流动

由国际贸易和国际直接投资所引发的国际资本流动往往服务和从属于实体经济，曾经是国际资本流动的主要形式。20世纪80年代后，独立于实体经济、纯粹进行金融市场投资和交易的国际货币资金流动规模快速扩张，在国际资本流动中的占比不断提高。这类资金是各国金融市场开放的产物，其出现与发展大大改变了国际资本流动的结构。

## 二、国际投机资本

国际投机资本又被称为“游资”或“热钱”（Hot Money），是指那些没有固定的投资领域，为追逐高额利润而在各经济体间频繁流动的国际资本。国际投机资本以短期和超短期资本为主，但并非所有的投机资本都绝对是短期资本。现代国际投机资本的特点之一是隐蔽性及顺势而为，有时其也会顺应市场周期而进行一些中长期投资，待时机到来时再将其抛售变现。同时，也并非所有的短期资本都是投机性资本，如国际贸易中的短期融资与国际银行间的短期借贷及头寸调拨也表现为短期资本流动。

### （一）国际投机资本的基本特征

国际投机资本往往独立于商品生产和流通，是典型的虚拟资本。其基本特征主要表现为以下几点。

1. 高流动性

国际投机资本对各国间的利率差、汇率差以及有关国家政治、经济、军事等的变化高度敏感。为攫取高额利润，它们不停地在不同市场中寻找可能的投机机会。全球范围内经济金融自由化的发展，不仅为投机资本的国际间流动扫清了障碍，也使得金融产品的价格呈现出市场化波动，为国际投机资本带来了可观的盈利机会，而电子通信技术和国际结算体系的发展，又为其迅速流动提供了客观条件。

国际投机资本流动的基本规律是，卖空其视为高估且其价格即将下跌的资产或产品，买入其视为低估且其价格即将上涨的资产或产品，在这些资产或产品价格调整到位时再反向操作，以赚取差价。因此，对资产或产品价格的预期决定了投机资本的流动方向及操作手法。同时，为了降低操作风险并提高投机收益，国际投机资本往往会在多个市场上同时出击，以复杂的操作手法进行组合交易，又由于国际投机资本一般通过证券市场和衍生市场进行操作，交易速度快，交易频率高，使国际投机资本表现出极高的流动性。

2. 高杠杆性

国际投机资本的高杠性可以从两个方面来理解，一个是相对于所有者权益而言，其债务融资比率极高。以国际投机资本中的典型代表国际对冲基金为例，通常其操作的全部资金中，只有10%左右为所有者权益，其余为通过银行贷款等各种方式获得的债务融资。国际投机资本高杠杆性的另一个表现是其往往借助金融衍生工具进行操作和交易。20世纪70年代以来，伴随着金融自由化的推进，金融衍生市场持续创新，飞速发展，使国际投机资本拥有了更多种也更适合其运作的载体和金融工具。以金融远期、金融期货和金融期权为代表的金融衍生产品普遍具有高杠杆效应，也由此吸引了大量国际投机资本。金融衍生交易的杠杆效应又对国际资本起到了乘数作用，极大地放大了国际投机资本的规模，使国际投机资本流动所产生的冲击力呈几何倍数增加。

3. 高风险性

国际投机资本的高风险性可以从三个角度来诠释。一是国际投机资本自身所面临的高风险。国际投机资本以主动承担风险、追逐风险来获取高收益，其操作主要利用市场波动赚取差价，价格波动越大，投机的可能获利空间越大。当然，投机失败面临的损失也越大。同时，又由于国际投机资本普遍使用高财务杠杆，并大量利用衍生工具进行操作，如果市场走势与预期背离，这些投机资本可能将面临破产清盘的严重后果。另一个角度是对向国际投机资本提供融资的金融机构而言。由于国际投机资本所操作的资金中，有很大比例是银行等金融机构提供的融资，一旦投机失败，对债权金融机构的冲击也非常巨大。1997年在亚洲金融危机期间投机失败的长期资本管理公司其资本只有5亿美元，但其操作资金高达50亿美元以上，二者的差额均来自欧美大银行的贷款。当长期资本管理公司因投机失败濒临破产时，大批债权银行也因此蒙受重大损失。最终基于共同利益考虑，在美联储的协调下，债权银行只能继续向长期资本管理公司施以援手，以避免其在市场最不利时破产。第三个角度是对其所冲击的国家或市场而言。当国际投机资本大规模进入时，推涨东道国（市场）的资产价格，催生泡沫，导致经济过热；而当国际投机资本大规模集中撤离时，资产价格暴跌，泡沫破灭，经济、社会一片狼藉。

（二）国际投机资本流动的影响

大规模的国际投机资本频繁跨境流动，对相关国家而言，既有正面的效用，也有负面的影响。

1. 正面影响

首先，即使是短期投机资本，其流入也会刺激相关经济体的投资增长及就业增加，在一定时期内使经济发展表现出上升的态势。其次，投机资本基于对市场的预期和判断进行操作，买入低估资产、卖出高估资产时，这一过程实际上也在纠正市场的偏差和错配，促使市场实现均衡。再次，国际投机资本会对相关经济体形成约束，增强相关经济体政策、制度上的协调性。在国际投机资本的虎视眈眈下，任何宏观政策、制度上的不协调、不一致或决策错误都可能给国际投机资本带来可乘之机，而在规模巨大的国际投机资本的高速冲击下，东道国很难全身而退，在开放政策不变甚至不断深化的背景下，国际投机资本的潜在威胁有可能迫使相关经济体审慎制定相关的制度与政策，避免和消除各种宏观政策和制度之间的扭曲和冲突，促进经济社会协调发展。

2. 负面影响

国际投机资本流动的负面影响主要表现为威胁相关国家经济和金融的稳定。

第一，国际投机资本的大规模流入可能导致东道国资产价格的扭曲，引发盲目扩大投资的经济过热现象；而一旦投机资本集中撤离，又可能导致泡沫破裂，引爆金融危机和经济衰退。

第二，损害东道国金融机构和金融市场的稳定。在国际投机资本进入时，市场高涨，东道国金融机构的信贷投放也因此大规模增加；而国际投机资本撤离时，又使东道国商业银行等金融机构面临巨大的流动性危机和坏账风险，东道国金融机构和金融市场备受打击。

第三，扰乱东道国央行的货币调控政策，增加宏观调控的难度。

第四，加剧外汇市场的动荡，破坏相关国家的国际经济交易环境，使国际收支平衡更加难以实现。

## 三、国际资本流动的原因

引发国际资本流动的根本性原因除了不同市场的资本供求差异外，还直接受风险和收益两方面的驱动，即，或是为了获得更高的收益，或是为了规避可能的风险，具体又与政治、经济、社会等多方面因素有关。

（一）资本的相对过剩与国际收支的严重失衡

随着现代科学技术和生产方式的发展，发达国家劳动生产率和资本积累率大幅度提高，资本规模迅速增长。在本国市场相对饱和、投资收益不尽理想的情况下，这些过剩的资本被大量输往国外，由此形成了早期的、从发达国家向不发达国家和市场流动的国际资本。另一方面，伴随着国际交易的发展，国际收支失衡现象也越发严重，顺差国由于顺差而积累了大量外汇资金，而逆差国则需要为弥补逆差而引进国际资金，由此形成了由顺差国流向逆差国的国际资本流动。

（二）相关国家市场的开放和利用外资战略的实施

发达国家以其相对成熟的市场体系和旺盛的市场需求对国际资本长期保持较高的吸引力。20 世纪 70 年代后，众多发展中国家为了摆脱“低储蓄—低投资—低增长—低收入—低储蓄”的恶性循环，纷纷制定各种针对外资的优惠政策，改善投资的软硬环境，引进外资发展本国经济。而发展中国家低廉的劳动力成本、尚未开发的广阔市场以及各种优惠条件也对国际资本产生了强烈的吸引力，推动了国际资本向发展中国家的流动。

在美元霸权和美国发达金融市场的共同作用下，美国是全球金融资本投资的首选国，也曾长期保持全球 FDI 第二甚至第一的位置。近些年来，以美国为代表的一些发达国家针对本国制造业空心化、经济增长乏力、社会矛盾突出的问题，力图通过财政补贴等各种优惠政策吸引本国资本回流和外国资本流入，以促进就业推动经济发展，使国际资本的流动呈现出一些新的特征。

（三）不同市场收益率的差异

增值是资本运动的内在动力，利润驱动是各种资本流动的共同特征。当国际资本预期某一国的投资收益高于他国时，就会从他国流向该国；反之，资本就会从该国流向他国。

（四）汇率的变化

汇率的变化是催生国际资本流动的重要原因，因为汇率的变化导致持有不同币种资产的收益和风险都将出现变化。20 世纪 70 年代以后，随着国际浮动汇率制度的建立，主要国家货币汇率经常出现大幅度波动，由此也引发了大量基于投机性或套利性或避险性的国际资本流动。

（五）通货膨胀的发生

一国发生通货膨胀或通胀恶化首先可能引发该国货币未来贬值的预期，并可能使该国经济基本面转差，由此可能引发资本外流。当然，如果该国在通胀背景下持续加息，也有可能吸引国际资本内流。

（六）政治、经济及战争风险

政治、经济及战争风险是引发国际资本流动的重要因素。政局的动荡或不稳定所导致的政治、社会风险恶化了该国的投资环境，对资本构成严重的威胁，由此驱动避险性资本外逃。例如，20 世纪 90 年代海湾战争期间，大量国际资金流往以美国为主的几个发达国家，战后又有大量国际资本涌入中东尤其是科威特等国参与经济重建。

（七）国际投机资本炒作

国际投机者基于对资产价格和市场走势的判断，以追逐利润为目的，随时在各个不同市场寻找可乘之机，由此引发大规模投机资本的国际流动。

## 四、国际资本流动的新特点

（一）国际资本流动规模在 2007 年达到峰值后总体下降

自第二次世界大战结束至 20 世纪末，全球国际资本流动规模总体呈现出持续高速增长态势，只在2001年，受美国网络经济泡沫破灭而产生的全球经济危机的影响，全球资本净流动突然回落，降幅达16%，但此后再次上升并持续增长了8年，并在2007年达到峰值，年资本流动总规模达12.4万亿美元，但2008年受美国次贷危机冲击，国际资本流动规模锐减至2万亿美元左右，2010年低位反弹至6.4万亿美元后，受欧债危机影响，国际资本流动规模再次出现大幅回落，直至2016年才恢复到4.3万亿美元左右。2020年新冠疫情暴发后，一些国家政府实施救市政策，全球流动性的充裕导致2020年和2021年全球资本流动规模快速上升，在2021年达到2008年以来的新高。2022年受地缘军事冲突影响，国际资本流动规模出现较大幅度下降。

### （二）发达国家在国际资本流动中仍占主导地位，但新兴市场的重要性持续增加

第二次世界大战后，在国际资本市场上，发达国家扮演着双重角色，既是最大的资本输出国，又是最大的资本输入国，对外大量投资与大规模吸收外资往往结合于一身。随着新兴市场的崛起，新兴经济体在国际资本流动中的重要性日益提高。

首先，流向新兴经济体的国际资本大幅上升，国际投资者持有的新兴经济体资产显著增加，占比大幅上升：1996—2007年，流入新兴市场的国际资本占比约为6.37%，而2010—2021年，该比例上升至25.26%；2011—2021年，投资于新兴经济体的国际股权基金的净资产增加超过2倍，国际债券基金的净资产增加超过4倍。跨境资本更青睐新兴市场的主要原因，一方面在于2008年金融危机后发达经济体央行资产负债表空前扩张，导致市场利率降到极低的水平，进而降低了安全资产的收益率，迫使银行和资产管理公司等金融机构通过加杠杆和增加风险承担，在全球范围内寻求更高收益；另一方面，2009年后，新兴经济体经历了一轮“资本管制放松”周期，并开始重视发展和培育资本市场，由此吸引了大量跨境资本的流入。例如，这其中亚洲新兴经济体的表现尤为突出，特别是中国，据统计，由于中国经济体量的增加和对外开放水平的提高，流向新兴市场的跨境资本约有三分之一流向了中国。

其次，2014年后，伴随着国际资本流动规模的显著收缩，部分新兴经济体从资本净流入转变成资本净流出，其中包括部分东欧国家、俄罗斯和中国。资本净流出的原因是多方面的，既有私人资本在逐利动机下的资产再配置，也与相关国家推动对外投资（如中国倡议“一带一路”和实施“走出去”战略）相关，因为这些新兴市场国家普遍在参与国际竞争中取得了显著成效，国际收支持续顺差，外汇储备大规模增加，已经具备了资本输出的能力。

### （三）跨境货币资金流动中，银行信贷规模大幅下降，证券投资流动占比上升

2008年次贷危机后，国际资本流动规模显著下降的主要原因是跨境银行信贷大幅收缩，而与之对应的是，证券投资在国际资本流动中的占比上升。这一结构性变化反映出银行在国际资本流动中的地位下降，非银行金融机构在国际资本流动中的地位上升。这既表现为筹资的证券化，即相关经济体更多地通过发行债券、票据和股票而不是银行贷款来募集资金，也表现为由资产管理公司管理的跨境投资基金发展迅速，证券及衍生

品投资成为重要的投资选择。

（四）资本流动的大进大出更为频繁

根据麻省理工学院（MIT）经济学家福布斯计算的资本流入激增和资本流入骤停的数据可以发现，20世纪80年代全球掀起资本账户自由化浪潮之后，新兴经济体经历了剧烈的资本流动波动。其中，发生资本流入激增的国家比率在2008年进入危机前后大致相同，发生资本流入骤停的国家比例在2008年进入危机后有明显上升。

大规模资本流入极易发生突然逆转，超过三分之一的资本流入激增以突然逆转结尾。一方面，资本流入激增会带来信贷繁荣。国际资本的大规模流入，尤其是债务形式的资本流入，会增加银行部门的可用资金，带来信贷的过度增长；另一方面，资本流入激增会带来资产价格上升。通常，短期资本主要流入东道国的房地产市场、股票市场、债券市场和期货市场，刺激房价和股价攀升、信贷扩张和资产价格上涨，使金融系统处于高风险运转状态，金融总风险增加，这又逐渐对资本的投资意愿产生负面影响。资本流动的调整往往表现为资本流入骤停甚至资本外逃，资产价格泡沫随之破灭。泡沫破灭导致东道国家庭部门财富急剧缩水，企业资产负债表恶化，企业清偿债务的能力下降，银行不良贷款比例大幅上升，动摇存款人对银行体系的信心，诱发银行挤兑。面对大面积不良贷款和存款挤提，银行不得不紧缩信贷规模。信贷紧缩又进一步加剧企业的融资困境，大量企业可能因此资金链断裂并进而破产，由此又致使银行的不良贷款进一步增加，形成自我加强的恶性循环，极易引发系统性银行危机。

（五）新兴市场潜在债务压力巨大

2020年新冠疫情暴发后，一些新兴经济体大规模举债，外债占国内生产总值（GDP）的比重大幅度上升。根据国际金融协会（IIF）的报告，2021年新兴经济体债务创95.7万亿美元的新高，宏观杠杆率高达247.8%，政府债务占GDP比重约为63.6%，处于历史高位。在新兴经济体债务规模大且外币债务占比高的背景下，美联储加息会进一步加重新兴经济体潜在的债务危机压力。同时部分新兴经济体发展质量和增长效率相对较低，经济结构失衡，并存在储蓄不足、通胀高企、财政货币政策过度扩张、政局不稳等问题。这种基本面脆弱性突出表现为“双赤字”，即对内表现为财政赤字，依赖增发货币及外部融资支撑财政与经济运行；对外表现为经常账户赤字。在“双赤字”下，新兴经济体增长高度依赖金融扩张。由于制度与约束不健全，金融深度有限，政府与市场界限不清，许多新兴经济体在金融扩张上存在过度借贷、信贷滥用、隐性担保等问题，经济极为脆弱。一旦遭遇外部负向冲击，如美联储加息，资本流动突然逆转，会迅速引发资产价格暴跌、货币贬值，叠加国际收支失衡，外汇储备规模大幅缩水，极易导致债务危机。由于新兴经济体的外部融资主要是美元融资，因此，这些外币债务占比高企的新兴经济体更容易受到美国货币政策和跨境资本流动的冲击。

（六）政策因素推动国际资本回流美国

2022年美国进入加息周期后，美元利率持续大幅攀升，这对国际资本的流向产生了重大影响，突出表现为新兴经济体资本流出，美国资本流入规模则持续攀升。

# 第二节 债务危机

大规模的国际资本流动在促进、维持流入国经济发展和繁荣的同时，也隐含着风险因素，其中一个是东道国债务过多导致的偿债压力。当债务负担超过借款国自身的清偿能力，导致无力还债或必须延期还债时，就会引发债务危机。所谓债务危机，实际指的是外债危机（International Debt Crisis），是指一国或多国偿还外债困难所引起的债务重新安排和债务减免，以及对债权国、债务国和国际金融市场产生的冲击。债务危机的爆发会严重损害有关国家的经济与社会稳定，破坏经济与社会发展的进程。第二次世界大战之后，伴随着国际资本的大规模流动，债务危机屡屡发生，其中影响最为广泛而深远且具有典型意义的是 1980 年代初爆发的拉美债务危机和爆发于 2009 年底的欧洲主权债务危机。

## 一、债务危机的影响

### （一）债务国国内投资规模大幅缩减

首先，为了偿还外债，债务国必须大幅度压缩进口以获得相当数额的外贸盈余，导致为经济发展和结构调整所需的原料、技术和设备等的进口受到严重抑制，造成生产投资萎缩，甚至正常的生产活动都难以维系。

其次，债务危机的爆发使债务国的国际信用大幅降低，进入国际资本市场筹资的渠道受阻，导致融资减少甚至断绝。同时，国际投资者也会视危机爆发国为高风险地，减少对该国的直接投资。外部资金流入的减少，使债务国更无法筹措到充足的建设资金。

再次，危机爆发后国内资金基于对国内经济前景的悲观预测，纷纷外逃，这不仅对危机国家的外汇储备构成了更大压力，也使其国内投资资金进一步减少，经济和社会发展雪上加霜。

### （二）通货膨胀加剧

债务危机爆发后，流入债务国的资金大量减少，而为偿债流出的资金却越来越多。资金的流出，实际上就是资源的流出，因为债务国的偿债资金主要依靠扩大出口和压缩进口来实现。由于投资的缩减，企业的生产能力也受到影响，产品供给难以同时满足国内需求与出口需要，通货膨胀不可避免。此外，在资金巨额净流出、资金短缺的情况下，债务国政府往往还被迫采取扩大国内公债发行和提高利率等办法来筹措资金，财政赤字进一步扩大，货币超发。财政借新债还旧债、财政赤字货币化的做法反复循环，不可避免推高通货膨胀。

### （三）经济增长放缓或停滞

为阻止资金外流和控制通货膨胀，政府会大幅提高利率，使银根进一步收紧；而为偿债需兑换大量外汇，又使得本币大幅贬值，企业的进口成本急剧升高。资金的缺乏及生产成本的上升，使企业的正常生产活动受到严重影响，甚至导致破产、倒闭。投资下降，进口减少，这些都使危机国家经济增长放慢，甚至会出现较大幅度的倒退。例如，20 世纪 80 年代拉丁美洲爆发债务危机后，其经济基本上在原地踏步，整个 80 年代，拉丁美洲 GDP 累计增长 12.4%，而人均增长-9.6%。

### （四）社会后果严重

随着经济衰退的发生，大批工厂、企业倒闭或停工停产，失业人口剧增。在高通货膨胀背景下，失业率的上升和实际工资的下降使债务国民众更为贫困，穷人队伍越来越庞大。同时，因偿债实行紧缩政策，债务国的公共支出越来越少，公共福利无法保障，民众的不满情绪激发，由此可能引发社会动乱。

### （五）冲击国际金融体系的稳定

债务危机的产生对国际金融体系的运行也构成了严重威胁。首先，对于那些将巨额贷款集中在少数债务国的债权银行来说，一旦债务国违约，必然遭受严重损失，甚至可能因此破产；其次，债务危机使债务国国内局势急剧动荡，也会从经济上甚至政治上波及债权国；再次，债权国与债务国同处于一个金融体系之中，债务国的经济震荡及发展受阻必然传导到其他国家和地区，影响世界经济的发展与稳定。

## 二、拉美债务危机

### （一）拉美债务危机的背景

第二次世界大战之后，拉美国家采取进口替代工业化战略，鼓励本国制造业发展，并且大量出口国内资源丰富的初级产品，由此带来了经济的迅猛发展。从 20 世纪 50 年代中期到 60 年代，拉美国家工业年均增长 8% 以上，GDP 年均增长 6.5%，人均 GDP 仅 10 多年就从 400 多美元提升到 1 000 多美元，被称为世界经济的“拉美奇迹”。

为了更快地实现工业化，赶超发达国家，拉美各国普遍实行扩张性经济政策。而为弥补本国建设资金的不足，大规模对外举债成为共同选择。与之对应的是，20 世纪 70 年代石油的两次大幅度涨价使欧美银行获得了大量的石油美元存款，在西方各国经济发展低迷的背景下，为了取得高额回报，面对拉美国家的借款需求，欧美银行大举向这些发展前景预期良好的拉美国家放款，拉美国家外债规模迅速增长：1970 年拉美国家的外债总额只有 212 亿美元，1982 年外债总额增长到 3 153 亿美元。债务总量迅速增加的同时，外债结构也日趋恶化，主要表现在两个方面：一是外债总额中来自私人方面的贷款所占比例不断上升，1960—1970 年私人贷款只占拉美外债的 1/3，1979 年达到 3/4，1985 年以后一直超过 80%；二是债务分布地区日趋集中，少数几个国家的债务在拉美国家总债务中所占比重很大，其中巴西、墨西哥、阿根廷三国外债占拉美债务的比率在 1982 年高达 68.2%，占发展中国家全部外债的 40%。从 1979 年开始，美国以高利率（比 20 世纪 70 年代中期提高一倍）与美元升值手段作为反通货膨胀的主要措施，带动国际金融市场利率飙升。外债数额巨大且主要是浮动利率贷款的拉美国家债务负担因此大大增加。据统计，拉美国家中的主要借款国（墨西哥、巴西、阿根廷、智利等国）平均每年还本付息额要占其出口创汇的 50% 以上。1982 年，墨西哥率先宣布无力偿还 1982—1983 年到期的西方商业银行 195 亿美元的外债本息，随后，其他拉美国家也纷纷效仿，由此引爆了第二次世界大战之后影响范围最广、破坏程度最严重的债务危机。

### （二）拉美债务危机的原因

造成拉美债务危机的因素是复杂和多方面的，既有内因又有外因，既有政策性因素又有制度性因素。

1. 内部原因

（1）追求不切实际的经济发展速度

这是拉美债务危机产生的基础性原因。第二次世界大战后，拉美许多国家急于实现国民经济的现代化，制定了远远超过本国财力限制的经济发展规划，实行高目标、高投资、高速度的方针。例如，巴西在 1981— 1985 年的发展计划中，列入了包括能源、矿业、运输、通信和钢铁在内的 43 个大型项目，需要资金达 3 720 亿美元。1960 年，拉美总投资在整个地区国内生产总值中的比重为 20%，1979 年上升至 24. 7%，同期阿根廷从 19. 9% 提高到 21. 7%，巴西从 22. 8% 提高到 28. 6%，墨西哥从 18. 5% 提高到 24. 9%。按 1980 年美元计算，1960—1980 年期间，拉美地区国内生产总值和国民储蓄仅增加 2 倍，而总投资却提高 2. 9 倍。1977—1980 年，墨西哥每年投资递增 16. 4%；巴西仅 1981 年一年就完成了 1981—1985 年这 5 年投资计划的 32. 8%。这些不切实际、急于求成的计划目标，最终使拉美国家陷入了债务泥潭而不能自拔。

（2）外债管理失控

拉美国家高增长目标引发的资金需求不可能靠国内储蓄解决，借用外债成为相关国家的共同选择，而外债管理失控则埋下了债务危机爆发的隐患。表现为：第一，外债规模过大，远超过本国的还本付息能力。国际公认的偿债率（即当年还本付息额与当年商品和劳务出口额之比）安全线为 20% 以下，但 1983 年墨西哥、巴西、阿根廷和委内瑞拉的偿债率分别高达 126%、117%、153% 和 101%。第二，外债结构不合理，拉美国家所负外债的 80% ~90% 来自外国私人银行贷款，且短期债务比率高达 30% 以上。这类贷款条件苛刻，偿还期短，大多数贷款的利率随美国利率浮动。在 1970 年代末至 1980 年代初美国利率多次上调后，拉美国家债务负担大幅度增加。

（3）财政赤字严重，货币超发，金融扭曲，资本外逃

例如，墨西哥 1981 年公共赤字占国内生产总值的 14%，1982 年达 18%。巨额财政赤字不仅迫使政府和国有企业大举外债，且资金使用效率低下，并倒逼货币超发，引发严重的通货膨胀。1982 年，拉美 14 国平均通货膨胀率为 71. 45%，1983 年为 82. 77%，之后通货膨胀更是迅速推进，1988 年创下 470% 的纪录。恶性通货膨胀严重破坏了经济的稳定。同时，相关拉美国家在固定汇率制度下的金融抑制使利率水平长期保持低位，进一步诱发了拉美国家部分企业和私人的资本外流，加剧了资金的短缺，扩大了对外债的需求。

（4）拉美国家的经济结构存在内在缺陷

拉美国家长期遭受殖民统治，经济畸形，对外部经济依赖性很强。各国都必须靠进口弥补国内的生产与消费的缺口，而其本身的出口收入又不足以填补进口支出，不得不依赖外国资金，这也是导致拉美债务危机的一个重要原因。

拉美多数国家的经济结构是以出口少数几种农、矿产品为主的单一经济结构，容易

受世界经济形势波动的影响。1970 年代后，受世界经济危机的冲击，国际市场的原材料和矿产品价格暴跌，拉美国家的出口收入锐减，普遍出现国际收支严重逆差，偿债能力急剧下降。

2. 外部因素

（1）西方国家的贸易保护主义

进入 1970 年代后，西方经济陷入了滞胀局面。为自身利益，发达国家在采取紧缩政策的同时，加强了贸易保护主义，向发展中国家转嫁危机，使发展中国家尤其是债务沉重的拉美国家深受其害。除提高进口关税外，西方发达国家还设置各种非关税壁垒，包括进口限额、进口最低限价以及严格的海关手续、质量检查等。贸易保护主义对以出口为外汇收入主要来源的拉美国家造成沉重打击。

（2）国际市场初级产品价格下跌，削弱拉美国家清偿债务能力

拉美国家大都依靠少数几种初级产品出口换取外汇，由于西方经济不景气，减少了对原料的需求以及有意的压价、抛售等原因，使 1980 年代初级产品价格普遍下降。1982 年，拉美出口的主要原料及作物的价格平均下跌 10%，其中糖下跌 40%，鱼粉、铅、玉米下跌 20%～50%，铜、可可、大豆、锌等下跌 10%～15%。贸易条件的恶化增大了拉美地区的国际收支经常账户赤字，直接或间接地损害了拉美国家的债务清偿能力。

（3）国际金融市场借贷利率急剧上升

整个 1970 年代，美国实际利率都在 2% 以下。进入 1980 年代后，利率开始持续攀升，1981 年达到 7.6%，在 1988 年达到 30 年代大萧条以后的最高水平。债务成本的提高，使拉美国家的债务负担大大增加。1972 年，拉美国家外债的利息额为 69 亿美元，1982 年上升到 390 亿美元，1987 年更高达 610 亿美元。1977 年到 1987 年的 10 年期间，拉美国家的债务额增长了 3 倍，而利息支出额却增加了 9 倍。

### （三）拉美债务危机的解决

拉美债务危机爆发之后，债务国、债权国及国际社会都为寻求解决危机的对策而积极努力。拉美国家对国内经济进行了调整，而国际社会则通过融资和减免债务等方法帮助拉美国家缓解债务压力，重建国际金融秩序。

1. 拉美国家的国内经济调整

拉美国家在调整国内经济时分为应急性调整和战略性调整。

（1）应急性调整

第一，压缩公共开支，减少财政赤字。债务危机爆发之后，拉美许多国家立即采取措施压缩政府支出。巴西在 1983 年和 1984 年削减财政预算 10%。1987 年，巴西宣布，把该年占 GDP6.7% 的公共赤字降至 3.5%；阿根廷政府也下令削减公共开支，把预算赤字从 1983 年占 GDP 的 18% 降到 1984 年的 4%。

第二，调整金融政策，以促进出口，防止资金外逃。危机开始后，拉美各国都先后放弃固定汇率政策，加强外汇管理。巴西 1982 年开始对银行和外汇进行管制，把私人银行外汇存入国库的最低限额从 40% 提高到 60%，并规定一切向国外汇出外汇的业务，统一由巴西中央银行集中办理。1983 年巴西还将货币贬值 30%，同年其他拉美各国也都宣布本国货币贬值。

第三，鼓励出口，限制进口，以改善国际收支。巴西在 1986 年制定的新经济规划中要求争取 1987 年外贸盈余 86 亿美元，以后每年盈余 100 亿美元。不少其他拉美国家也纷纷限制非必需品尤其是奢侈品的进口。

（2）战略性调整

具体措施包括：

第一，修改发展计划，放慢经济增长速度。

第二，调整工农业比例，加强农业部门投入，使经济在部门关系协调基础上稳定增长。主要通过增加农业贷款、减免农业税收、培育良种、推广先进技术等措施，促进农业发展。

第三，实行能源多样化措施，以避免只依赖一种能源所带来的危害。一些国家在发展石油的同时，注意煤炭、水力、核能、地热能等能源的发展，收到了很大的效果。

第四，整顿国营企业，将部分国营企业私有化，并关闭部分长期无经济效益的企业，以减轻亏损与国家的债务负担。

2. 国际上解决拉美债务危机的阶段与对策

国际上对解决拉美债务危机的反应分为三个阶段。

（1）紧急融资和共同贷款（1982—1984 年）

国际社会对墨西哥延期支付的第一反应措施是为此后三年的债务政策制定了一个基本模式，即由工业国政府、国际金融机构和商业银行协调制定一揽子贷款计划，使债务国能恢复支付。标准的安排是：重新安排本金偿付的时限，提供新的贷款以弥补到期利息的支付。本金偿付的重新安排通常只是使债务国能够推迟 2～3 年偿还本金。在这一阶段，尽管国际货币基金组织（IMF）只向债务国提供了非常有限的新贷款，但获得 IMF 贷款为债务国得到新的商业银行贷款开了绿灯。

采取共同贷款策略的基本逻辑是：大多数债务国只是面临短期的流动性问题，而不是持续的偿债能力不足。一旦世界经济走出衰退，债务国出口将增加，国际市场利率也将下降，债务国状况将得到改善。而如果在共同贷款的帮助下，债务国可以履行其债务，则今后这些国家将重新获得偿债信誉，为后续进入国际金融市场融资奠定基础。

（2）贝克计划（1985—1988 年）

1984 年，世界经济恢复迅速，拉美国家在经历了两年多的经济衰退后也重现增长，国际社会第一阶段的努力初现成效。然而到 1985 年，第一阶段的政策受到了很大挑战。尽管拉美国家普遍采取了货币贬值政策，削减了贸易赤字，但仍难以从国际金融市场重新获得贷款。同时，部分由于货币贬值政策，拉美通胀恶化。国际社会不得不再次寻求合作，以帮助拉美国家摆脱债务危机的泥淖。

1985 年 10 月，美国财政部长詹姆斯·贝克提出了解决发展中国家债务问题的新计划，即“贝克计划”。其主要内容是：在三年内，私人银行向 15 个主要债务国（其中拉美国家占 10 个）提供 200 亿美元贷款，其他西方国家再提供 90 亿美元。作为交换条件，这 15 个债务国必须调整其经济政策，减少国家干预，实行国营企业私有化，鼓励国内外投资，扩大市场与私有部门，取消价格补贴，实行外贸自由化。

贝克计划出台不久就遭受了严重打击：1986 年石油价格下降了 50%，而贝克计划所涉及的15国的债务偿付严重依赖于石油出口收入。因此，贝克计划所提出的贷款额相对这些国家对外汇资金的需求是微不足道的，这15个国家债务总额1984年为4 280亿美元，按当时平均利率计算，每年平均应支付债务利息就需要300亿美元。因此，贝克计划抛出后就遭到债务国的反对，也未能得到私人银行的支持。

（3）布雷迪计划（1989年以后）

1989年3月，新上任的美国财政部长布雷迪提出了新的债务对策，目标是把发展中国家欠商业银行的约6 000亿美元的债务在三年中减少20%，通过打折扣形式把旧债转换成数额较小的新债。折扣比例由债务国与债权银行协商解决；其本金和利息的偿还，则由IMF和世界银行担保；债务国则必须完成预定的经济改革。布雷迪计划与贝克计划相同之处是都要求商业银行继续提供贷款，要求债务国进行经济政策的调整，所不同的是，布雷迪计划中增加了国际货币基金组织对商业银行的担保，因而布雷迪计划得到了商业银行的支持。贝克计划之所以失败就是因为在缺乏IMF担保的情况下，商业银行拒绝向债务国追加贷款。

通过IMF等组织的协调和努力，债务国和债权国在多轮艰难的磋商后，达成了各种形式的债务减免方案，最终使债务国对商业银行的债务被削减了32%，债务国的负担大大减轻，债务国的信用也得以提高，国际市场对债务国的信心有所恢复。1990年后，美国利率出现显著下降，债务国利息支付大幅减少；同时，国际资金为寻求高收益，恢复了向发展中国家，包括债务危机国的资金流入。而之前债务国以私有化、贸易自由化及降低通胀为主要内容的经济调整也取得了显著成效。到1992年，拉美债务危机基本结束。

## 三、欧洲主权债务危机

### （一）欧洲主权债务危机的爆发及蔓延

自2007年美国次贷危机爆发后，危机迅速在全球蔓延，重创各国经济，成为自20世纪30年代大萧条以来最为严重的经济危机。为此，各国政府相继出台了史无前例的大规模财政和货币政策以刺激本国经济增长，应对金融危机带来的不利影响。但是，积极宽松的财政货币政策在给全球经济注入流动性的同时，也给各国政府带来了巨大的财政赤字，为主权债务危机的爆发埋下了隐患。欧洲主权债务危机正是在这一背景下发生的。

狭义的欧洲主权债务危机肇始于希腊。2009年10月，希腊新政府公布了上届政府掩盖的该国真实的财政状况。新政府宣布将2009年的财政赤字占GDP的比重从预期的6%提高至12.7%，公共债务的比重也升至113%，分别远远高于《稳定与增长公约》中规定的3%和60%的上限。同年12月，由于担忧希腊主权债务的偿还能力，惠誉、标准普尔及穆迪三大国际评级机构相继下调希腊的主权信用评级，希腊的国债收益率飙升，融资成本加大，融资难度剧增，债务危机就此引爆。

由于担心救助将引发道德风险，同时也由于欧元区各国缺乏相应的救援机制，欧元区对希腊债务危机反应迟缓。危机爆发之初，德法等欧元区核心国家要求希腊出台严厉的财政紧缩政策，并拒绝 IMF 的介入救援，主权债务危机开始向同样债台高筑的葡萄牙、西班牙、爱尔兰及意大利等国家蔓延。这五国的财政赤字及公共债务占这些国家 GDP 的比重都远远超过《马斯特里赫特条约》所规定的上限。出于对主权债务偿还能力及再融资能力的担忧，三大国际评级机构相继数次下调这五个国家的主权信用等级，与希腊类似的一幕在这几个国家不断重演。欧洲主权债务危机深化。

随着欧洲主权债务危机在欧元区边沿国家的蔓延并对欧元区经济的稳定构成了巨大威胁，欧元区面临成立十一年来最为严峻的考验。在欧盟理事会、欧洲央行及 IMF 三方的共同努力下，欧洲主权债务危机才在一定程度上得到了暂时的控制。

然而，欧洲主权债务危机爆发的根本原因——欧元体制设计的缺陷即欧元区财政政策和货币政策的不协调并未改观，各成员国经济发展的差异以及财政货币政策的错配并未得到根本治理，因此，欧洲主权债务危机也无法得到根本性解决。同时，由于欧元区各成员国经济复苏乏力，欧洲主权债务危机仍然在不断发展中。2010 年 6 月至 2011 年 6 月，三大国际评级机构下调希腊主权信用评级至垃圾级；2011 年 9 月 20 日，标普下调意大利主权信用评级；2012 年 1 月 13 日，标普对 9 个欧元区国家长期信用评级进行了下调，其中法国和奥地利均丧失了 3A 评级；2012 年 1 月 29 日，惠誉宣布对意大利、西班牙等 5 个欧元区成员国的主权信用评级进行下调；2012 年 2 月 14 日，穆迪也宣布下调对意大利、葡萄牙、斯洛伐克、斯洛文尼亚和马耳他的主权信用评级。

### （二）欧洲主权债务危机的根源

欧洲主权债务危机的原因可以从国家、欧盟及国际三个层面来进行分析。

1. 国家层面

（1）相关国家经济发展结构不合理

就国家层面而言，遭受主权债务危机的国家普遍存在经济结构不合理的现象，包括国内产业结构单一、工业基础薄弱、收入过于依赖外向型产业以及经济金融化等，其中以希腊、爱尔兰和冰岛最为显著。

希腊属于典型的外向型经济发展模式：国内收入主要依赖于农业，而国际收入则以海运、旅游和侨汇三大外需型产业作为主要支柱产业，其中又以旅游业对 GDP 的贡献最大。金融危机的爆发直接导致了其赖以生存的旅游业和海运业受到重创。两个支柱产业的萎缩大幅度减少了该国财政收入。爱尔兰和冰岛则是过度依赖房地产开发以及经济金融化导致经济结构失衡。

（2）财政赤字庞大，债务负担沉重

进入 21 世纪以来，欧元区平均政府债务占 GDP 的水平基本保持在 70% 左右。2008 年美国次贷危机爆发后，为避免陷入类似美国的经济深渊，欧洲国家开始实施财政刺激政策，对金融体系进行担保，启动财政政策的自动稳定器机制等，这一系列政策直接导致了欧洲国家财政状况的恶化以及债务规模的攀升。根据欧洲中央银行的统计，2008—2010 年间，欧洲总体债务水平从 2008 年的 69.4% 增至 2010 年的 84.7%，其中因金融危机而出台的刺激政策和金融支持政策使债务水平提高了约 25% 至 30%。居高不下的财政赤字和债务水平加大了相关国家经济的脆弱性，在市场疲弱时期很容易变成危机。

（3）高福利制度加重了经济负担

福利经济思想和社会保障意识在欧洲多数国家具有历史性的社会基础，并形成了包罗万象的社会保障制度，但在全球经济低迷、地区人口老龄化的冲击下，超越社会承受能力、靠政府高负债维系的社会保障体系不可避免地面临严峻挑战，也引发了国际社会对相关国家未来发展前景的质疑。

2. 欧盟层面

主权债务危机一方面暴露了欧洲国家在经济结构和社会发展上存在的问题，同时也暴露出欧盟区长期存在的结构性、体制性问题。欧元区体制上的缺陷给欧洲国家经济发展和社会稳定方面带来了难以逾越的障碍。

（1）欧元区尚不满足“最优货币区”条件

“最优货币区”的目标在于使得区域内同质性的国家通过实施统一货币或固定汇率，减少交易成本和外部风险，强化内部经济联系，实现共同发展。“最优货币区”的条件是生产要素的高度流动、经济发展水平相近、通货膨胀相似和宏观经济协调及政策融合，但在现实中，欧盟内部劳动力的流动并非完全自由，语言、民族、文化、国民习性和产业结构的差异及制度设计上的缺陷都限制了劳动力在全区范围内的自由流动。各国在教育、医疗、养老保险等方面的安排也千差万别。同时，欧元区各国经济发展水平差异巨大，“老欧洲”与“新欧洲”之间、西欧与南欧之间存在显著的贫富差异。各国对于通胀和失业的偏好也各有不同，这使得“最优货币区”理论在欧盟和欧元区内不完全适用。

（2）统一的货币政策与独立的财政政策不协调

财政政策与货币政策是一国调节经济运行的两个最主要政策工具，两者通过不同的政策指向及调节机制对经济运行实施有效的调节。在欧洲央行执行统一的货币政策后，欧元区各国几乎完全依赖于财政政策调节，从而直接限制了各国运用经济政策发展本国经济的空间与能力。

（3）欧盟的财政纪律缺乏约束力

继《马斯特里赫特条约》之后，1997 年欧盟又推出《稳定与增长公约》，目的在于确保欧元启动及欧元流通后的稳定，限制欧元区各国的政府支出，同时降低政府支出对私人投资的挤出效应，改善经济增长结构。《马斯特里赫特条约》中规定了一系列财政纪律，确定了财政政策协调的规则，包括规定欧元区成员国的赤字率不超过 GDP 的 3%，债务率不超过 GDP 的 60%。但在 2002 年，法、德的财政赤字率先超标；2005 年，《稳定与增长公约》被修改，同意成员国在特殊情况下其财政赤字比例可以超标。欧元区财政赤字约束机制的软化，为欧洲债务危机埋下了祸根。

3. 国际层面

（1）国际金融危机是主要诱因

欧洲主权债务危机是 2008 年次贷危机及其后续国际金融危机的延续，这一判断的依据是：第一，华尔街的动荡以及美国投行的纷纷倒闭暂时掩盖了被人们忽视、却又非常重要的主权债务问题；第二，以冰岛、希腊和西班牙为代表的“高债务型”国家在 2009 年和 2010 年进入了集中还款期，高额的债务问题由此引发；第三，金融危机后，全球经济的低迷对开放的欧洲经济体造成巨大冲击。欧元区 16 国 2009 年 GDP 增长为

-4%，是欧元区成立以来的首次年度负增长，而失业率由2008年底的8.2%上升到2009年的9.9%。欧元区有关国家为刺激经济，应对金融危机冲击，纷纷实行扩张性财政政策，使得本已状况不佳的财政和公共债务问题雪上加霜。

（2）国际评级机构下调主权信用评级是直接原因

评级机构之所以受到质疑，有两方面原因，第一，国际资本对信用评级机构严重依赖，评级下调后相关国家资金外逃，挤出效应明显。第二，评级标准存在顺周期性，不利于揭示经济的潜在威胁：在经济上升周期，评级结构往往给予积极、乐观的评价，例如在本轮危机前，评级机构给予“高负债率”的发达国家较高的信用等级，使其可以利用高信用评级，低成本占有全球90%以上的信用资源，却掩盖了可能的债务风险；然而，当经济处于下行周期时，评级机构的负面展望又加剧了市场的悲观预期，引发经济衰退的可能。

### （三）欧洲主权债务危机的解决

债务危机爆发后，债务国、欧盟以及IMF从不同层面推出了各项救援措施。就债务国而言，主要采取了财政紧缩计划，以缓解国内困境和作为接受国际救援的条件。欧盟和IMF则考虑到欧洲市场可能的危机溢出效应，推出了历史上金额最大的救援计划，旨在帮助债务国脱离危机困境和遏制危机的进一步蔓延。

1. 债务国的自救

自2010年4月开始，债务国开始大力推出多项救助措施以及一揽子改革措施，以遏制危机的蔓延。

2010年4月，希腊政府承诺在未来三年内削减政府财政预算400亿欧元，目标是在2010年内将财政赤字占GDP的比例从2009年的12.7%降至8.7%，保证到2014年将这一比率从13.6%降至3%，同时实施结构性改革，包括提高税收、降低工资和养老金以及冻结招收公务人员计划。西班牙计划在未来三年内削减财政预算500亿欧元，财政赤字占GDP的比率从2009年的11.2%降至2010年的9.3%，最终在2013年降至3%。葡萄牙批准的财政紧缩计划将财政赤字占GDP的比率从2010年的7.3%降至2014年的4.6%。爱尔兰计划2014年将财政赤字占GDP的比率从11.7%降至3%。意大利计划在未来两年内削减财政赤字260亿欧元，将财政赤字占GDP的比率从2010年的5%降至2012年的3%。法国计划未来二年内削减财政预算赤字950亿欧元，财政赤字占GDP的比率从2010年的8%降至2012年的4.6%。

2. 欧盟和国际货币基金组织的救援

欧元区成员国与IMF为了防止危机的蔓延，批准向希腊出资1 100亿欧元，其中IMF承担300亿欧元，其余800亿欧元由欧元区成员国承担。救援方案同时要求希腊政府在未来三年内实施紧缩性的财政政策并进行结构改革。2010年5月，欧洲经济金融事务特别会议决定设立总额为7 500亿欧元的“欧洲金融稳定机制（EFSF）”，这7 500亿欧元的救助资金分三部分：2 500亿欧元由国际货币基金组织承担；600亿欧元需要靠欧盟从金融市场上筹集；其余4 400亿欧元将由欧元区成员国提供担保的欧洲金融稳定基金筹措。

此外，2011年4月6日，IMF、欧盟和欧洲中央银行最终对向葡萄牙提供援助达成一致，承诺在从 2011 年后的 3 年向葡萄牙提供救助资金 780 亿欧元，前提是葡萄牙必须接受更加苛刻的财政紧缩计划。

### 四、债务危机的启示和债务风险的衡量指标

无论是拉美债务危机还是欧洲主权债务危机抑或其他债务危机，导致危机的一个主要直接原因都是外债过多和债务结构不合理，因此，有效管控外债规模，合理安排外债的期限结构，对于防范债务危机具有重要意义。

国际社会的实践和理论研究均认为，一国外债的规模不应超过其经济规模和外汇收入的适当比例，否则会面临巨大的债务风险。衡量一国国际债务风险的指标主要有：

（1）负债率

负债率是指一国年末外债余额与当年国内生产总值的比率，国际上一般认为该比率不应高于 20%。

（2）债务率

债务率是一国年末外债余额与贸易出口收入的比率，是衡量一国负债能力和风险的主要参考指标，通常认为这一比率不应超过 100%。

（3）偿债率

偿债率指一国当年外债还本付息金额与贸易出口收入之比，是衡量一国还债能力的主要指标，通常认为偿债率保持在 20% 以内是安全的。

（4）短期外债与外汇储备之比

这一指标衡量的是一国偿还短期外债的能力，一般认为该指标不应低于 100%。

## 第三节　货 币 危 机

### 一、货币危机的定义

根据国际货币基金组织的界定，所谓货币危机（Currency Crises），是指由于投机冲击导致一国货币在短时间内出现较大贬值，或者迫使该国政府为保卫其货币抛出大量外汇储备或者大幅提高国内利率水平的一种现象。换言之，货币危机主要指的是投机冲击导致货币对外价值（即汇率）危机，即政府所承诺的本币汇率在市场压力下难以保持的状况。它既可以看作是广义金融危机的一种表现形式，也可以看作是与狭义金融危机并列的一个概念。

货币危机的程度可以用外汇市场压力指标来衡量，该指标是汇率（按直接标价法表示）月变动率与国际储备月变动率相反数的加权平均数。一般认为，当该指标超过其平均值的幅度达均方差的三倍时，即可将其视为货币危机。因此，货币危机既包括投机冲击成功的情形，即固定汇率制度崩溃或被迫调整（如法定贬值、或汇率浮动区间扩大等），也包括投机冲击不成功，但导致国际储备急剧减少、本币利率大幅度上升的情形。货币危机可以单独发生，也可能与其他危机一并发生。例如，在东南亚货币危机中，货币危机常与银行危机同时发生，这种情况也被称作“双重危机”（Twin Crises）。

自20世纪90年代以来，货币危机多次在世界各地爆发，例如：欧洲货币联盟危机，墨西哥、东南亚、俄罗斯、巴西金融危机，这些都是典型的货币危机。货币危机的频繁爆发，其直接原因来自国际投机资本的冲击。经济全球化与金融一体化的发展为国际投机资本的滋生与流动提供了丰富的土壤和巨大的操作空间，而大规模国际投机资本的冲击又成为引爆货币危机的导火索。

## 二、货币危机发生的机制及过程

国际投机资本是货币危机的始作俑者，在货币危机的发生过程中，充满了国际投机资本与东道国政府的博弈过程。一般而言，货币危机发生的机制及基本过程如下。

1. 国际投机资本选择攻击对象

发生货币危机的国家或经济体往往具有一些共同特征，如金融市场完全开放，国际资本可以自由进出；实行固定汇率制度，政府将维持汇率稳定作为宏观管理的主要目标之一；国际收支脆弱，经常账户往往是逆差，需要靠资本与金融账户的顺差来维持国际收支的综合平衡；宏观经济基本面存在一些突出问题，如就业压力大、经济增长率低迷等，制约了宏观经济政策的选择空间等。这些因素增加了该国金融货币体系的脆弱性，使投机冲击容易得手。

2. 国际投机资本准备资金

国际投资资本冲击东道国货币首先凭借的是其资金力量。由于在目标国进行相关金融市场交易需要使用该目标国货币，因此，国际投机资本需要在发动攻击前准备充足的东道国货币。这些东道国货币资金主要来源于两个渠道：

（1）在国际金融市场和东道国货币市场融资。由于国际投机资本主要由机构投资者掌控，这些机构投资者一般是重要的国际性金融机构，可以充分利用国际金融市场进行融资。如果东道国货币市场向这些国际金融机构开放，那么国际投机资本还可以在东道国货币市场包括同业市场融资。

（2）掉期外汇交易。有些国家的外汇管理禁止外国居民直接在本国货币市场借贷本币，如马来西亚，另一些国家也可能随着本国货币贬值压力的增大而禁止本国银行向外国投机者提供本币融资，在这种情况下，国际投机资本可以通过掉期交易获得东道国货币，即将其所掌握的外汇资金在即期市场卖出，买入东道国货币，同时在远期市场卖出东道国货币，买入外汇，由此一方面进一步增大了自身资金力量，提高投机胜算，另一方面又锁定了换回外汇的价格。

3. 国际投机资本发动攻击

国际投机资本往往在多个市场同时发动攻击以获得最大化效果。

（1）外汇市场

国际投机资本会在外汇市场上进行多种做空东道国货币的操作。

① 即期市场。国际投机资本在东道国外汇市场上即期买入外汇。国际投机资本在即期市场上对东道国货币大肆卖出的操作会逐渐引发市场的关注，并吸引越来越多的跟风者，形成羊群效应。

② 远期市场。在东道国远期外汇市场上，国际投机资本同样大量抛空即卖出东道

国货币，且可以充分利用远期交易的杠杆效应，对东道国货币形成更多的沽空压力。假设外汇为A币种，东道国货币为B，此时即期市场价格为1A=3B，远期市场价格为1A=3.1B，国际投机者以市价即1A=3.1B的价格在远期市场卖出B货币买入A货币。随着国际投机资本持续大举造势操作，越来越多的跟风者加入抛空B货币的阵营，导致无论在即期市场还是远期市场上，B货币都面临巨大的贬值压力。

③ 其他外汇市场交易。如果东道国还可以进行外汇期货交易和期权交易，国际投机资本同样会进行类似的做空东道国货币的操作，全方位营造看空东道国货币的市场氛围。

（2）证券、期货市场

为了加大对东道国货币的冲击力度，国际投机资本还会在东道国股票市场、债券市场和期货市场进行全方位的做空即买出交易，包括在股票、债券市场大举融券卖出，在期货市场卖空股指期货合约，激发市场恐慌情绪，推动证券、期货市场全面大幅下跌，诱导更多的市场参与者大举卖出东道国相关金融资产并撤出东道国市场，从而对东道国货币构成更大的贬值压力。

4. 东道国政府为稳定汇率进行市场干预

国际投机者的兴风作浪严重冲击了东道国货币的汇率稳定。为维持固定汇率，东道国政府不得不进行市场干预，以阻止本国货币的贬值。主要的干预手段是：

（1）动用外汇储备投放市场，以平衡外汇市场供求，平抑汇率；

（2）提高利率，以高利率吸引外国资本流入和阻止资本流出。

5. 东道国政府放弃稳定汇率目标，放任本国货币贬值

东道国政府所采取的上述两种主要干预手段，都面临严重的制约：外汇储备是有限的，如果市场已经形成东道国货币贬值的普遍预期并带来资本持续大规模流出，东道国政府的汇市干预势必会对东道国的外汇储备造成巨大消耗，最终难以为继；提高利率不仅对东道国证券市场构成打压，导致金融市场动荡和金融风险，更将对东道国经济造成紧缩效应，包括失业率上升、经济增长下滑等，因此，当国际投机资本势力足够强大并得到市场跟风追随时，东道国政府的干预很可能半途而废。一旦东道国政府放弃干预，听任外汇市场波动，东道国货币将迎来深幅下跌，如在即期市场上，从1A=3B变成1A=4B，于是国际投机资本以此价格了结之前的远期头寸（1A=3.1B），差价收入为1A=0.9B，再综合其在股市、债市、期市卖空的收益，国际投机资本冲击成功，收获丰厚的回报。

## 三、货币危机理论

货币危机的频繁爆发，严重损害了相关国家经济和社会的稳定，也推动了对货币危机进行广泛而深入的研究。20世纪90年代后，货币危机理论研究取得了丰富的成果，成为防范和控制货币危机的重要理论依据。

在东南亚金融危机之前，对于货币危机发生的机理，理论上存在两种相互竞争的假说。一种是第一代货币危机模型所代表的“基本面”（Fundamentalist）假说，认为货币危机主要与经济的基本面恶化有关；另一种是第二代货币危机模型所代表的预期“自

我实现”（Self-fulfilling）假说，认为货币危机并非主要与经济的基本面有关，而是由投机者突发性的预期变化导致。1997年东南亚金融危机爆发后，这两代模型的解释效力严重不足，由此又推动了第三代货币危机模型的产生。

### （一）第一代货币危机模型——克鲁格曼模型

第一代货币危机模型由美国经济学家保罗·克鲁格曼（P. Krugman）于1979年首创，后又在1984年经由弗拉德（Floodand）和戈博（Garber）等人扩展和简化后得以完善，因此，该模型又被称为克鲁格曼—弗拉德—戈博模型。

1. 第一代货币危机模型的基本思想

第一代货币危机模型具有浓重的货币主义色彩，其核心观点是：货币危机的发生是财政赤字货币化与固定汇率制度不相容的结果，强调宏观基本面的恶化（如财政赤字规模巨大、信用扩张速度过快、外汇储备流失严重等）是货币危机发生的根本原因。其基本分析逻辑是：根据货币主义的观点，一国的货币需求是稳定的；一国的货币供给由央行的国内信贷和外汇储备（即外汇占款）两部分组成。在货币需求不变的条件下，一国居民会通过向外国居民购买或出售商品、劳务和金融资产等国际经济交易活动引发外汇储备即外汇占款变化，从而使货币供给存量与货币需求平衡。如果政府通过央行持续扩张国内信贷来为财政赤字融资，使国内信贷形成的货币供给超过货币需求，该国居民就会通过国际收支活动来消除货币供给过度的局面，即在国内信贷扩张的同时，外汇储备必然相应减少。一国的外汇储备是有限的，在其他条件不变时，国内信贷的持续扩张最终导致该国外汇储备下降直至为零。而外汇储备是政府维持固定汇率制度的主要工具，当政府失去全部外汇储备时，其只能听任外汇市场汇率的自由浮动，此时外汇汇率相对于初始状态会出现显著上升，即本币显著贬值。

以上分析过程可以用图9-1来表示。由于居民自发对货币供给存量的调控行为，经济中货币供给存量始终保持不变，这在图上表现为一条水平线。国内信贷为向上倾斜的直线，表示该国国内信贷在一定时期内持续扩张。外汇储备则是一条向下倾斜的曲线，这是因为要保持货币供给存量不变，外汇储备必然随国内信贷的增长而下降。在图中的T点，外汇储备最终降为零，此时政府无力维持原有的固定汇率，货币危机发生，该国货币就此大幅贬值。

事实上，货币危机不会等到央行的外汇储备耗尽时才发生，当种种迹象表明该国外汇储备基础脆弱、货币贬值难以避免时，国际投机资本就开始谋篇布局，展开对该国货币和金融市场的攻击，而市场的其他参与者也会逐渐意识到，继续持有该币种资产，一旦该国央行的外汇储备耗尽，势必遭受巨大损失，于是，赶在外汇储备耗尽之前尽早卖出本币换成外币将成为市场共识，结果，当外汇储备下降到某一关键规模（Critical point），如图9-1中的$T_0$点时，市场将一致选择抛售本币，抢购外汇，导致央行的全部外汇储备在顷刻间被耗尽，货币危机就此引爆。当然，如果中央银行意识到继续坚守固定汇率制度已无济于事，也可能会被迫提前放弃固定汇率制度。

2. 第一代货币危机模型的特点与缺陷

第一代货币危机模型开创了货币危机理论模型研究的先河，使得外汇市场上原本难以被把握的投机攻击变成了可以用一个国家的经济基本面因素和政策冲突等解释和预测

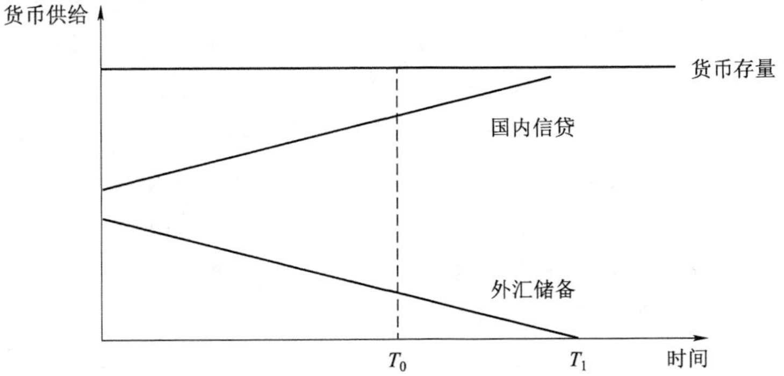


**图 9-1　国内信贷扩张与外汇储备变化示意图**

的理性行为。其特点是：

第一，在货币危机的成因上，该模型认为，货币危机的发生是财政赤字货币化与固定汇率制度目标不相容的结果，强调宏观基本面的恶化是货币危机发生的根本原因。而且，货币危机完全是投机者在经济基本面和汇率制度间存在不可协调的矛盾时理性选择的结果，而非所谓的非道德行为，因而这类模型也被称为理性冲击模型（Rational Attack Model）。只要政府持续地通过货币化手段来为财政赤字融资，固定汇率制度的崩溃以及货币危机爆发是可预知的。

第二，在货币危机的发生机制上，强调投机攻击导致储备下降至最低限度是货币危机发生的一般过程。在这一过程中，中央银行基本处于被动状态。市场预期只是使货币危机的发生时间提前，储备变量才是决定平价放弃与否的中心变量。

第三，第一代货币危机模型具有明确的政策主张。首先，通过监测一国宏观经济的运行状况可以对货币危机进行预测，并在此基础上及时调整经济运行，可避免货币危机的爆发或减轻其冲击强度；其次，执行固定汇率制度的国家必须实施稳健的财政、货币政策，保持经济基本面健康运行，否则，投机活动将迫使政府放弃固定汇率制，而货币危机可视为市场借此惩罚政府先前错误决策的结果。

第四，资本管制将扭曲市场信号，应该予以放弃。

第一代货币危机模型的解释与 20 世纪 80 年代之前绝大多数发展中国家货币危机的事实是相符的，对 1998 年的俄罗斯货币危机也有较强的解释力。在这些爆发货币危机的国家，普遍存在着巨额财政赤字的货币化。但是，第一代货币危机模型的缺陷也是十分明显的。

首先，模型忽视了引致货币危机的外部原因，把货币危机的成因完全归结为一国的宏观政策与制度的不协调。在全球化程度不断提高的今天，这种分析是片面的。

其次，模型中政府的行为过于机械和简单，不仅忽略了当局可用的其他政策选择，而且忽略了当局在选择过程中对成本和收益的权衡，政府只是按照一个固定的速度扩张信贷，并在储备耗尽后让汇率浮动，这显然与现实不完全吻合。

### （二）第二代货币危机模型——预期自致模型（Obstfeld 模型）

第一代货币危机模型对一些国家和地区的货币危机，尤其是对发生在 20 世纪 90 年代以前发展中国家的货币危机有很强的解释力，但它无法解释发生在1992年欧洲货币体系（EMS）的那一场英镑危机。首先，危机发生前，英国政府并没有长期通过货币化手段为其财政赤字融资；其次，众多数据表明英国国内的信用扩张有限；最后，对于英国这样一个能够较轻易进入国际资本市场的国家而言，外汇储备是否充足不是一个问题，只要央行愿意在外汇市场进行干预，它有足够能力筹集到充足的外汇来维持英镑汇率稳定。因此，英镑危机不仅在危机的发生机理上与第一代模型相去甚远，而且在投机冲击发生时，政府也并不是一味地在市场上进行无休止的干预。鉴于第一代货币危机模型已不能很好地解释1992年的英镑危机，货币危机的第二代模型——预期自致模型（又称为Obstfeld模型）应运而生。

1. 第二代货币危机模型的基本思想

1994年，第二代货币危机模型的代表人物奥波斯特菲尔德（Obstfeld）运用三要素分析过程较为完整地阐述了该模型的基本思想：第一，肯定存在某种原因使得政府愿意放弃固定汇率制，这实际上涉及的是维持固定汇率制度的成本；第二，肯定存在某种原因使得政府愿意捍卫固定汇率制，这涉及固定汇率制度能带来的利益；第三，维持固定汇率制度的成本和收益不是不变的，市场参与者的预期会影响政府对成本和利益的权衡，由此产生一个动态的逻辑过程。市场参与者与政府行为及其相互作用的非线性导致了多均衡点的存在，市场的博弈影响了政府对固定汇率制度成本和收益的权衡。如果维持固定汇率的成本大于其收益，或者放弃固定汇率的收益大于其成本，则放弃固定汇率制度或者一次深幅的贬值就成为政府当局一个合意的选择。

在第一代货币危机模型中，政府被假定为只能机械地通过在外汇市场的买卖来达到稳定汇率的目的。实际上，除了动用外汇储备，政府还可以通过货币紧缩、高利率等政策工具来维持汇率的稳定。对于政府而言，如果采用提高利率的手段来维护固定汇率，必须考虑如下后果：第一，如果政府债务规模庞大，提高利率会进一步加大政府债务利息负担；第二，高利率使更多的风险借款人得以进入信贷市场，不利于金融稳定；第三，也是最重要的，高利率导致经济紧缩，加剧失业问题，甚至引发经济衰退，政治风险很高。而政府维护固定汇率的决心主要来自以下利益：第一，为国际贸易和国际投资创造一个平稳的汇率环境；第二，发挥固定汇率"名义锚"（Nominal Anchor）的作用，遏制通货膨胀；第三，政府可从对汇率的维持中获得政策一致性的声誉，提高政府政策的可信度。维持固定汇率制度所需承担的成本和能获取的利益动态变化，当成本远超过利益时，就会导致政府主动放弃固定汇率制度。那么，是什么原因导致维持固定汇率制度的成本升高超过收益，以至于政策制定者宁愿放弃固定汇率制度呢？这又与投机者的预期有直接的关系。

与政府决策类似，投机者是否发动冲击以及何时发起冲击也取决于投机冲击的成本和收益。由于投机者冲击过程中往往需要在东道国货币市场借入本币，再将所借本币在外汇市场抛售，换成外汇资产，如果投机攻击成功，东道国货币贬值，投机者再在外汇市场上卖出外汇，换回本币，归还借款。这一过程中，投机者的投机成本主要是由东道国货币市场利率决定的利息，收益则来自持有外汇资产的利息所得（由外国货币市场的利率决定）及东道国货币贬值带来的汇率差。因此，东道国政府提高利率可以增加投机冲击的成本。在外国利率不变的条件下，投机者预期的东道国货币贬值幅度越高，其对东道国提高利率的承受力也越高。

显然，投机者的预期影响着政府维持固定汇率制的成本，也最终影响政府维持固定汇率制的决策。当东道国本身经济疲软、失业率高企时，投机者预期该国政府不可能不顾及国内经济状况而单纯为维护固定汇率提高利率，由此促发市场形成该国货币贬值的预期。如果投机者预期该国货币贬值的幅度足够大，那么即使利率提高到该国政府可承受的上限，投机者仍可接受这一利息成本，投机攻击就会继续，使政府维持固定汇率制度的成本进一步增加。最终投机者的冲击是否能够成功，取决于投机者掌握的投机资金数量、羊群效应是否发生、政府态度是否坚决，以及政府间的国际协调与合作是否及时有效等。

在第二代货币危机模型的分析中，政府的偏好函数是非线性的：当市场的贬值预期还没有形成足够大能量的时候，政府维持固定汇率的成本较低，政府稳定汇率的信心是充分的，它也热心地向市场传递这种信号；然而一旦面临巨大的投机冲击，政府维持固定汇率制度的成本陡升，政府的偏好函数也呈跳跃性变化，由原来的捍卫固定汇率的偏好向反方向逆转。这样，市场就表现为多重均衡：一种情况是市场没有贬值的预期，固定汇率水平得以维持，货币危机不会发生；另一种情况是投机者认识到政府的偏好函数是非线性的，只要大规模投机发生，政府就会放弃原来的承诺，此时产生另一种均衡——货币危机。因而，该模型认为，货币危机的发生完全是一种“自我实现”式的危机。

2. 第二代货币危机模型的特点

从理论分析的角度看，第二代货币危机模型的特点是十分明显的。

（1）政府的行为更为主动，政府的相机抉择行为成为整个分析过程的中心。

第二代货币危机模型注意到政府的政策目标不是单一的，政府并不会机械地坚持固定汇率，而是会根据维持固定汇率的成本和收益进行相机抉择。政府在这个模型中成为主动的行为主体，固定汇率制度的放弃是央行在“维持”和“放弃”之间权衡之后做出的选择，不一定是储备耗尽之后的结果。

（2）考虑到经济周期对于货币危机的影响，政府对固定汇率制度的承诺依赖于经济周期的状态。

一国的经济周期处于不同的阶段，政府维持或者放弃固定汇率的成本也会出现相应变化。在国内需求疲软、失业人数居高不下的情况下，政府当局往往倾向于采取扩张性货币政策或者降低利率来扩大内需，以求解决国内严峻的就业问题。考虑到这种情况，即使没有面临外部的冲击，如果放弃固定汇率所带来的利益足够大，从理论上来讲，一国当局也会选择贬值。

（3）在特定的区间内存在多重均衡和货币危机的自我实现机制

对于货币危机，一国经济的多重均衡表现为：在经济未进入某一区间时，经济基本面决定了危机爆发的可能性，此时，危机完全不可能发生或必然发生；而当经济处于这一区间时，主导因素就变成投资者的主观预期，危机是否爆发就不是经济基本面的变化所能解释的。在这个区间之内，当人们普遍预期固定汇率将延续时，坚持固定汇率的成本就小，政府就会选择继续坚持；当人们普遍预期本币将贬值而发动投机冲击时，提高利率维持固定汇率将给本国的就业、政府预算和银行部门带来巨大的压力（在失业率高、政府债务负担沉重或银行体系脆弱的情况下尤其如此），政府就会倾向于放弃固定汇率。在这个多重均衡的区间内，货币危机预期具有自我实现的机制。

（4）第一代货币危机模型认为，投机者只有在确认存在有利可图的机会时才会发起攻击，而一旦发起攻击必能获利，攻击前后政府政策无变化，而第二代货币危机模型则认为只有这一攻击行为迫使政策出现变化才会使投机者获利，即事后证实投机性攻击的正确性。

（5）引入博弈。在动态博弈过程中，央行和市场投资者的收益函数相互包含，双方均根据对方的行为或有关对方的信息不断修正自己的行为选择，而自身的这种修正又将影响对方的行为，因此，经济可能存在一个循环过程，在特定的区间之内出现“多重均衡”，其特点在于自我实现（self-fulfilling）的危机存在的可能性，所以这类理论模型也被称为“自我实现式”危机模型。

3. 第二代货币危机模型的理论评述

与第一代货币危机模型相比，第二代模型更为完善，特别是更为合理地解释了固定汇率制度的不可维持性，其理论框架实际涵盖了第一代货币危机模型。

（1）第二代货币危机模型的政策含义是，仅仅依靠稳健的国内经济政策是不足以抵御货币危机的，固定汇率制的先天缺陷使其易受投机冲击，货币危机的发生并不以过度扩张的财政货币政策为前提，只要一国的失业或政府债务压力达到一定程度，固定汇率就可能步入以自我实现为特征的、随时可能在市场预期推动下陷入崩溃的多重均衡区间。这在一定程度上解释了1992—1993年的欧洲汇率机制危机。因为这次危机的重灾国英国、意大利、西班牙、法国等在危机发生时的失业率都高达两位数，意大利还有沉重的政府债务。

（2）多重均衡区间的存在，实际上暴露了国际金融体系的内在不稳定性。因为即使根本没有执行与固定汇率不相容的财政货币政策的国家，也有可能因为市场心理的作用而遭遇货币危机。

（3）与第一代模型不同，第二代模型着重指出：货币危机发生的时间是随机的，也就是说，一场本不会发生的货币危机也会因为市场预期的作用而发生；货币危机的发生并不是要以经济的基本面状况是否恶化作为必要条件。

### （三）第三代货币危机模型

1997年下半年爆发的东南亚货币危机进一步推动了货币危机理论的研究。尽管一些经济学家如卡明斯基（Kaminsky）认为，就本质而言，东南亚金融危机并非“新”危机，原有的理论成果具有足够的说服力，但以克鲁格曼（Krugman）为代表的另一些学者则认为，东南亚货币危机与以往的货币危机有明显区别，原有的货币危机理论解释效力不足。

与第一代模型强调扩张性财政货币政策是引发危机的根源和第二代模型关注失业或政府债务问题不同的是，第三代模型着眼于微观层次，这里选择有代表性的研究观点进行简单介绍。

1. 道德风险模型

在东南亚货币危机全面爆发前，已经有学者注意到发展中国家的存款担保（无论是显性的还是隐性的）与过度借债之间（Overborrowing）的关系。事实上，金融领域的“过度借贷”（Overlending）一直是东南亚经济发展过程中的突出现象。“过度借贷”给一国经济带来的危害并不是信用规模的极度膨胀，而是信用扩张过程中所带来的过度风险。过度风险对实质经济的健康运行是有害的，需要控制在经济可承受的范围内。传统的理论认为，经济主体一般都是风险厌恶型的，那么，为什么东南亚国家的银行或企业会承担过度的风险呢？这其中，政府的担保难辞其咎。

政府担保源于两方面原因。一是为了优先发展某些产业，对一些大型企业或大型银行金融机构，政府提供各种形式（显性或隐性）的担保承诺，即保证在企业或银行面临财务困难时将提供财政上的救助。例如，东南亚危机前夕，泰国最大的金融机构——第一金融公司（FinanceOne）就因为不良资产过大而岌岌可危，泰国政府为了防止该公司的倒闭影响整个银行及金融体系的稳定，多次向外界声明，将全力担保国外投资者在该公司的利益。另一方面原因则在于东南亚国家普遍存在的“亲缘政治”，政府对与政客们有裙带关系的银行、企业提供各种隐性担保。政府担保使得：投资成功，银行（企业）获利；投资失败，坏账由政府来承担。扭曲的激励机制在投资与融资领域催生出巨大的道德风险，银行乐意发放过多的高风险贷款，企业也愿意投资高风险的项目。而国外商业银行或国内投资者获知政府在危机发生时会通过财政向企业或银行注资时，它们自然也不会有足够的激励去关心银行（企业）的资产负债状况，也乐于向有问题的银行（企业）投资。因此，尽管危机前这些政府在账面上没有明显的赤字，但由于它们要最终承担银行与企业的投资损失，所以实际有大量隐性的财政负担。政府的担保并非总能履行，如果最终呆账过于巨大，使得政府挽救企业和金融机构的成本过于高昂时，政府就不得不放弃拯救而任其破产。当外国投资者发现其对这些金融机构和企业的债权并不像原来想象的那么安全时，巨额的资本流入就会转变为恐慌性的资本流出。实际上，即使国内银行体系没有发生危机，但是只要投资者觉察到银行系统所存在的风险以及为消除不良资产而可能产生的巨大财政赤字，投资者就会冲击固定汇率制度。也就是说，在道德风险假说看来，即使在财政状况良好、国内银行体系运行正常的情况下，货币危机也会发生，正如第一代模型所预言的，货币危机发生的时间是确定的。

为了进一步阐述道德风险模型，克鲁格曼又提出了金融过度（Financial Excess）的概念，这一概念主要针对金融中介机构而言。

在金融机构无法顺利进入国际市场时，过度的投资需求并不能导致大规模的过度投资，而只是会推高市场利率。但当金融机构可以自由进出国际金融市场时，金融机构的道德风险就会转化成为对证券金融资产和房地产的过度投资，这就是金融过度。金融过度加剧了一国金融体系的脆弱性。由于东南亚国家的一些金融机构、大企业集团与政府有着紧密的联系，享受着事实上的政府担保，这种隐性的政府担保使得其很容易以较低利率从国际市场借入资金，同时在高风险的领域，如股票、房地产等，进行过度放款，以获取高额利差，客观上推动了资产泡沫的膨胀。在特定的条件下，由金融机构的过度行为推动的泡沫扩张难以为继时，资产泡沫崩溃，由此导致规模巨大的呆账并使政府难以承担，外资和部分内资就会选择退出和外流，进一步加剧资产价格的下跌，最终导致汇率制度的崩溃。

根据道德风险模型，危机是危机发生国制度扭曲的必然结果，最终只能依靠危机国自身的结构调整来解决，外界援助只会使国际层面的道德风险问题更加严重。危机的预防也只能通过取消政府担保和加强金融监管来实现。

2. 流动性危机模型

道德风险模型在一定程度上解释了东南亚货币危机发生的原因，不过，道德风险模型也受到了一些学者的批评。他们认为，在危机发生前，这些国家的过度投资并不十分明显，不能用危机后的投资损失来说明先前的投资决策是错误的；而且，有相当一部分外资是以不可能有任何政府担保的股权投资形式流入这些国家的，这些外资流入显然不能用道德风险来解释。于是，流动性危机模型应运而生。

流动性危机模型与道德风险模型类似，都以金融机构作为分析的中心环节。流动性危机模型主要用银行挤兑模型来解释东南亚货币危机。这一模型的基本思想是：银行作为一种金融中介机构，其基本功能是将流动性负债转化为不具有流动性的资产。正是这种功能本身使得银行容易遭受挤兑。货币危机的爆发，主要是投资者的恐慌所导致的流动性危机。由于恐慌性的资本流出，大量长期投资项目被迫中途变现，从而使企业陷入资不抵债的境地。因此，危机并不是亚洲经济应得的惩罚，而是国际金融体系内在不稳定性的证明。在汇率固定且中央银行承担最后贷款人角色的情况下，对银行的挤兑最终转化为对中央银行的挤兑，由于一国央行除了拥有外汇储备之外，并没有发行外汇的权利，单靠其自身的外汇储备是不可能阻止这种“恐慌”性的资本外逃的，由此货币危机的爆发难以避免。显然，根据流动性危机模型，危机处理中最重要的就是避免恐慌性的资本流出，而这可以通过对短期资本流入的适当限制、建立国际层面的最后贷款人机制和债务协商机制来实现危机的防范。

专 栏

## 我国外债规模合理、结构优化，总体风险可控[①]

近年来，我国稳妥有序推进金融市场对外开放，不断完善全口径跨境融资宏观审慎管理政策，外债总规模稳步增长，外债结构不断优化，总体风险可控，为我国实体经济发展提供了重要的国际资金支持。

---

① 资料来源：《2022 年中国国际收支报告》，国家外汇管理局官网 www. safe. gov. cn，阅读时间 2023 年 9 月 28 日。

**一、我国外债规模与经济发展相适应相促进**

近年来，我国经济实力持续增强，开放程度不断提高，吸引境外资金流入，推动外债规模稳步增长。2022 年末，我国全口径外债余额 24 528 亿美元，较 2016 年末增长 10 370 亿美元，年均增幅约 12%。2016 年以来，我国外债与国内生产总值（GDP）之比持续保持在 12% 至 17% 区间，外债增长始终与实体经济发展相匹配。2022 年，受国际国内形势和汇率等多重因素影响，外债规模有所下降，但年末外债余额止跌趋稳。我国经济韧性强、潜力大、活力足，经济主体对优质的跨境资金将始终保持较大需求，外债规模有条件继续保持总量稳定。

**二、我国外债结构持续优化**

人民币外债占比上升，助推人民币国际化进程。2022 年末，我国人民币外债余额为 11 147 亿美元，较 2016 年末增长 5 649 亿美元，对同期外债增长的贡献率为 59%；人民币外债占比为 45%，上升 11 个百分点，外债币种结构持续优化。人民币外债还本付息不存在币种错配和货币兑换问题，占比上升有效降低了我国外债的汇率风险，有序推进了人民币国际化进程。

中长期外债主导增长，外债期限结构持续优化。2022 年末，我国中长期外债余额为 11 148 亿美元，较 2016 年末增长 5 650 亿美元，对同期外债增长的贡献率为 54%；中长期外债占比为 45%，上升 6 个百分点。外债期限错配风险及债务偿付的流动性风险显著降低。

银行外债增长较快，增加境内外汇资金供给。2016 年末至 2022 年末，银行外债增长 4 062 亿美元，占外债总规模增长的近四成，主要源自境外中资企业在境内银行的存款和境外同业存放拆借等被动负债的增长。银行被动负债的快速增长，增加了对境内外汇资金的供给，且资金成本较低，有力支持了境内经济发展。

债务工具结构日益多元化，债务证券成为主要驱动。近年来，我国外债工具多元化结构日益显现，债务证券、货币与存款、贷款、贸易信贷与预付款、关联公司间贷款等外债协同发展，稳步增长。2022 年末，我国债务证券余额为 7 315 亿美元，较 2016 年末增长 5 014 亿美元，对同期外债增长的贡献率为 48%；债务证券占比为 30%，上升 14 个百分点。债务证券占比上升与我国金融市场开放相匹配，随着中国债券相继被纳入国际三大债券指数，中国债券市场对境外机构投资者吸引力持续上升。

**三、我国外债风险总体可控**

近年来，我国经济基本面长期向好，金融市场高水平开放持续推进，外汇储备较为充裕，外债风险总体可控。2022 年末，我国外债负债率（外债余额与国内生产总值之比）为 13.6%，债务率（外债余额与贸易出口收入之比）为 66%，偿债率（外债还本付息金额与贸易出口收入之比）为 10.5%，短期外债与外汇储备之比为 42.8%，均在国际公认安全线（分别为 20%、100%、20%、100%）以内，远低于发达经济体和新兴经济体整体水平。

未来我国将继续坚持稳中求进总基调，稳妥有序推进资本项目高水平对外开放，推进跨境投融资便利化，满足更多市场主体的跨境融资需求，服务实体经济高质量发展。

## 本章习题

**思考题**

1. 试述国际资本的概念及国际资本流动的主要形式。

2. 国际资本流动的主要原因是什么？

3. 国际资本流动呈现出哪些新特点？

4. 分析20世纪80年代拉美债务危机的主要原因及2009年以来欧洲主权债务危机的原因。

5. 试从货币危机的发生过程总结投资性资本流动的内在规律。

6. 比较三代货币危机理论的异同。

# 第四篇

## 国际金融组织与国际货币体系

# 第十章 国际金融组织

**本章摘要**

除国际清算银行外，世界上主要国际金融组织如国际货币基金组织、国际复兴开发银行、国际开发协会、国际金融公司、多边投资担保机构等都是在第二次世界大战以后陆续建立和发展起来的。但是，当前世界经济力量的对比发生巨变，这些国际金融组织的性质也注入了新的内容，并在国际货币关系与世界经济关系中起着日益重要的作用。本章主要问题是介绍国际货币基金组织、世界银行集团和亚洲基础设施投资银行成立的背景、宗旨及其主要业务。

**关键词**：国际货币基金组织　世界银行集团　亚洲基础设施投资银行

学完本章，你需要掌握：

- 国际货币基金组织的宗旨、资金来源与主要贷款业务
- 世界银行集团的构成及其主要的贷款业务
- 全球性国际金融组织的作用

## 第一节 国际清算银行

国际清算银行（The Bank for International Settlement，BIS）是根据 1930 年 1 月 20 日签订的《海牙国际协定》（Hague Agreement），由英国、法国、意大利、德国、比利时、日本六国中央银行以及代表美国银行业利益的摩根银行、纽约花旗银行和芝加哥花旗银行三家商业银行于 1930 年 5 月在瑞士的巴塞尔成立的，可以说是世界上成立最早的国际性金融机构。

### 一、宗旨

最初成立国际清算银行的目的是处理第一次世界大战后的德国战争赔款和债务问题以及推动中央银行间的合作。随着战后债务问题的解决，国际清算银行的职能也在不断发生变化。1945 年国际货币基金组织和世界银行成立后，国际清算银行逐渐变成了与各中央银行进行业务往来的国际性金融机构，在国际清算中越来越多地充当受托人和代理人的角色。作为成立最早的国际性金融组织，国际清算银行无论是在性质上、业务范围上还是在体制等方面都与国际货币基金组织和世界银行等国际性金融组织有所不同。1995 年修改后的国际清算银行章程中对其宗旨做了明确的说明，国际清算银行的宗旨是：促进各中央银行之间的合作并为国际金融业务提供新的便利；根据有关当事各方签订的协定，在金融清算方面充当受托人或代理人。

国际清算银行作为一家办理中央银行业务的金融机构，在国际上一直发挥着独特的作用。长期以来它一直是西方国家中央银行行长和银行家们交换意见、举行重要会议的中心。随着世界经济与国际金融市场一体化的发展，国际清算银行作为商讨国际金融合作问题的论坛，其影响与作用在不断增强。

1983 年，中国人民银行便开始着手探讨同国际清算银行建立业务联系的途径和方法。通过双方洽谈，1984 年 12 月 11 日在国际清算银行董事会例会上得到通过，中国人民银行开始与该行建立正式业务往来关系。随后，中国人民银行在国际清算银行开设了外汇和黄金账户，将部分外汇储备和黄金存入该行账户。1996 年 9 月 9 日，国际清算银行通过决议邀请中国人民银行、香港金融管理局以及其他 7 家中央银行或金融管理局加入该行。1996 年，中国人民银行认缴了股本金成为了该行的持股成员之一，这为加强我国在国际金融市场的地位以及与各成员中央银行间的合作创造了条件。

## 二、组织机构

国际清算银行的组织机构由三部分组成，即股东大会、董事会和管理当局。

股东大会是国际清算银行的最高权力机构，每年举行一次会议，通常于 6 月份的第二个星期一召开，由认购该行股票的各成员中央银行派代表参加。股东大会的权利主要是审查并批准年度报告、经审计师审计后的资产负债表、损益表及改变董事会成员的报酬，决定准备金和特别基金的拨款，宣布股息及其股息金额等。股东投票权按其持有股份的多少来决定。

董事会是国际清算银行的实际领导机构。根据该行的章程，董事会由以下人员构成：英国、法国、比利时、意大利、德国中央银行行长和美国联邦储备委员会主席为当然董事；当然董事可以任命一名副董事，如果行长本人不能出席董事会会议，副董事有权参加会议并行使董事的权利；其他董事由董事会 2/3 多数同意从认购股票但未委派当然董事的国家的中央银行的行长中选出，但人数不能超过 9 人，加拿大、日本、荷兰、瑞典和瑞士的中央银行行长现已当选为董事会的成员。每年举行的董事会会议不得少于 10 次，董事会选举董事会主席，并任命国际清算银行的行长。自 1948 年以来，董事会主席和行长职务一直由同一人担任。董事会下设银行部、货币经济部、秘书处，董事会任命总经理和副总经理以及三个部门的领导。

1973 年布雷顿森林体系瓦解后，国际银行业的经营风险加大，相继出现了一系列国际银行巨额亏损和倒闭事件。于是 1975 年在国际清算银行的发起和主持下，十国集团在瑞士巴塞尔召开会议，决定建立一个监督国际银行活动的协调委员会，全称是“国际清算银行关于银行管理和监督活动常设委员会”，即巴塞尔委员会（The Basel Committee）。该委员会成立后公布了一系列的文件和协议，如《巴塞尔协议》《有效银行监管的核心原则》等，这一系列文件和协议对国际银行业的监管和发展起了非常重要的作用。

## 三、业务活动和职能

国际清算银行是“中央银行的银行”，办理多种国际清算业务，通过提供一系列专门设计的金融服务以帮助各中央银行或货币当局管理外汇储备。由于国际清算银行存款中很大部分来自各成员中央银行的储备资产，需较强的流动性，因而国际清算银行把这部分资金大多投放到流动性强的商业银行债券和短期政府债券上。此外，该行还代理各中央银行进行外汇和黄金交易，办理政府债券和其他债券的贴现等。近些年来，国际清算银行还不断为中央银行开拓新的投资服务，如提供五年期的投资工具等。除了将资金运用于国际市场，该行还向中央银行提供有担保的信用贷款，通常以存放在该行的黄金和存款为抵押。

国际清算银行还是商讨国际货币和金融合作的场所。它定期举行各类会议（包括董事会和国际清算银行年会等），讨论世界经济和金融形势，探讨如何协调宏观政策和维持国际金融市场的稳定。

## 第二节　国际货币基金组织

### 一、成立的背景与宗旨

1944 年 7 月 1 日，联合国货币金融会议在美国的新罕布什尔州布雷顿森林举行。在这次会议上，签订了布雷顿森林协议，决定成立国际货币基金组织（International Monetary Fund，IMF）与世界银行。1946 年 3 月，国际货币基金组织正式成立，1947 年 3 月开始办理放款业务。截至 2023 年 9 月，国际货币基金组织的成员已达 190 个。①。

《国际货币基金协定》规定，IMF 建立的宗旨主要有五个方面。

（1）建立一个永久性的国际货币机构，促进货币合作。

（2）促进国际贸易的扩大与平衡发展，借以提高和维持就业与实际所得于较高的水平之上，并开发各成员的生产资源。

（3）促进汇率的稳定，维持成员之间的正常汇兑关系，避免竞争性的货币贬值。

（4）协助成员建立国际收支中经常业务的多边支付制度，并消除阻碍国际贸易发展的外汇管制。

（5）在适当的保障下，对成员提供资金融通，树立改善国际收支的信心，从而避免采取有损于本国或国际繁荣的措施。

在其五个宗旨中，主要集中两点，这就是向成员提供短期贷款，以平衡其国际收支的暂时不平衡；促进各成员汇率稳定，消除外汇管制。

为实现 IMF 的宗旨，凡属国际货币方面的事务，如货币汇率的确定与稳定，国际收支差额的弥补与调节，外汇政策与支付制度的管理与协调，都属 IMF 的职能范围，其主要着眼点在于维持国际经济的稳定。

### 二、组织形式

国际货币基金组织的最高权力机构是理事会，它由成员选派理事和副理事各一人组

---

①　资料来源：国际货币基金组织网站（www. imf. org），阅读时间 2023 年 9 月。

成，每年召开一次常设会议。执行董事会由 24 名成员组成，负责国际货币基金组织日常工作，国际货币基金组织总裁是执董会主席。除理事会和执董会外，还有两个机构，一个是国际货币与金融委员会，另一个是发展委员会。

### 三、资金来源

国际货币基金组织的资金主要来自于成员认缴的份额（Quotas）和借款安排等。其中，份额是国际货币基金组织基本的资金来源。

每个成员在加入国际货币基金组织时，都要认缴一定的份额。认缴份额的数量由成员的国民收入、外汇储备和对外贸易等因素确定。国际货币基金组织规定：认缴份额中，25%用外汇或特别提款权缴纳，75%以本币缴纳。2016 年 1 月 27 日国际货币基金组织 2010 年份额改革方案正式生效，中国份额占比由之前的 3.996%提高到 6.394%，排名从第六位上升到第三位，仅次于美国和日本。

国际货币基金组织成员认缴的份额有三个重要的作用：第一，份额的多少决定了成员可从国际货币基金组织借款或提款的额度。第二，份额的多少还决定了成员投票权的大小。按照国际货币基金组织的规定：每个成员都有 250 票的基本投票权，在基本投票权基础上再按认缴份额每缴纳 10 万特别提款权增加一票。所以，认缴份额越多投票权也就越大。第三，份额的多少还决定了成员可从国际货币基金组织分配到的特别提款权的多少。

### 四、贷款业务

根据《国际货币基金协定》规定，当成员发生国际收支暂时性不平衡时，国际货币基金组织向其提供短期信贷。这些贷款的对象限定为成员政府，贷款采用购买和购回的方式，即借款时由成员向 IMF 以本币“购买”或“提款”的方式，还款时则以外汇或特别提款权购回本币。

普通贷款是国际货币基金组织最基本的贷款，它是利用各成员认缴份额形成的基金向成员提供的短期信贷。成员借取普通贷款的最高额度为其所认缴份额的 125%，按规定将这 125%的幅度分为五个部分（tranches），每个部分为 25%的幅度。第一个 25%为储备部分贷款，它是以成员用外汇或特别提款权缴纳的份额做保证的，所以成员可自由提取。贷款随申请额度的增加，其审批手续也越严格。除普通贷款外，国际货币基金组织还先后推出过出口波动补偿贷款、缓冲存货贷款、中期贷款和信托基金贷款等不同种类的贷款形式。

## 第三节 世界银行集团

世界银行集团（World Bank Group）包括国际复兴开发银行（International Bank for Reconstruction and Development，IBRD）、国际开发协会（International Development Association，IDA）、国际金融公司（The International Finance Corporations，IFC）、多边

投资担保机构（The Multilateral Investment Guarantee Agency，MIGA）和国际投资争端解决中心（The International Center for the Settlement of Investment Disputes，ICSID），它的总部设在华盛顿。国际复兴开发银行和国际开发协会合起来称为世界银行。

## 一、国际复兴开发银行

国际复兴开发银行于1945年12月正式成立，1946年6月开始办理业务，它是世界银行集团的核心机构。按照规定，只有国际货币基金组织的成员才能申请加入国际复兴开发银行，但国际货币基金组织的成员并不一定是国际复兴开发银行的成员。截至2023年9月，国际复兴开发银行的成员达189个。

### （一）宗旨和组织机构

1. 国际复兴开发银行的宗旨

根据《国际复兴开发银行》的规定，国际复兴开发银行的宗旨包括以下方面：

（1）对用于生产目的的投资提供便利，协助各成员的复兴与开发；

（2）通过担保或参与私人贷款及其他私人投资的方式，促进私人的对外投资；

（3）通过鼓励国际投资以开发成员生产资源的方式，促进国际贸易的长期平衡发展，并维持国际收支的平衡；

（4）在提供贷款保证时，应与其他方面的国际贷款配合。

2. 组织机构

理事会是IBRD的最高权力机构和决策机构，由成员委派的理事和副理事各1人组成。理事和副理事的任期均为5年，可以连任。理事会的主要职责是：批准接纳新成员、增加或削减资本、中止成员国资格、决定净收入的分配以及其他重大事项等。理事会每年与国际货币基金组织的理事会一起举行一次年会，必要时可召开特别会议。

执行董事会是负责处理IBRD日常业务的机构，行使由理事会赋予的职权。IBRD执行董事会现由25位执行董事构成，其中5位由理事会任命，20位经选举产生，执行董事会主席由行长担任。行长无投票权，只有在执行董事会表决中出现双方票数相等时才可以投决定作用的一票。

IBRD成员投票权的大小取决于其认缴股份的多少，每一成员均有基本投票权250票，每认缴一股（一股为10万美元）另外增加投票权一票。IBRD决策的一般原则是除非有特殊规定，一切事项均由多数票决定。

### （二）资金来源

1. 成员缴纳的股金

各成员缴纳的股金主要参照它在国际货币基金组织中的份额来确定。认缴的股金分为实缴股金和待缴股金两部分，其中待缴股金通常是在国际复兴开发银行向成员催缴时才缴付。

2. 国际金融市场筹资

向国际金融市场借款是IBRD的主要资金来源渠道。因为成员实际缴纳的股金只占其应认缴股金的一小部分，而且其从事的是中长期贷款业务，成员缴纳的股金难以满足其业务的需要，所以IBRD所需资金的大部分是通过在国际金融市场上发行AAA债券或其他债券筹得的。银行提供贷款的资金大部分来自债券的发行，而且随着贷款业务的迅速发展，通过发行债券筹集的资金的数量也在不断增加。

3. 债权转让

IBRD 为了扩大贷款能力，还将一部分贷款债权转让给商业银行或私人投资者，提前收回一部分资金，加快贷款资金的周转能力。

4. 净收益

由于 IBRD 信誉卓著，经营有方，每年均获得大量收益，这也是其发放贷款的一个资金来源。

（三）贷款业务

1. 贷款原则

根据《国际复兴开发银行协定》规定，IBRD 贷款遵循以下五个基本原则。

（1）IBRD 提供贷款的对象是成员政府以及政府担保的公私机构。

（2）申请贷款的成员确实不能以合理的条件从其他方面获得融资时，IBRD 才考虑发放贷款、参加贷款或提供保证。

（3）贷款一般与特定的项目相结合，发放贷款的重点工程项目为基础设施工程项目，如交通（公路、铁路、港口、航空）和公用事业（如电力、电讯、供水、排水等），发展农村和农业建设项目，以及教育建设事业项目等，只有在特殊情况下才发放非项目贷款。

（4）贷款必须专款专用，并接受 IBRD 的监督。IBRD 不仅在使用款项方面，而且在工程的进度、物资的保管、工程的管理等方面也进行监督。

2. 贷款特点

（1）贷款期限一般为 15～20 年，通常有 5 年的宽限期。

（2）贷款实行浮动利率，随国际金融市场利率的变化定期调整，但一般低于市场利率，银行对贷款收取的杂费很少，一般只按年收取 0.75% 的手续费。

（3）贷款程序复杂，审批时间长。借款国从提出项目到最终获得贷款资金通常需要经过以下几个阶段：提出计划、确定项目、专家审查、审议通过、签订贷款契约、工程项目招标，这个过程一般需要一年到一年半的时间。

（4）通常只向项目的货物和服务提供所需的外汇资金，一般为项目总额的 30%～40%，个别项目可达 50%。

## 二、国际开发协会

（一）宗旨

国际开发协会（IDA）成立于 1960 年 9 月，总部设在华盛顿。其宗旨是帮助世界上不发达地区的会员国，促进其经济发展，提高人民生活水平。它是专门向低收入发展中成员提供无息长期贷款的国际金融组织。根据国际开发协会章程的规定，国际开发协会的成员必须首先是国际复兴开发银行的成员。

（二）组织结构

国际开发协会的最高权力机构是理事会。理事会下设执行董事会负责处理日常业务。国际开发协会的组织结构和管理办法与国际复兴开发银行相同，从总裁到各个部门的工作人员均由国际复兴开发银行相应机构的工作人员兼任，但这两个机构在法律和财务上是相互独立的。

### （三）资金来源

1. 会员国认缴的股本

所有参加国际开发协会的成员必须认缴股份。按照国际开发协会章程的规定：第一类成员缴纳的股份必须以黄金或自由外汇支付；第二类成员缴纳的股份的 10% 必须以自由外汇支付，其余以本国货币支付。

2. 成员提供的补充资金

根据国际开发协会的章程规定，国际开发协会不能通过在国际金融市场上发行债券来筹集资金，因此国际开发协会要求成员定期提供补充资金，以满足其业务活动的需要。

3. 国际复兴开发银行的拨款

从 1964 年起，国际复兴开发银行每年从其业务净收益中向国际开发协会提供一部分资金，作为其贷款资金的来源。

### （四）贷款业务

国际开发协会只面向欠发达地区的成员提供最优惠的贷款。贷款主要用于满足人民生活基本需要的发展项目，如初级教育、基本的健康服务、基本的卫生设施建设等，同时它也面向保护环境以及必要的基础设施建设等项目提供支持。在对项目进行审查时，国际开发协会和国际复兴开发银行有着同样严格的标准。

国际开发协会的贷款期限较长，通常为 35~40 年，一般有 10 年的宽限期，不需支付利息，只收取 0.75% 的手续费。由于它所提供的贷款比国际复兴开发银行提供的贷款更优惠，因此，通常将国际开发协会的贷款称为软贷款（Soft Loan），以区别于国际复兴开发银行所提供的硬贷款（Hard Loan）。

## 三、国际金融公司

### （一）宗旨

国际金融公司（IFC）成立于 1956 年 7 月，总部设在华盛顿。作为世界银行集团的一员，国际金融公司的宗旨是：为发展中成员的私营生产性企业提供无须政府担保的贷款与投资，促进成员经济发展。根据规定，只有国际复兴开发银行的成员才有资格参加国际金融公司。

### （二）组织机构

国际金融公司的组织形式与国际开发协会一样，最高决策机构是理事会，各成员委派一名理事，通常为财政部部长或职位相当的官员。理事会将其权力的大部分交由下设的董事会。董事会由世界银行的执行董事组成，共有 25 名董事。董事会定期在华盛顿特区世界银行集团总部举行会议，审议和表决投资项目，对国际金融公司的管理提出战略指导意见。虽然国际金融公司在许多领域与世界银行集团内部的其他机构协同开展工作，但其在整体上是独立运营的，具有法律和财务上的独立性，并有它自己的章程、股本金、管理层和工作人员等。

（三）资金来源

1. 认缴的股金

国际金融公司是按成员出资认股的形式组成的，成员必须认缴股本，成员认缴的股金是其重要的资金来源。

2. 借入资金

为了满足业务发展的需要，国际金融公司还借入大量资金，这也是它重要的资金来源渠道。由于拥有强有力的股东支持和雄厚的会员国缴纳的资本金做后盾，国际金融公司可以在国际金融市场上通过发行 AAA 债券筹集到其贷款业务所需的大部分资金。此外，公司还向国际复兴开发银行借款。

3. 公司盈利

国际金融公司在提供各项业务时，注重项目的收益，自创立以来，每年都实现盈利。这也是其资金来源的一个重要方面。

（四）业务活动

向发展中成员私营企业提供融资是国际金融公司的传统业务，也是规模最大的一项业务。目前，国际金融公司除提供贷款、股本投资和准股本投资外，还提供金融风险管理产品和中介融资等。国际金融公司为各个行业和部门的项目提供融资，如制造业、基础设施、旅游业、医疗服务业、教育和金融服务业等。

国际金融公司的贷款和投资业务具有以下特点：第一，贷款对象是成员的私营企业，而且不需政府提供担保；第二，为了促进私人投资者的参与，国际金融公司在提供资金支持时只提供项目所需的部分资金；第三，多种业务经常结合使用，如采用贷款和资本投资相结合的方式，但不参与项目的管理工作；第四，在对项目投资前对项目进行严格的审查。

## 第四节　亚洲基础设施投资银行

### 一、亚洲基础设施投资银行的宗旨

亚洲基础设施投资银行（Asian Infrastructure Investment Bank，AIIB）简称亚投行，是全球首个由中国倡议设立的多边金融机构。亚洲基础设施投资银行于 2015 年 12 月 25 正式成立，总部设在北京。根据《亚洲基础设施投资银行协定》第一条，亚投行的宗旨是：通过在基础设施及其他生产性领域的投资，促进亚洲经济可持续发展、创造财富并改善基础设施互联互通；与其他多边和双边开发机构紧密合作，推进区域合作和伙伴关系，应对发展挑战。

### 二、治理结构

亚投行法定股本为 1 000 亿美元，分为 100 万股，每股的票面价值为 10 万美元。初始法定股本分为实缴股本和待缴股本，实缴股本的票面总价值为 200 亿美元，待缴股本的票面总价值为 800 亿美元。

亚投行的治理结构分理事会、董事会和管理层三级。理事会是亚投行的最高决策机构，每个成员在亚投行有正副理事各一名。董事会负责指导银行的总体业务，由 12 名成员组成，其中 9 名应由代表域内成员的理事选出、3 名应由代表域外成员的理事选出。管理层由行长和多名副行长组成。

## 三、业务经营

亚投行的业务分为普通业务和特别业务。普通业务是由亚投行普通资本提供融资的业务，特别业务是由亚投行特别基金提供融资的业务。两种业务可以同时为同一个项目或规划的不同部分提供融资。

亚投行开展业务的方式主要包括① 直接贷款、联合融资或参与贷款；② 参与机构或企业的股权资本投资；③ 作为直接或间接债务人，全部或部分地为用于经济发展的贷款提供担保；④ 根据特别基金的使用协定，配置特别基金的资源；⑤ 符合规定的技术援助等。

**专　栏**

### 资金融通日益多元①

资金融通是共建“一带一路”的重要支撑。共建国家及有关机构积极开展多种形式的金融合作，创新投融资模式、拓宽投融资渠道、丰富投融资主体、完善投融资机制，大力推动政策性金融、开发性金融、商业性金融、合作性金融支持共建“一带一路”，努力构建长期、稳定、可持续、风险可控的投融资体系。

金融合作机制日益健全。中国国家开发银行推动成立中国—中东欧银联体、中国—阿拉伯国家银联体、中国—东盟银联体、中日韩—东盟银联体、中非金融合作银联体、中拉开发性金融合作机制等多边金融合作机制，中国工商银行推动成立“一带一路”银行间常态化合作机制。截至 2023 年 6 月底，共有 13 家中资银行在 50 个共建国家设立 145 家一级机构，131 个共建国家的 1 770 万家商户开通银联卡业务，74 个共建国家开通银联移动支付服务。“一带一路”创新发展中心、“一带一路”财经发展研究中心、中国—国际货币基金组织联合能力建设中心相继设立。中国已与 20 个共建国家签署双边本币互换协议，在 17 个共建国家建立人民币清算安排，人民币跨境支付系统的参与者数量、业务量、影响力逐步提升，有效促进了贸易投资便利化。金融监管合作和交流持续推进，中国银保监会（现国家金融监督管理总局）、证监会与境外多个国家的监管机构签署监管合作谅解备忘录，推动建立区域内监管协调机制，促进资金高效配置，强化风险管控，为各类金融机构及投资主体创造良好投资条件。

投融资渠道平台不断拓展。中国出资设立丝路基金，并与相关国家一道成立亚洲基

---

① 资料来源：引自《共建“一带一路”：构建人类命运共同体的重大实践》，中华人民共和国国务院新闻办公室 2023 年 10 月。

础设施投资银行。丝路基金专门服务于“一带一路”建设，截至2023年6月底，丝路基金累计签约投资项目75个，承诺投资金额约220.4亿美元；亚洲基础设施投资银行已有106个成员，批准227个投资项目，共投资436亿美元，项目涉及交通、能源、公共卫生等领域，为共建国家基础设施互联互通和经济社会可持续发展提供投融资支持。中国积极参与现有各类融资安排机制，与世界银行、亚洲开发银行等国际金融机构签署合作备忘录，与国际金融机构联合筹建多边开发融资合作中心，与欧洲复兴开发银行加强第三方市场投融资合作，与国际金融公司、非洲开发银行等开展联合融资，有效撬动市场资金参与。中国发起设立中国—欧亚经济合作基金、中拉合作基金、中国—中东欧投资合作基金、中国—东盟投资合作基金、中拉产能合作投资基金、中非产能合作基金等国际经济合作基金，有效拓展了共建国家投融资渠道。中国国家开发银行、中国进出口银行分别设立“一带一路”专项贷款，集中资源加大对共建“一带一路”的融资支持。截至2022年底，中国国家开发银行已直接为1 300多个“一带一路”项目提供了优质金融服务，有效发挥了开发性金融引领、汇聚境内外各类资金共同参与共建“一带一路”的融资先导作用；中国进出口银行“一带一路”贷款余额达2.2万亿元，覆盖超过130个共建国家，贷款项目累计拉动投资4 000多亿美元，带动贸易超过2万亿美元。中国信保充分发挥出口信用保险政策性职能，积极为共建“一带一路”提供综合保障。

投融资方式持续创新。基金、债券等多种创新模式不断发展，共建“一带一路”金融合作水平持续提升。中国证券行业设立多个“一带一路”主题基金，建立“一带一路”主题指数。2015年12月，中国证监会正式启动境外机构在交易所市场发行人民币债券（“熊猫债”）试点，截至2023年6月底，交易所债券市场已累计发行“熊猫债”99只，累计发行规模1 525.4亿元；累计发行“一带一路”债券46只，累计发行规模527.2亿元。绿色金融稳步发展。2019年5月，中国工商银行发行同时符合国际绿色债券准则和中国绿色债券准则的首只“一带一路”银行间常态化合作机制(BRBR)绿色债券；截至2022年底，已有40多家全球大型机构签署了《“一带一路”绿色投资原则》；2023年6月，中国进出口银行发行推进共建“一带一路”国际合作和支持共建“一带一路”基础设施建设主题金融债。中国境内证券期货交易所与共建国家交易所稳步推进股权、产品、技术等方面务实合作，积极支持哈萨克斯坦阿斯塔纳国际交易所、巴基斯坦证券交易所、孟加拉国达卡证券交易所等共建或参股交易所市场发展。

债务可持续性不断增强。按照平等参与、利益共享、风险共担的原则，中国与28个国家共同核准《“一带一路”融资指导原则》，推动共建国家政府、金融机构和企业重视债务可持续性，提升债务管理能力。中国借鉴国际货币基金组织和世界银行低收入国家债务可持续性分析框架，结合共建国家实际情况制定债务可持续性分析工具，发布《“一带一路”债务可持续性分析框架》，鼓励各方在自愿基础上使用。中国坚持以经济和社会效益为导向，根据项目所在国需求及实际情况为项目建设提供贷款，避免给所在国造成债务风险和财政负担；投资重点领域是互联互通基础设施项目以及共建国家急需的民生项目，为共建国家带来了有效投资，增加了优质资产，增强了发展动力。许多智库专家和国际机构研究指出，几乎所有“一带一路”项目都是由东道国出于本国经济发展和民生改善而发起的，其遵循的是经济学逻辑，而非地缘政治逻辑。

## 本章习题

### 简答题

1. 分析国际货币基金组织的宗旨。
2. 世界银行的贷款有什么特点？
3. 国际货币基金组织的份额有什么重要作用？
4. 分析亚洲基础设施投资银行的重要作用。

# 第十一章　国际货币体系

**本章摘要**

国际货币体系直接关系到国际贸易存在的方式与发展格局，在不同的国际货币体系下有不同的贸易方式与格局。从历史来看，国际货币体系历经第一次世界大战前和战后的国际金本位体系，第二次世界大战后的布雷顿森林体系和当前的牙买加体系。布雷顿森林体系具有统一性、完整性的特点，而牙买加体系则具有汇率制度多元化、国际储备资产多元化和国际收支调节多元化的特点。本章主要问题是阐述国际货币制度的概念，布雷顿森林体系创建与崩溃的背景与内因，以及牙买加体系的特点与作用；核心问题则是2008年爆发的全球金融危机与当前国际货币体系改革的相互关系。

**关键词：**布雷顿森林体系　　牙买加体系　　2008年全球金融危机

学完本章，你需要掌握：

- 布雷顿森林体系的主要内容、特点与作用
- 牙买加协议的主要内容与牙买加体系的特点
- 欧洲经济货币联盟的作用及存在的问题
- 2008年全球金融危机与国际货币体系改革

## 第一节　国际货币体系的概念与演进

### 一、国际货币体系的概念

国际货币体系（International Monetary System）又称国际货币制度，是支配各国金融关系的协议、规则、程序、措施的总称，主要包括汇率制度安排、国际储备资产和国际收支的调节方式三方面内容，其中汇率制度是国际货币体系的核心，国际储备资产是国际货币体系的基础。

#### （一）汇率制度安排

汇率制度安排即一国货币与外币之间的汇率应该如何决定和维持，是采取固定汇率制度还是采取浮动汇率制度。

#### （二）国际储备资产的确定

为应付国际支付和满足国际收支调整的需要，一国必须持有一定的国际储备资产，具体哪些资产可以作为国际储备资产以及这些资产的构成如何也是国际货币体系的一项主要内容。

（三）国际收支的调节方式

国际收支失衡时，一国政府应采取哪些措施进行调节以及各国的政策措施如何进行协调，也是国际货币体系的主要内容。

## 二、第二次世界大战前国际货币体系的演进

（一）第一次世界大战前的国际货币体系

这一时期的国际货币体系是金币能够自由铸造、自由兑换和黄金可自由输出入的国际金本位制度，它具有统一性与松散性两个特点。统一性表现为各国对货币发挥世界货币职能所做的规定与采取的措施大致相同，黄金在国际上的支付原则、结算制度与运动规律都是统一的。松散性表现为这个制度不是在一个公共的国际组织的领导与监督下、拟订共同遵守的规则、要求各国必须遵照执行的过程中完成的，而是在各国自行规定其货币在国际范围内发挥世界货币职能的办法下逐渐演变而成的。

（二）第一次世界大战后的国际货币体系

这一时期的国际货币体系是已经被严重削弱的金本位制度，即资本主义国家先后建立的金块本位制度和金汇兑本位制度。它仍具有统一、松散的特点。

1929—1933 年资本主义世界经济大危机后，国际金本位制度瓦解。

由此，统一的国际货币体系不复存在，取而代之的是各货币集团的兴起，如英镑集团、美元集团、法郎集团和日元集团。集团成员的货币比价固定，资金调拨自由；集团外则采取严格的外汇限制。

# 第二节　从布雷顿森林体系到牙买加体系

## 一、布雷顿森林体系的建立与崩溃

（一）第二次世界大战后金汇兑本位制的建立及内容

第二次世界大战后，国际货币基金组织（IMF）创建的主要任务之一，就是要克服国际货币关系的混乱状况，谋求对外贸易的发展，重建稳定的、统一的国际货币制度。

《国际货币基金协定》的有关规定确立了美元与黄金挂钩，各国货币与美元挂钩，并建立固定比价关系的、以美元为中心的新的国际货币体系。这一体系的内容包括以下方面。

1. 美元与黄金挂钩

黄金官价：35 美元 = 1 盎司黄金。

国际货币基金组织成员必须协助美国维持黄金的官价水平，美国政府则承担各国政府或中央银行按黄金官价用美元向美国兑换黄金的义务。

2. 其他货币与美元挂钩

美元的黄金平价：0. 888 671 克黄金（35 美元 = 1 盎司黄金）。

国际货币基金组织各成员国应规定本国货币的黄金平价，通过各国货币黄金平价与美元黄金平价的对比，确定各国货币对美元的比价，这一比价不得随意变更，其波动幅度维持在货币平价±1%以内。

第二次世界大战后，国际货币体系下的储备资产除黄金外，主要为美元与其他可兑换货币及特别提款权；而金汇兑本位制度下的国际储备资产也是黄金与外汇。所以，第二次世界大战后以美元为中心的国际货币体系实际上是以美元为中心的金汇兑本位制，有人称为新金汇兑本位制或国际金汇兑本位制。由于这个制度是在成立国际货币基金组织的布雷顿森林会议上决定的，所以也称为布雷顿森林体系（Bretton Wood System）。

### （二）布雷顿森林体系的特点

1. 国际货币体系内容的变化

（1）根据各国货币的法定金平价与美元建立固定比价关系，并规定汇率波动的界限不得超过货币平价的±1%。各国政府有义务维持汇率波动的界限。

（2）许多国家不能实现货币的全面兑换，对外支付有一定限制。一般经常项下的支付管制较松，资本项下收支管制较严。

（3）国际储备资产为黄金、可兑换货币及特别提款权。

（4）有不少国家实行外汇管制，但受到国际货币基金组织的严格监督。

（5）黄金移动一般受到一定限制。

2. 统一的国际机构的组织与监督

第二次世界大战前的国际货币体系没有一个统一的国际组织对货币在国际范围内发挥世界货币职能进行组织工作，并采取一定的监督措施。而第二次世界大战后则有一个统一的国际金融组织，即IMF对各国汇率波动界限的维持、外汇管制措施的使用、黄金官价的维持，以及国际收支失衡的调节等，进行了一定的组织与监督工作，以保证布雷顿森林体系各项原则、措施的推行。

3. 国际协定的约束

《国际货币基金协定》对保证该国际货币体系的正常运转做了详尽规定，包括货币比价、汇率波动的界限、黄金的外流与转移等问题。这些规定对各国政府都有一定的约束力，而第二次世界大战前的国际货币体系是没有国际协定加以约束的。

综上所述，与战前比较，第二次世界大战后的国际货币体系是统一的、严整的，而且是以IMF为中心来推行的。

### （三）布雷顿森林体系的作用

（1）美国利用美元储备货币的地位，可以大量创造派生存款，以此对外发放贷款或投资，控制其他国家，并获取高额的利息收入。

（2）美国利用美元储备货币的地位，进一步增强其国际金融中心的作用，牟取巨额利润收入，巩固美元的霸权。

（3）由于美元等同黄金，美国通过其纸币发行而不动用黄金，对外直接进行支付，以攫取其急需的初级产品及其他原料产品，满足其生产与对外扩张的需要。

（4）在确定第二次世界大战后的国际货币体系中，美国低估黄金“价格”，高估美元价值，坚持维持35美元=1盎司黄金的官价水平，这在第二次世界大战后初期对于美国的对外投资、进口商品、以低价获取他国的黄金都极为有利。

（5）以美元为中心的国际货币体系——布雷顿森林体系规定，各国货币必须保持与美元的固定比价，如变动超过规定幅度，必须得到 IMF 的批准。这一规定可在一定程度上防止其他国家利用货币贬值与美国竞争。同时，国际货币体系的建立还限制其他国家实行外汇管制，这项规定有利于美国争夺销售市场。

（四）布雷顿森林体系的崩溃

1. 维持布雷顿森林体系的基础及其动摇

维持布雷顿森林体系必须具备三项基本条件：

（1）美国国际收支保持顺差，美元对外价值才能稳定；

（2）美国的黄金储备充足，才能够保持美元对黄金的有限兑换性；

（3）黄金价格维持在官价水平。

美国的财政经济实力状况决定着这三个基础是否巩固。但是，以美元为中心的国际货币体系建立不久，美国的财政经济状况逐渐相对衰落，国际收支发生危机。1960 年 10 月，美国爆发了第二次世界大战后的第一次美元危机，导致美元对外汇价急剧下降，黄金储备大量外流，国际收支逆差严重，市场金价高于官价的 20%。

黄金储备的充足、美国的国际收支顺差及黄金官价的维持，是布雷顿森林体系运转的基础；而美元危机的爆发则标志着布雷顿森林体系的基础开始动摇。

2. 布雷顿森林体系的崩溃过程及原因

在美元危机的不断袭击下，为维持布雷顿森林体系的运转，美国和 IMF 采取了一系列挽救措施，但由于其运转基础已严重削弱，最终仍逃脱不掉崩溃的命运。

（1）布雷顿森林体系的崩溃过程

① 美元停兑黄金。在美国国际收支危机不断恶化的情况下，1971 年 5 月和 7 月至 8 月，连续两次爆发了美元危机。美元的黄金储备急剧减少，而其对外短期负债却大幅度增加，美元的地位岌岌可危。一些西方国家对美国不顾美元危机的深化，硬性维持固定汇率制的做法十分不满，他们先后实行了浮动汇率制及其他措施。这些措施部分地破坏了固定汇率制。

1971 年，美国实行“新经济政策”，停止对外国履行用美元向美国兑换黄金的义务。这意味着美元与黄金的脱钩，支撑布雷顿森林体系的两大支柱有一根已经坍塌。西方国家因此要求美元公开贬值，取消美元的特权地位。同时，也为了避免国际游资对美元的冲击，许多西方国家的货币从此不再盯住美元，而实行浮动汇率制。

② 波动幅度的扩大。1971 年 12 月，10 个主要西方国家达成《华盛顿协议》（或称《史密森学会协议》），决定美元对黄金贬值 7.8%，每盎司官价由 35 美元提高到 38 美元，各国货币对美元汇率的波动幅度扩大到±2.5%。以后，在国际金融市场上，一次次掀起了抛售美元、抢购黄金的浪潮，黄金官价不断提高，由每盎司 38 美元提高到 42.22 美元。

③ 固定汇率垮台。美元的再度贬值并未能制止美元危机。1973 年 3 月，西欧又出现了抛售美元、抢购黄金和联邦德国马克的风潮，伦敦黄金市场的黄金价格一度涨到一盎司 96 美元，西欧和日本的外汇市场被迫关闭达 17 天之久。西方国家经过磋商与斗

争，最后达成协议，西方国家的货币实行浮动汇率制度；在联邦德国马克升值3%的条件下，联邦德国、法国等西欧共同市场国家对美元实行“联合浮动”，彼此之间实行固定汇率，英国、意大利、爱尔兰单独浮动，暂不参加共同浮动。此外，其他主要西方国家的货币也都实行了对美元的浮动汇率制。至此，第二次世界大战后支撑国际货币体系的另一支柱，即各国货币盯住美元、与美元建立固定比价制度也完全垮台，布雷顿森林体系完全崩溃。

（2）布雷顿森林体系崩溃的原因

① 布雷顿森林体系存在着不可解决的矛盾。布雷顿森林体系以一国货币作为主要国际储备货币，在黄金生产停滞的情况下，国际储备的供应完全取决于美国的国际收支状况：美国国际收支顺差，国际储备资产不能满足国际贸易发展的需要；美国国际收支逆差，则美元贬值，发生美元危机；而作为国际储备货币的基础，其币值理应保持稳定，不应贬值。这种难以解决的内在矛盾被国际经济学界称为“特里芬难题”（Triffin Dilemma），决定了布雷顿森林体系的不稳定性和必然垮台。

② 主要发达国家之间国际收支的极端不平衡。第二次世界大战后初期，美国利用战争中膨胀起来的经济实力和其他发达国家被战争削弱的时机，大肆向西欧国家、日本及世界各地输出商品，美国国际收支出现巨额顺差，其他国家的黄金储备大量流入美国，美元币值稳定。同时，其他国家的国际收支则持续出现逆差。但是，从美国1950年发动朝鲜战争起，海外军费剧增，国际收支连年逆差，而其他发达国家的国际收支则连年出现顺差，这使得美国黄金储备源源外流，美国履行对外承担的以美元向其兑换黄金的义务日益感到困难。到1971年，美国的黄金储备额（102.1亿美元）仅是其对外债务（678亿美元）的15.05%。美国已完全丧失了承担美元对外兑换黄金的能力。

③ 主要西方国家通货膨胀程度的悬殊。由于各国通货膨胀程度不同，从而引起国际资本在各国间的流动；而货币较为坚挺的国家不愿再抛售出大量黄金外汇以维持固定汇率上下波动的界限，于是在1973年纷纷实行了浮动汇率制。

## 二、牙买加体系及其特点

布雷顿森林体系崩溃后，国际金融形势动荡不稳，国际上为建立一个新的国际货币体系进行了长期的讨论与磋商，1976年1月，IMF国际货币临时委员会在牙买加首都金斯顿召开会议，签署了《牙买加协议》；同年4月，IMF理事会在《牙买加协议》的基础上通过了《IMF协定第二次修订案》。上述协议与修订案的推行使国际货币体系进入了一个新阶段，有的学者称之为后布雷顿森林体系，也有的称之为牙买加体系。

### （一）《牙买加协议》的基本内容

1. 浮动汇率制合法化

IMF成员可自由作出汇率安排，IMF同意固定汇率制与浮动汇率制并存，但成员汇率政策必须接受IMF监督，并由IMF协调成员的经济政策。当国际经济条件具备时，经成员85%总投票权同意，可以再恢复可调整的固定汇率制。

2. 黄金非货币化

废除黄金官价，取消成员之间或成员与 IMF 之间以黄金清偿债权债务的义务，成员中央银行可按市价买卖黄金。IMF 将出售和退还成员部分黄金，共计黄金总额的 1/3（5 000 万盎司）。

3. 扩大 SDR 的份额和作用

特别提款权（Special Drawing Right, SDR）是 IMF 在 1969 年 9 月所创立的向成员发放的无形账面资产。《牙买加协议》确定 SDR 为今后货币体系中的主要储备资产。为增强 SDR 的地位，一方面增加成员 IMF 缴纳的份额，由原来的 290 亿 SDR，增至 390 亿 SDR，以通过 SDR 的发放提高 IMF 的清偿力；另一方面作出规定，允许持有 SDR 账户的成员以 SDR 来偿还 IMF 的贷款，使用 SDR 作为偿还贷款的担保，成员也可以 SDR 进行借贷。

4. 扩大对发展中国家的资金融通

IMF 利用出售黄金所得的收益建立信托基金，以优惠条件向最贫穷的发展中国家提供贷款，将 IMF 的信贷部分贷款由占成员在 IMF 份额的 100% 提高到 145%，并提高其他种类贷款可占份额的比重。此项决定对发生国际收支危机或金融危机的发展中国家有着一定的积极作用。

（二）牙买加体系的特点

1. 汇率制度多元化

如上所述，《牙买加协议》允许各成员自由作出汇率安排，固定汇率制与浮动汇率制可以并存，既可以选择固定汇率制度，也可以实行浮动汇率制度，还可以实行盯住汇率制度或有管理的浮动汇率制度等。

2. 国际储备资产多元化

黄金非货币化后，其作为储备资产的地位急剧下降，美元虽然仍是最主要的储备货币，但其地位逐渐削弱，德国马克、日元等货币不断提高。欧元于 1999 年 1 月启动后，美元、欧元、日元和英镑被视为国际上主要的储备币种。

3. 国际收支调节机制多样化

在牙买加体系下，调节国际收支的机制多样化。除可利用国内经济政策、国际融资和干预措施等调节国际收支外，还可以利用汇率机制达到调节国际收支的目的。在浮动汇率制度或可调整的盯住汇率制度下，汇率是调节国际收支的一种重要工具。

## 第三节　欧洲经济货币联盟

欧洲货币体系的建立与欧洲经济货币联盟的建立是牙买加国际货币体系中的两个重要内容，现分述如下。

### 一、欧洲货币体系的建立

早在 20 世纪 60 年代，为了反对美元霸权，促进西欧政治经济的联合，根据《罗马条约》而建立的西欧“共同市场”就提出过建立货币同盟的目标。1971年2月，西欧共同市场原来的六个国家决定建立经济货币同盟，计划要逐步发展成具有共同储备基金、发行统一货币、制定共同财政政策的经济和货币同盟。1973年3月，欧共体国家货币实行联合浮动。1973年4月，建立货币合作基金，在国际收支、维持汇率方面互相支持，加强合作。1975年3月，创立了新的“欧洲记账单位”（European Unit of Account），以代替等于特别提款权的旧记账单位。新记账单位排除了美元，完全用共同市场国家货币定值，从而减少了美元波动的影响。为了进一步加速实现共同市场国家的货币经济同盟的目标，摆脱对美元的依赖与美元危机的影响，建立自己的货币稳定区，除英国外的联邦德国、法国、意大利、荷兰、比利时、卢森堡、爱尔兰、丹麦等欧洲共同市场各国经过多年的酝酿协商，决定建立欧洲货币体系，并于1979年3月13日生效。欧洲货币体系的主要内容包括以下方面。

（一）创建欧洲货币单位（European Currency Unit，ECU），逐步发挥国际结算与储备货币的作用

欧洲货币单位是欧洲货币体系的核心，是按一篮子原则由共同市场各国货币混合构成的货币单位。其定值办法则根据欧共体成员国的GDP和在共同市场内部贸易所占的比重大小，确定各国货币在欧洲货币单位中所占的加权数，并用加权平均法逐日计算欧洲货币单位的币值。

欧洲货币单位的作用在于：（1）作为决定成员国货币的中心汇率的标准；（2）作为各成员国与欧洲货币基金之间的信贷尺度；（3）作为成员国货币当局之间的结算工具，以及整个共同体的财政预算的结算工具；（4）随着欧洲货币基金的建立，欧洲货币单位逐渐成为各国货币当局的一种储备资产。可见，欧洲货币单位除作计价单位外，还可作为国际储备手段与欧洲共同体成员国之间的结算工具，进一步摆脱美元的控制与影响，并最终发展为欧洲经济共同体的统一货币。

（二）建立双重的中心汇率制，以保证共同体成员国汇率的稳定

欧洲共同体成员国对内实行固定汇率，对外实行联合浮动。共同体成员国之间都确定了中心汇率，并规定了上下波动界限，欧元实行前，德国马克和荷兰盾上下波动界限为2.25%，其余成员国间汇率上下波动界限为15%。此外，各成员国货币还要和欧洲货币单位确定一个中心汇率和波动的上下界限。成员国货币与欧洲货币单位中心汇率波动的最大界限称差异界限（Divergence Threshold）。差异界限的计算公式为：成员国货币汇率上下波动界限×75%×（1-成员国货币在欧洲货币单位中所占比重）。例如，德国马克在欧洲货币单位中所占比重为30.74%，法国法郎为19.20%。据此，德国马克的差异界限为$\pm 2.25\% \times 75\% \times (1-30.74\%) = \pm 1.17\%$；法国法郎的差异界限为$\pm 15\% \times 75\% (1-19.20\%) = \pm 9.09\%$。成员国货币的汇率升降达到它对欧洲货币单位的差异界限时，有关国家的中央银行应及时采取行动，改变自己的经济和货币政策，或采取重定本国货币对欧洲货币单位的中心汇率等措施，将其汇率控制在差异界限之内。由于差异界限比各国货币间的中心汇率的波动界限小，能对各国的汇率失常现象预先提出警告，从而保证共同体成员国共同承担维持汇率的稳定，促进经济与贸易的发展，防止国际投机资本单独对某一成员国货币进行冲击。此种对内实行固定汇率，对外联合浮动，

保持两个中心汇率制，就是欧洲货币体系的汇率机制（Exchange Rate Mechanism，ERM）。

（三）建立欧洲货币基金（European Monetary Fund，EMF）作为共同体的共同储备，以向成员国提供信贷，干预市场，稳定汇率，平衡国际收支

根据欧洲货币体系的规定，要求各成员国缴出其黄金外汇储备的20%（其中10%为黄金），创建欧洲货币基金，用以向成员国发放中短期贷款，帮助有困难的成员国摆脱国际收支上的困难，保持其汇率的相对稳定。成员国对欧洲货币基金所缴的份额，必须有一半用黄金缴付的规定，进一步强调了黄金的货币作用，这是对美国推行的黄金"非货币化"政策的一种挑战。在欧洲货币体系成立的初期，欧洲货币基金的总额约有250亿欧洲货币单位，其中的140亿欧洲货币单位作为短期贷款，其余110亿欧洲货币单位作为中期金融援助。每个成员国都有一定的贷款定额，尤其对弱币国家的贷款更严格控制在定额之内。对不超过45天的短期贷款，则不加任何限制，并可享受3%的利息贴补。与IMF发放贷款的办法相似，成员国取得贷款时，应以等值的本国货币存入基金。

可见，在欧洲共同体内部的这种严密的自成体系的对外汇金融与国际结算等方面所做的规定，与第二次世界大战后IMF在汇率、信贷等方面的规定与采取的措施极其相似，与第二次世界大战前主要货币区内部采取严格控制的措施也极为相似。

## 二、欧洲经济货币联盟——欧元

### （一）欧洲经济货币联盟——欧元创建的背景

早在1969年12月，欧洲共同体国家在海牙召开的首脑会议上就提出，把建立统一货币为中心的欧洲经济货币联盟作为加速一体化的建设进程、抗御美元的影响、提高共同体在世界政治经济中的地位所追求的目标。1989年时任欧洲共同体委员会主席的德洛尔在《关于实现经济货币联盟的报告》中，再一次明确提出货币联盟的最终目标就是建立单一的欧洲货币。1991年12月，欧共体12国领导人共同签署的《马斯特里赫特条约》（以下简称《马约》），确定了欧洲经济货币联盟与政治联盟，对实现欧洲单一货币的措施和步骤做了具体安排并提出时间表。《马约》规定，欧盟（《马约》签署后，常以欧洲联盟，简称"欧盟"来取代欧洲共同体）最迟不晚于1999年1月1日建立单一货币体系，并在1998年1月1日以前建立独立的欧洲中央银行。在1995年12月15日召开的欧洲货币联盟马德里高峰会议上，将未来欧洲货币的名称确定为"欧元"（Euro），以取代欧洲货币体系下所创立的欧洲货币单位。

### （二）参加欧洲货币联盟、实行统一货币欧元的成员国应具备的条件

为保证货币联盟目标的实现，保证欧元的稳定，具备下述条件的成员国才能申请参加联盟。

（1）预算赤字不超过其GDP的3%。

（2）债务总额不超过其GDP的60%。

（3）长期利率不高于3个通货膨胀率最低国家平均水平的2%。

（4）消费物价上涨率不超过3个情况最佳国家平均值的1.5%。

（5）两年内本国货币汇率波动幅度不超过欧洲货币体系的汇率机制（ERM）的规定。

上述条件即《马约》规定参加欧洲货币联盟的趋同标准。1998 年 3 月 25 日，欧盟执委会宣布第一批符合趋同标准的国家有 11 个，即奥地利、比利时、芬兰、德国、法国、爱尔兰、意大利、卢森堡、荷兰、葡萄牙和西班牙，有资格成为首批流通欧洲单一货币——欧元的国家。希腊以后达到趋同标准，于 2001 年 1 月 1 日成为欧元区的第 12 个成员国。2004 年加入欧盟的 10 个中东欧国家中，根据趋同标准，斯洛文尼亚于 2007 年 1 月 1 日加入欧元区，马耳他和塞浦路斯在 2008 年 1 月 1 日加入欧元区，斯洛伐克、拉脱维亚和立陶宛，先后于 2009 年、2014 年和 2015 年 1 月 1 日成为欧元区成员国。在欧盟的 27 个成员国中，瑞典、英国、丹麦虽已达标，但它们决定暂留货币联盟之外。英国曾表示一俟条件成熟，即加入货币联盟，但欧盟执委会报告说，英国加入货币联盟的条件是要先加入 ERM。

### （三）欧元推行的时间表

根据《马约》和欧盟的有关规定，从欧元的发行到完全取代欧盟成员国的货币，分三个阶段进行。

1. 第一阶段从 1999 年 1 月 1 日开始

这一阶段是成员国货币向欧元的过渡期，其主要的工作内容包括以下方面。

（1）于 1999 年 1 月 1 日不可撤回地确定欧元和参加货币同盟成员国货币的折算率，并按 1：1 的比例由欧元取代欧洲货币单位 ECU 进行流通。成员国货币和欧元同时存在于流通领域，按规定比例自由兑换。

（2）资本市场和税收部门均以欧元进行货币标定，银行间的支付结算均以欧元进行。成员国的政府预算、国债、政府部门与国有企业的财政收支也均以欧元结算；但在过渡期内，私营部门有权选择是否使用或接受欧元，对于任何合同、贸易和买卖，仍可按成员国原货币进行支付。

（3）欧洲中央银行投入运作并执行欧元的货币政策，制定欧元的利率；为保证欧元与成员国货币固定汇率的顺利执行，对成员国的货币发行进行一定的监控。

（4）执行都柏林会议制定的《稳定和增长公约》中的有关规定，如制裁预算赤字超过 GDP 3% 的成员国，罚金为 GDP 的 0.2%，赤字每超过 1%，则课征超过部分 1/10 的罚金。

2. 第二阶段从 2002 年 1 月 1 日开始

在本阶段，欧元纸币和硬币开始流通，成员国居民必须接受欧元，欧元纸币和硬币逐渐取代各成员国的纸币和硬币。

3. 第三阶段从 2002 年 3 月 1 日开始

在本阶段将取消成员国原先的货币，完成欧元完全取代成员国原先货币的过程。

### （四）欧洲经济货币联盟的作用

1. 增强欧盟国家的经济实力，提高其竞争能力

欧元区将成为与美国相当的经济实体，其实力强于日本。据经济合作与发展组织（OECD）统计，1996 年欧盟各成员国 GDP 总值占 OECD 各成员国 GDP 总值的

38.3%，而美国和日本分别占 32.5% 和 20.5%。在世界贸易中，欧盟对外贸易额（不包括成员国间贸易额）占世界贸易总额的 20.9%，高于美国的 19.6% 和日本的 10.5%。欧盟在实行欧元后其经济实力迅速增强，在与美国、日本等强国竞争中处于有利地位。

2. 减少内部矛盾，防范和化解金融风险

欧洲货币体系下汇率机制作用的发挥，对保持成员国货币对外汇率的相对稳定起着一定的作用。但是，由于各国币值软硬不一，经常由于利率的差别，成员国间货币的固定比价不易维持，美元的冲击引发欧盟内部货币秩序的混乱与不稳，在一定阶段不得不调整比价，重定波动幅度。欧元作为单一货币正式使用后，成员国内部矛盾自然会减少，从而增强对国际资金冲击风险的防范与化解能力。

3. 简化流通手续，降低成本消耗，增强出口商品的竞争能力

原先欧盟成员国之间使用不同货币，增加了贸易交往中的货币兑换、汇率风险防范的费用负担，实行单一货币后免除了货币兑换与佣金损失，估计约值 300 亿美元，从而加快了商品与资金的流通速度，增强了出口商品的竞争能力。

4. 增加社会消费，刺激企业投资

在欧盟内部尽管统一大市场已经建立，但同样商品、劳务、资源在不同国家会有不同的价格。这种现象长期存在，扭曲了各国产业结构与投资结构，不利于大市场的合理发展。实施单一货币后，各国物价、利率、投资收益的差别将逐步缩小或趋于一致，形成物价和利率水平的总体下降，居民社会消费扩大，企业投资环境改善，最终有利于欧盟总体经济的良性发展。

### （五）欧洲货币同盟对世界经济的影响

1. 巩固与发展了多元化的国际货币体系，有利于世界范围内汇率的稳定

如前所述，布雷顿森林体系崩溃后，多元化的国际货币体系已经形成。欧元单一货币推行后，欧盟内部的汇率波动完全消失，独立的欧洲中央银行的建立和以价格稳定为目标的货币政策以及严格的财政预算制度的执行和利率趋同标准的严格掌握，有利于保证欧元币值的稳定，增强公众的信心，进一步巩固与发展了多元化国际货币体系，增强了汇率的稳定，有利于世界贸易与投资的发展。

2. 促进国际储备多元化，欧元与美元、日元并驾齐驱成为一种主要储备货币

美元在全球外汇储备的比重已由 1988 年的 67.7% 下降至 1995 年的 56.4%，而 ECU 比重在此期间上升至 30%，单一货币欧元的流通，统一欧洲中央银行的建立，均有利于欧元币值的稳定，各国中央银行将卖出一部分美元，买进一部分欧元，以应国际结算的需要，这会使欧元在国际储备的比重进一步提高，国际储备朝多元化发展已成必然趋势。

3. 增强欧洲金融市场的地位，有利于欧洲资本投资市场的发展

统一欧元的流通，将使参加欧洲货币联盟成员国放弃本国的货币主权，拆除贸易壁垒，加强商品、资本和劳动力的自由流动，使欧洲政治、经济的向心力与凝聚力空前加强，从而形成一个透明的、流动性更高的商品资本市场，吸引更多的私人资本流向欧元资本市场。

（六）欧洲货币联盟存在的问题

欧元的启动，单一货币的推行，从理论政策上分析虽然前景看好，作用深远，但也存在一些不可忽视的问题，主要表现在以下方面。

1. 人为地硬性规定趋同标准，改变不了经济发展的不平衡规律

经济发展不平衡是各国经济发展的必然规律，欧洲货币同盟规定了各国经济财政的趋同标准，一些国家通过人为的努力，或采取技术性措施，虽然首批得以参加货币同盟，流通使用欧元，但是，随着时间的推移，不平衡规律一定会发挥作用，能否保证全体成员国始终如一地保持趋同标准，中途绝不退出货币同盟是很难预料的。正如欧洲货币体系下的 ERM 机制，有些国家参加后，由于内部条件的变化，中途也曾被迫退出。

2. 欧盟中央银行执行统一的货币政策与成员国保有的财政政策发生矛盾时，协调难度很大

统一货币推行后，为保持欧元的稳定，欧盟中央银行执行统一的货币政策，但成员国仍保留推行本国财政政策的权力，当二者发生矛盾、利害冲突特大时，二者关系协调兼顾就很难达到。就像布雷顿森林货币体系存在特里芬难题一样，欧元的内部机制也存在难以克服的内在矛盾。

3. 欧盟扩大、欧元推行必然加剧与区外国家的矛盾

欧洲统一货币的实施，势必进一步释放欧洲统一大市场的潜在经济力量，欧盟成员国间的贸易关系将更加紧密，对外竞争力提高，这无异于欧洲贸易保护主义加强，排他性上升，并会加剧区外经济体进入这一市场的难度。

## 第四节　2008 年全球金融危机与国际货币体系改革

1997 年夏，地处东南亚的印度尼西亚、马来西亚、新加坡和我国的香港、台湾地区爆发了金融危机。同年 10 月，危机之火蔓延到韩国，1998 年又迅速波及俄罗斯和拉丁美洲的巴西等国。在危机的袭击下，这些国家和地区的汇率飙升，股市狂泻，银行、企业破产倒闭，巨额呆账涌现，国际收支逆差严重，大量资金外流，借贷资本极端缺乏，利息率急剧高涨，不仅使这些国家和地区遭受了极大的经济损失，而且给国际经济带来深远的影响。时隔 11 年，2008 年夏秋之交，又爆发了波及全球的金融危机，范围之广、危害之深、打击力度之大超过了亚洲金融危机，对实体经济的打击与社会的冲击与 1929—1933 年世界经济危机相比有过之而无不及。

### 一、2008 年全球金融危机的爆发、表现、成因和特点

（一）从美国的次贷危机到全球性国际金融危机

2001—2004 年美国联邦储备银行的低利率政策刺激了房地产业的发展，由于房价不断攀升，美国居民的购房热情高涨，房贷机构向信誉良好的居民发放优级贷款已达饱

和，为了追求高达10%～12%的利息收入，它们转而对信用级别低、收入证明缺失、负债较重的群体发放具有高风险的次级贷款（简称次贷）。在房市火爆时，美国次贷市场的交易总额高达1.3万亿美元左右。2006年年底，美国房市贷款开始萎缩；基于房贷而发行的证券行市也急剧下降，2007年3月13日，美国住房抵押贷款银行家协会公布报告称，次贷市场出现危机。消息传来，美国股市全面下挫，并波及欧洲。4月2日，美国最大次级债券发行商新世纪金融公司申请破产。随着超过20多家次贷供应商相继宣布破产，美国次贷市场危机爆发。面对严峻的经济形势与股市的急剧下降，美联储采取严格措施，收缩金融市场的流动性，从而引起股市进一步动荡下挫，银行及金融机构资产状况严重恶化，次贷危机的蝴蝶效应迅速蔓延，美国经济增长速度急速放慢，失业增加，经济衰退的危机正在酝酿形成。

同年9月，美国从事房地产证券化包装的美国联邦住宅抵押贷款公司（简称房地美——Freddie Mac）与美国联邦国民抵押贷款协会（简称房利美——Famnie Mac）的股价暴跌90%，亏损达140亿美元，最后由美国政府出资2 000亿美元予以接管。“两房”的被接管在国际金融市场引起极大的震荡，被视为次贷危机爆发的第一波。

动荡的风暴继续肆虐，9月15日，美国第四大投资银行雷曼兄弟公司宣布破产，美国第三大投资银行美林公司被美国银行收购；9月17日，美国政府被迫对陷入困境的保险业巨头美国集团（AIG）提供高达850亿美元的紧急贷款；9月20日，美国政府向国会提交7 000亿美元金融救援计划；9月21日，美联储批准第一大投资银行高盛和第二大投资银行摩根士丹利实施业务转型，转为银行控股公司，即普通商业银行；9月25日，美国监管机构又接管了美国最大的储蓄银行——华盛顿互惠银行。至此，金融风暴的侵袭已不限于次贷市场，而扩展到商业银行、保险公司以及各种类型的金融机构及其经营的债券、企业贷款、信用卡、房屋权益贷款、住宅和商用房地产业务，并已深刻影响到实体经济。在世界经济一体化、全球化相互作用的传导效应下，肇基于美国次贷危机，首先波及信贷宽松的欧洲国家如英国、西班牙、德国、比利时和法国等，继而迅速发展，最后成为全球性金融危机。美国五大投资银行的垮台、转型是全球金融危机爆发的主要标志。

### （二）全球金融危机的表现

首先爆发于美国的此次金融危机与1997年亚洲金融危机的表现形式相似，危机虽然对各国（或地区）影响的深度和广度不同，但表现形式都基本相同。

1. 股市暴跌

在全球金融危机爆发与形成的过程中，美国及全世界主要股市受其影响，有价证券的行市急剧下降。2008年9月15日，美国道琼斯30种工业股票价格比前一交易日下跌504.48点，跌幅为4.4%；标准普尔500种股票指数下跌59.00点，跌幅为4.17%；纳斯达克综合指数下跌81.36点，跌幅为3.6%，创“9·11”恐怖袭击以来的单日最大跌幅。英国、德国、法国、俄罗斯的股价也急剧下降，中国香港及日本、韩国股市也受到重创。随着危机深化，多数银行停止贷款业务，股市下跌进一步加剧，从9月到11月中旬，标准普尔500种股票下跌了28%；英国《金融时报》100种股票指数的跌幅达25%；德国DAX指数也下跌了27%；日本的日经225种股票平均价格指数下跌29%；

道琼斯指数创下112年历史上单日点数与跌幅的最高值，单日点数下跌1 874点至8 451点，单日跌幅达18%。

2. 本币对外币比价急剧下降

英国、法国、德国、意大利、西班牙及一些新兴市场国家投资于美国的房地产有关的证券受国际金融危机的影响最大。由于银行破产重组、出口减速、生产销售下滑，特别是9月和10月受国际石油价格与原材料价格上涨的影响，经济状况不佳，外资撤走，在欧洲开始抛售欧元，在亚洲开始抛售韩元、泰铢……在拉美开始抛售智利比索等，引起欧元、韩元、泰铢以及智利比索的汇价急剧下降。如9月底10月初欧元与美元的比价从1欧元=1.473 7美元下降到1欧元=1.265 7美元，创欧元2008年下半年来的最低水平，韩元对日元比价也从100日元=840韩元下降到10月中旬的100日元=1 595韩元，泰铢从2008年年初到10月底下降了14%，智利比索到10月底与美元的比价为1美元=638比索，为四年来的最低水平。

3. 银行呆账大量涌现

有问题银行是指银行资产恶化，其中包括还款逾期90天以上的贷款、应收账款。在美国历次金融危机中约有13%的有问题银行最终会破产，2008年第2季度，美国的有问题银行数目为118家，但到第3季度已上升到171家，其中有问题银行的资产从783亿美元上升到1 156亿美元。欧盟国家及一些新兴市场国家存在同样情况。

4. 流动性短缺，借贷资本供应紧张

由于银行倒闭、资产缩水、呆账涌现，银行开始紧缩信贷的发放，而企业又急需获得贷款度过危机，从而造成金融市场流动性短缺、借贷资本供应紧张。为缓解这种困难，美国提出7 000亿美元的救援方案，欧洲央行也以4.25%的利率向市场投放300亿欧元，英国、瑞士、荷兰、日本等国政府均先后向银行等金融机构注入资金，政府向市场注资是流动性短缺的具体表现。

5. 银行倒闭重组与政府援助

在次贷危机逐渐发展为全球金融危机的过程中，美国及欧盟一些国家已经出现银行的破产和倒闭。由于各国政府对本次危机警觉及时，在金融机构面临破产前夕，政府即对其采取注资、担保、持股、接管、组织兼并与重组等救援措施，以减缓危机的严重影响。所以，除破产外，政府对金融机构的援助是危机表现的一大特点。在2008年8月到10月间，除美国政府接管最大保险公司美国国际集团与最大的房地产融资机构房地美与房利美外，冰岛政府接管了国内三大商业银行，德国政府曾为银行间4 000亿欧元的信贷提供担保，法国政府向银行提供总额为3 200亿欧元资本投入与债务担保，英国对三大零售银行实行国有化，并分别向苏格兰皇家银行、哈里发克银行、莱斯银行和巴克莱银行救援注资达460亿英镑，荷兰、西班牙、意大利、葡萄牙和奥地利等国政府各自对本国银行提供总额为4 400亿欧元的担保和融资。

### （三）全球金融危机的成因

1. 放任的金融创新严重脱离实体经济

放任的金融创新、滚动的证券化是由次贷发展为全球金融危机的基本原因之一。次贷危机中美国房价的下跌大大低于1997年亚洲金融危机国家，而其后果却大大超过前者。资质较低的借款人向银行、不动产抵押银行、中间商或其他金融机构借款，后者将债权转卖给房地美、房利美，经过投资银行担保，将其打包予以证券化，在证券市场向遍布世界的机构投资者发售。当房贷银行的资金收回后，由于房地产市场盲目膨胀，再按上述程序反复发行证券，其乘数效应高达数十万亿美元。这些贷款银行及金融机构为防止放款不能收回的风险，通过信用违约互换（Credit Default Swap，CDS）将风险予以转嫁。CDS 金融工具购买者又将本身风险转向美国最大的保险机构 AIG 投保，由于证券的安全性得到 AIG 的保障，使房地产有关的证券交易越发兴旺火爆。除美国各种基金、理财产品从事此项交易外，投资银行更设立专门基金从事 CDS 买卖，遍布世界的投资机构也踊跃购买。2007 年年底，CDS 市场流通金额高达 62 万亿美元，超过华尔街股市市值，而美国家庭房产市值也只有 52 万亿美元。金融不断创新，证券反复买卖，债权不断转让，乘数效应不断扩张，当房价下跌，市场发生问题，次贷成为呆账，这些金融机构的资产随之缩水，股价下跌，陷入倒闭破产的深渊。脱离实体经济的任意滚动的金融创新是这次危机爆发的基本原因。

2. 金融监管不力，滞后于金融创新的发展

首先，根据美国 1933 年《格拉斯-斯蒂格尔法》，美国的商业银行由美联储直接监管，管理条例严格，可永久享受获得紧急贷款的权利。而投资银行则由证券交易委员会监管，监管条例与程度较宽松，控制程度不严。由于无统一监管机构，而两类业务有时交织结合，有时又有交叉，从而出现监管漏洞与法律规定的空白。

其次，证券交易委员会对投资银行的资本金的约束不如美联储对商业银行资本金的约束与监督严格；由于投资银行可靠证券发行募集资金，所以对资本金充足的标准监管不力。

再次，20 世纪 90 年代末，证券交易委员会又进一步放松对投资银行及证券公司透明度的监管，使后者可合法地将一些亏损的投资科目不列入资产负债表，使投资者不明真相，间接地助长了投资银行、证券公司从事高风险的金融创新。由于缺少透明度，在银行业绩不佳、濒临破产的情况下，高层管理一方面申请政府援助，一方面照拿巨额奖金与薪酬。

最后，对维护国际金融体系稳定负有主要职责的 IMF 一向对发展中国家严加监管约束，而对美国、欧盟各成员国、瑞士、日本等国并未进行任何积极监管，对其金融政策与创新产品的负面效应也监管不力，从而导致全球流动过剩和国际资本流动无序，这也是酿成全球金融危机的重要因素。

3. 信用评估与风险管理不严

美国三大评级机构，即穆迪公司、惠誉公司和标准普尔公司负责为证券和证券发行单位进行审核评级，某些评级机构将远远低于 3A 标准的次级贷款和次贷证券也评为 3A。因此，金融市场发生了很大变化，21 世纪初新发的抵押贷款中次级抵押贷款几乎消失，与房地产有关的证券几乎均被评为较优等级。在次贷危机爆发后，借款人破产，放贷机构倒闭，引发了跨国金融风暴，充分证明信用评级不严是导致金融危机的一个重要原因。

从公司管理体系、银行资产管理体系、美联储体系、证券交易委员会到美国国会专

门委员会都存在严重的系统错误，缺少风险管理意识，低估了金融杠杆与证券化滚动扩张的风险。房地产抵押贷款的零首付和逆向按揭的做法、违约互换工具的推广、CDS市场的跨国延伸都是在监管部门认可下不断创新出炉的，可见，缺少风险意识与风险管理机制不健全是此次金融危机爆发的又一重要原因。美联储前主席格林斯潘在2008年11月召开的众议院政府监管与改革委员会作证时也承认在其任期内反对对金融衍生产品进行监管的做法存在“部分”错误。

4. 宏观政策缺位，货币政策失误

从第二次世界大战后到21世纪初，美国先后把发展化工、电子、网络、房地产作为经济增长切入点，配合合理的财政货币政策得以保持其领导世界经济发展的火车头地位。如前所述，到2005年8月房地产的价格已涨到历史的最高点，房地产市场已呈饱和状态，已无进一步发展的空间。由于宏观政策的缺位，未培育出新的生产部门与市场，找出新的经济增长点，而盲目地降低信贷条件，企图维持房地产市场的发展与延续，从而导致次贷危机与全球性金融危机的爆发。

此外，短期货币政策的失误也是造成次贷与全球金融危机的一个因素。从“9·11”事件以后，美国一直实行宽松的货币政策，2003年6月到2004年6月联邦基金利率曾降到历史上的最低点，仅为1%。在美国房价飙升的情况下，低利率的资金投向了无资质的低收入者，以促进房地产市场的繁荣，最终形成巨额次贷。可见，由次贷危机而引发的全球金融危机与美联储维持长达11年的低利率政策有着直接联系。

5. 世界各国经济交织在一起，相互关联

由于经济资本一体化，各国在经济、金融贸易交往中，你中有我、我中有你，在这样相互影响下，金融危机横扫所有类型的国家并迅速蔓延。发达国家间相互传导，快速影响的作用前已述及，而一般新兴经济体及不同类型的发展中国家也受到金融海啸的严重影响。各新兴经济体因发达国家危机爆发、经济萧条，对其需求减少、出口收缩而蒙受重大损失；并且由于国际投资机构及对冲基金组织等从这些国家抽回资金转投安全地区和国家，更加速了这些国家国际收支危机的成熟。一些能源和原材料生产的发展中国家，受石油与原料价格暴跌的影响也遭受重大打击与损失，进一步促进汇价上涨，国际收支失衡。一些资源出口能力差的发展中国家，由于国际援助的减少与中止，资金短缺，融资困难，更使经济陷入困难的深渊。

（四）全球金融危机的特点及实质

2008年全球金融危机有下述三个特点。

1. 集中同步性

集中性表现之一就是危机波及的国家比较集中，既包括美国、欧盟等发达国家和地区，也包括资源与原材料有一定出口能力的发展中国家，如巴西、委内瑞拉、印度、墨西哥、阿根廷、智利、土耳其和俄罗斯等，同时还包括无资源、无原材料出口能力的较贫穷的发展中国家。集中性表现之二即袭击开始的时间集中在2008年9月到10月。同步性表现在对上述国家的袭击几乎不分先后，而是在9月到10月两个月内同步进行的。与1929年的大危机和1997年亚洲金融危机相比，集中同步是这次危机的特点。

2. 警觉及时性

警觉及时性指各国政府对危机的觉察比较迅速及时，对其进一步发展的危害性有较强的警惕性。因此各国政府能较快地制定应对方案，采取措施，力图减缓危机带来的破坏与损失，阻止危机的扩大与蔓延。

3. 协调一致性

协调一致性指各国政府之间、发达国家与发展中国家之间、各经济集团之间，避免力量分散，削弱抵御危机的效果，而互相配合、协调政策、采取联合行动，抗击危机带来的灾难。

全球金融危机爆发伊始，美国及欧盟各成员国曾各自为战，采取注资救市计划，但势孤力单，效果不彰。为此，2008 年 10 月中旬，欧元区 15 国的领导人首次召开欧元区峰会，做出协调救市行动计划，各成员国立即采取债务担保、政府持股、银行资本重组等措施，以求尽快恢复市场信心，战胜危机。为协调发达国家与发展中国家的对策，2008 年 10 月到 11 月，又相继召开 20 国集团财长央行行长会议和领导人金融市场和世界经济峰会，与会国家达成了共识，决心加强合作，共同应对金融危机，反对贸易壁垒，支持经济增长，改革世界金融体系。

## 二、2008 年全球金融危机与 1997 年亚洲金融危机的比较

从 2008 年金融危机形成的过程、表现形式、形成的原因与特点中可以看出，此次金融危机与 1997 年亚洲金融危机和 1929—1933 年世界经济危机相比有显著的不同之处，现概括如下。

1997 年亚洲金融危机与 2008 年全球金融危机的比较见表 11-1。

**表 11-1　　1997 年亚洲金融危机与 2008 年全球金融危机的比较**

| | 1997 年亚洲金融危机 | 2008 年全球金融危机 |
|---|---|---|
| 涉及国家的范围不同 | 新兴经济体 | 发达国家、新兴经济体和发展中国家 |
| 引爆危机的市场不同 | 外汇和股票市场 | 次贷市场 |
| 危机的严重程度不同 | 严重 | 广度、深度高于前者 |
| 喷爆时间集中程度不同 | 几个月 | 集中在 2008 年 9 月到 10 月 |
| 发生国家和地区融入一体化程度不同 | 一般 | 高度融入 |
| 衍生金融工具发达程度不同 | 一般 | 高度发达 |
| 新兴经济体处境与作用不同 | 自顾不暇，解决危机无话语权 | 地位重要，有相当话语权 |
| 应对危机的协调及时性不同 | 滞后 | 比较及时协调 |

1929—1933年世界经济危机与2008年全球金融危机的比较见表11-2。

**表11-2 1929—1933年世界经济危机与2008年全球金融危机的比较**

| | 1929—1933年世界经济危机 | 2008年全球金融危机 |
|---|---|---|
| 信贷扩张发生的领域不同 | 生产领域 | 消费领域 |
| 危机形成的主体不同 | 生产者、供应商 | 需求者、消费者 |
| 政府对危机的警觉性不同 | 迟钝 | 警觉 |
| 应对危机的及时性不同 | 滞后 | 比较及时 |
| 信贷膨胀的触媒剂不同 | 一般信贷工具 | 衍生金融工具 |

## 三、2008年全球金融危机与当前的国际货币体系

2008年全球金融危机的爆发虽然与各国宏观政策缺位和生产周期密切相关，但与国际金融组织未能正确履行自身职责，国际货币体系不尽完善有着直接的关系，主要表现为以下方面。

### （一）IMF未尽监管职能，履行职责不力

IMF是根据第二次世界大战后的经济秩序和力量对比而建立的，其组织原则与决策机制决定了美国在IMF中具有特殊的作用与地位。当美国次贷危机深化，严重影响到国际金融市场稳定时，在美国的影响下，IMF漠视放任，未完全履行其职责，未采取任何警示行动，以致最后酿成全球金融危机。

### （二）信息体系不完善，预警体系未建立

IMF对成员金融信息的统计申报制度未做出科学完善的规定，由于所得的信息统计标准不一，提供单位不一致，规定的范围未触及经济金融的隐患，很难对成员的具体金融情况进行符合实际的分析，发现信息背后潜伏的风险，因而难以做出有效的监管与预警。

### （三）IMF提供贷款能力有限，程序烦琐，拖长危机解决的时间

1997年7月，泰国于亚洲金融危机爆发伊始就向IMF提出求援信号，由于信息不灵，手续烦琐，直至8月中旬IMF才确定向其提供160亿美元的资金援助，其中IMF只提供40亿美元，剩余资金由亚洲有关国家和地区政府提供。2008年9月，全球金融危机最早波及冰岛时，冰岛克朗急剧贬值，固定汇率不能维持，三大商业银行破产由政府接管，冰岛政府在这危急时刻，向俄罗斯洽谈借款未得解决后，曾向IMF申请贷款援助，以求金融系统的继续运转，但由于程序重叠，直至10月20日才与IMF初步达成协议，由IMF牵头提供60亿美元的援助贷款，其中IMF只出10亿美元，其他由北欧国家和日本中央银行负担；从其他国家取得的贷款尚需分别谈判具体条件，显然就是最后拿到贷款也延误了解决危机的有利时机，深化了危机的连锁影响。

## 四、国际货币体系改革的原则和主要内容

吸取亚洲金融危机和2008年全球金融危机的教训，保证多元化国际货币体系和全

球金融市场的正常运转，防止危机的再次发生，在建立新的国际货币体系过程中，应坚持全面性、均衡性、渐进性、实效性的原则，重点实施以下改革措施。

### （一）加强对国际金融的监管

如前所述，在美国次贷危机中，跨国银行集团、各种金融机构、中介机构、对冲基金等在高度发达的国际金融市场上从事的国际金融工具的买卖、证券投资的交易、信用产品的转手让渡，每天形成数以万亿美元的国际资本流动，这些资金在市场突然涌入或撤出的潜在风险与后果，IMF 警惕不够，漠视或放弃对其监管，以致最后酿成全球金融危机。因此吸取教训，必须在 IMF 中设立专门机构，制定全球通行的金融监管标准，完善全球监管体系，对跨国银行集团、各种金融市场机构、各种金融产品以及跨国资本流动加强监管，予以规范，加大监测力度，减少可能造成系统风险的场外交易和复杂金融产品交易，确保监管机构能够掌控国际金融系统主要环节的运作情况，能够对市场风险迅速做出反应。

### （二）加强信息披露，提高金融市场透明度，建立高标准的会计准则与评级机构的行为准则

加强对市场、信用产品、有价证券估价、金融政策的信息披露，提高金融市场的透明度，建立高标准的全球会计准则，是加强监管的前提，没有这个前提，监管机构就不能做出准确的分析与正确的判断。因此，按规范化的程序与统一规定，及时公布市场、机构、复杂金融产品的有关信息，增加市场透明度，才能确保监管机构对风险披露的准确和及时。

评级机构是证券发行和举债启动的基础。美国次贷风险引爆的原因之一就是评级机构降低了评级标准，漠视次贷风险的发展及其危险性，因此要正确评估金融产品有价证券的质量与风险，统一规范评级机构的行为准则，以保证金融市场的稳定。

### （三）建立全球早期预警系统

建立信息披露充分、市场透明度加强、具有统一规范的会计准则与评级机构的行为准则，便于监管机构迅速、及时地做出分析判断，对那些在金融领域中具有异常发展的不稳定因素的国家提出准确的预警信号，进行商讨探索，做出决定，协助其及时采取应对措施，清除不稳定因素，将危机消灭在萌芽状态。预警体系必须覆盖全球金融中心，创建早期预警提示，着重事前监督。

### （四）加强区域性金融合作，充分发挥地区性资金救助机制的作用

在国际经济资本一体化作用下，区域性共同体、经济贸易组织起着日益重要的作用。面对此次危机，除欧盟比较及时地采取联合救援行动外，其他区域性共同体内受本身条件的限制动作缓慢，只能求助于 IMF。所以，区域性共同体在实行关税减免等优惠手段发展集团内经贸关系的同时，应增强区域内的金融基础设施建设，增强流动性互助能力，与区域性国际金融组织配合，充分发挥地区资金救助机制的作用。

### （五）推动国际金融组织改革，改善国际货币体系

以 IMF 为中心的布雷顿森林体系是根据第二次世界大战后国际政治经济格局与力量对比而建立起来的。近 80 年了，世界政治经济发生了巨大变化，新兴经济体的发展

壮大，金砖国家的形成，他们在世界经贸与金融领域中日益发挥举足轻重的作用，但在IMF及其他国际金融组织的构成和决策机制中并未取得与其实力相匹配的地位。因此，必须提高他们的地位，使他们拥有更多的发言权、决策权，以适应世界格局的变化，迎接未来的挑战。

新兴经济体推进市场开放的过程中，IMF应提出符合实际的、审慎的开放措施与步骤，实行循序渐进的汇率与银行体系的改革，稳步推进国际货币体系多元化，共同支撑国际货币体系稳定。

## 本章习题

### 简答题

1. 简述布雷顿森林体系的主要内容。
2. 分析布雷顿森林体系的内在矛盾。
3. 分析2008年全球金融危机爆发的主要原因及特点。

# 参考文献


[1] 陈雨露. 国际金融. 5版. 北京：中国人民大学出版社，2015.

[2] 范小云，陈平. 国际金融. 2版. 北京：高等教育出版社，2019.

[3] 管涛. 外汇管理理论与实务. 北京：中国金融出版社，2007.

[4] 基思·皮尔比姆. 国际金融. 4版. 汪洋，主译. 北京：机械工业出版社，2015.

[5] 刘舒年，温晓芳. 国际金融. 5版. 北京：对外经济贸易大学出版社，2017.

[6] 刘舒年. 国际金融. 北京：中国人民大学出版社，2004.

[7] 刘舒年. 国际信贷. 北京：中国金融出版社，2002.

[8] 单忠东，綦建红. 国际金融. 3版. 北京：北京大学出版社，2011.

[9] 师玉兴. 国际金融. 北京：对外经济贸易大学出版社，2002.

[10] 托马斯·A·普格尔. 国际金融（英文版）. 15版. 北京：中国人民大学出版社，2012.

[11] 杨长江，姜波克. 国际金融学. 4版. 北京：高等教育出版社，2014.

[12] 叶蜀君. 国际金融. 3版. 北京：清华大学出版社，2014.

[13] 张礼卿. 国际金融. 2版. 北京：高等教育出版社，2018.

[14] 周红军. 福费廷. 北京：中国海关出版社，2008.

[15] Piet Sercu. International Finance: Theory into Practice. Princeton University Press, 2009.

[16] Keith Pilbeam. International Finance. Third Edition. Palgrave Macmillan, 2006.

[17] Mihir A. Desai. International Finance: A Casebook. John Wiley & Sons. Inc., 2007.

[18] D. P. Whiting. Finance of International Trade and Foreign Exchange. England: Macdonald and Eveus Limited, 1989.

[19] William H. Baughn, Donald R. Mandich. The International Banking Handbook. Llinos: Dow Jones-Irwin Homewood, 1989.

[20] David F. Lomax, P. T. Gutmann. The Euromarket and International Policies. London: The Macmillan Press Ltd, 1991.

[21] Jackie Whitley. Foreign Exchange. New York: Slcokton Press, 1992.

[22] Daniel R. Kane. Principlies of International Finance. London: Croom Hew Ltd, 1992.

[23] Holly Uebrich. International Trade and Finance. New Jersey: PrenticeHall Inc., 1993.

[24] www.aiib.org

[25] www.safe.gov.cn.

[26] www.imf.org.

[27] www.adb.org.

[28] www. bis. org.
[29] www. worldbank. org.
[30] www. eximbank. gov. cn.
[31] www. pbc. gov. cn.
[32] www. sinosure. com. cn.